MAX-PLANCK-INSTITUT
FÜR AUSLÄNDISCHES ÖFFENTLICHES RECHT
UND VÖLKERRECHT

Beiträge zum ausländischen öffentlichen Recht und Völkerrecht

Begründet von Viktor Bruns

Herausgegeben von
Armin von Bogdandy · Anne Peters

Band 259

Franziska Paefgen

Der von Art. 8 EMRK gewährleistete Schutz vor staatlichen Eingriffen in die Persönlichkeitsrechte im Internet

Protection under article 8 ECHR against state interferences on the internet

(English Summary)

Springer

ISSN 0172-4770 ISSN 2197-7135 (electronic)
Beiträge zum ausländischen öffentlichen Recht und Völkerrecht
ISBN 978-3-662-53368-0 ISBN 978-3-662-53369-7 (eBook)
DOI 10.1007/978-3-662-53369-7

Die Deutsche Nationalbibliothek verzeichnet diese Publikation in der Deutschen Nationalbibliografie; detaillierte bibliografische Daten sind im Internet über http://dnb.d-nb.de abrufbar.

Springer

Gedruckt auf säurefreiem und chlorfrei gebleichtem Papier

Springer ist Teil von Springer Nature
Die eingetragene Gesellschaft ist Springer-Verlag GmbH Berlin Heidelberg
Die Anschrift der Gesellschaft ist: Heidelberger Platz 3, 14197 Berlin, Germany

Vorwort

Die vorliegende Arbeit entstand im Rahmen meiner Tätigkeit als Universitätsassistentin *prae doc* am Institut für Europarecht und Internationales Recht der WU Wien und wurde im August 2014 als Dissertation eingereicht. Literatur und Judikatur wurden bis zum 31.05.2015 eingearbeitet. Für die Unterstützung bei der Erstellung dieser Arbeit, die unterschiedlichste Formen angenommen hat, möchte ich mich bei einer Reihe von Personen bedanken.

Besonderer Dank gebührt meinem Erstbetreuer und Vorgesetzten am EIR, Univ.-Prof. DDr. *Christoph Grabenwarter*. Er hat mir nicht nur gerade in den letzten Monaten der Fertigstellung der Arbeit außerordentlich viel Freiraum und Zeit gelassen, sondern ist mir auch mit wertvollen fachlichen Hinweisen zur Seite gestanden. Ihm danke ich auch für eine schöne und lehrreiche Zeit am EIR. Auch meinem Zweitbetreuer, Univ.-Prof. Dr. *Erich Vranes*, möchte ich für sein offenes Ohr und seine hilfreichen Anmerkungen besonders danken. Mein Dank gilt weiters Herrn Univ-Prof. Dr. *Harald Eberhard* und Herrn Univ.-Prof. Dr. *Michael Holoubek*, die mich ebenfalls mit konstruktiven Anregungen unterstützt haben. Frau Univ-Prof. Dr. *Katharina Pabel* danke ich dafür, dass sie mich bei meiner wissenschaftlichen Tätigkeit auch über die Zusammenarbeit an der WU hinaus unterstützt hat.

Den Herausgebern Prof. Dr. *Armin von Bogdandy* und Prof. *Anne Peters* danke ich für die Aufnahme zur Publikation in die Reihe der Beiträge zum ausländischen öffentlichen Recht und Völkerrecht.

Bei allen meinen Kollegen am Institut möchte ich mich sehr herzlich für die moralische und fachliche Unterstützung sowie die schöne Zeit am Institut bedanken. Insbesondere *Christina Hochhauser* und *Nina Palmstorfer* gebührt mein Dank. Ihre Freundschaft hat mir stets Motivation und Kraft gegeben. *Katharina Struth* danke ich für viele Diskussionen und Ratschläge zum deutschen Verfassungsrecht. *Matthias Schötta* danke ich für seine geduldige Hilfe bei technischen Fragestellungen. Ihm und *Arno Zimmermann* danke ich für die aufmerksame und kritische Durchsicht der Arbeit.

Schließlich möchte ich mich ganz besonders bei meiner Familie und insbesondere bei meinen Eltern bedanken. Ohne sie wäre die Erstellung dieser Arbeit nicht möglich gewesen.

Wien, 07.06.2016 Franziska Paefgen

Inhaltsverzeichnis

Abkürzungsverzeichnis

a.A.	anderer Ansicht
Abl.	Amtsblatt der Europäischen Union
Abs.	Absatz
AEUV	Vertrag über die Arbeitsweise der Europäischen Union
AG	Amtsgericht
Anm.	Anmerkung
AnwBl	Anwaltsblatt
APuZ	Aus Politik und Zeitgeschichte
AöR	Archiv des öffentlichen Rechts
Art.	Artikel
AVR	Archiv des Völkerrechts
BDSG	Bundesdatenschutzgesetz Deutschland
BGB	Bürgerliches Gesetzbuch
BGBl	Bundesgesetzblatt
BVerfG	Bundesverfassungsgericht
B-VG	Bundesverfassungsgesetz
bzw.	beziehungsweise
Charta	Charta der Grundrechte der Europäischen Union
CR	Computer und Recht
DatenschutzRL	Datenschutzrichtlinien
ders.	derselbe
dies.	dieselbe
DSG	Datenschutzgesetz
DuD	Datenschutz und Datensicherheit
EGMR	Europäischer Gerichtshof für Menschenrechte
E.H.R.L.R	European Human Rights Law Review
EMRK	Europäische Menschenrechtskonvention
EKMR	Europäische Menschenrechtskommission
Erg.Lfg.	Ergänzungslieferung

et al.	et alii
EU	Europäische Union
EuGH	Europäischen Gerichtshof
EuGRZ	Europäische Grundrechte-Zeitschrift
EuR	Europarecht
EUV	Vertrag über die Europäische Union
f./ff.	und der/die folgende(n)
Fn.	Fußnote
FS	Festschrift
GG	Grundgesetz
GK	Große Kammer
GRC	Charta der Grundrechte der Europäischen Union
HRRS	Höchstrichterliche Rechtsprechung im Strafrecht
IK	Internationaler Kommentar
i.S.d.	im Sinne des/der
i.S.v.	im Sinne von
i.V.m.	in Verbindung mit
JBl	Juristische Blätter
JRP	Journal für Rechtspolitik
jusIT	Zeitschrift für IT-Recht, Rechtsinformation und Datenschutz
JZ	JuristenZeitung
LG	Landesgericht
lit.	litera
m.H.a.	mit Hinweis auf
MMR	Multimedia und Recht
MR	Medien und Recht
m.w.N.	mit weiteren Nachweisen
NJW	Neue Juristische Wochenschrift
NJOZ	Neue Juristische Online-Zeitschrift
Nr.	Nummer
NVwZ	Neue Zeitschrift für Verwaltungsrecht
nwv	Neuer wissenschaftlicher Verlag
OlWIR	Verlag für Wirtschaft, Informatik und Recht

ÖJZ	Österreichische Juristen-Zeitung
OUP	Oxford University Press
RL	Richtlinie
Rz.	Randziffer
TMG	Telemediengesetz
u.	und
u.a.	und Andere
VfGH	Verfassungsgerichtshof
VwGH	Verwaltungsgerichtshof
vgl.	Vergleiche
WVK	Wiener Übereinkommen über das Recht der Verträge
WWW	World Wide Web
Z.	Ziffer
z.B.	zum Beispiel
ZaöRV	Zeitschrift für ausländisches öffentliches Recht und Völkerrecht
ZD	Zeitschrift für Datenschutz
ZP	Zusatzprotokoll
ZUM	Zeitschrift für Urheber- und Medienrecht

Einleitung

A. Problemaufriss

Martin Schulz verglich Anfang 2014 in der Frankfurter Allgemeinen Zeitung die derzeit stattfindende Digitalisierung der Welt mit der industriellen Revolution und rief zum Kampf um die demokratischen Werte auf. Ein freies Netz, ein an Grundrechten orientierter regulierter Datenmarkt und die Erinnerung daran, dass die Autonomie des Individuums unser Mensch-Sein begründet, könne, so *Schulz*, eine bessere, eine neue Welt schaffen.[1] Durch die Erfindung und Verbreitung des Internets verändert sich unser Verhalten. Das Verhältnis zwischen Öffentlichkeit und Privatheit verschiebt sich, die Bereiche verschmelzen.[2] Neue soziale Normen entstehen.[3] Derzeit werden diese noch zufällig, von einer „unsichtbaren Hand" geleitet. Doch *Schulz* ist zuzustimmen, wenn er davor warnt, dass diese „unsichtbare Hand", wenn man ihr freien Lauf lässt, gerade nicht zu einem Mehr an Lebensqualität, Demokratie, Freiheit, Sicherheit und Effizienz führt. Hier bedarf es aktiver Gestaltung. Dies zeigt sich insbesondere durch die Sammelwut, die nationale Geheimdienste, auch von EU-Mitgliedstaaten, bei der Aggregation von Daten an den Tag legen. Die gesellschaftliche Debatte um dieses Thema hat längst begonnen. Der Schutz der Persönlichkeitsrechte ist in dieser Debatte von zentraler Bedeutung.

Mit seinen Urteilen zur Vorratsdatenspeicherung[4] und im Fall *Google Spain*[5] hat der EuGH Bereitschaft gezeigt, die Rolle des Verteidigers der Persönlichkeitsrechte in der EU zu übernehmen und damit auch

---

1 http://www.faz.net/aktuell/feuilleton/debatten/die-digital-debatte/politik-in-der-digitalen-welt/technologischer-totalitarismus-warum-wir-jetzt-kaempfen-muessen-12786805-p4.html (31.5.2015).

2 *Wewer* in Ackermann, Sog des Internets, 53 ff.

3 Siehe hierzu z.B. *Gräf/Krajewksi*, Soziologie des Internets, *passim*; *Crueger*, APuZ 2013, 20 ff.

4 EuGH, 8.4.2014, C-293/12 und C-594/1 (Digital Rights Ireland und Seitlinger u.a.).

5 EuGH, 13.5.2014, C-313/12 (Google Spain).

der juristischen Debatte Momentum gegeben. Er stützt sich hierbei des Öfteren auf Art. 8 EMRK und die dazu ergangenen Urteile des EGMR.[6] Auch sonst finden sich im EU-Recht zahlreiche Stellen, an denen Art. 8 EMRK insbesondere auch im Bereich des Persönlichkeitsschutzes erwähnt wird. Abgesehen vom allgemeinen Verweis auf die EMRK, der sowohl in Art. 6 EUV als auch in Art. 52 (3) der Charta der Grundrechte der Europäischen Union zu finden ist, erwähnen die Erläuterungen zu Art. 7[7] und Art. 8[8] der Charta Art. 8 EMRK ausdrücklich. In Erwägungsgrund 10 der DatenschutzRL wird ebenfalls auf das von Art. 8 EMRK normierte Schutzniveau verwiesen.[9] Art. 8 EMRK schützt jedoch seinem Wortlaut nach das Privat- und Familienleben, die Wohnung und die Korrespondenz. Eine explizite Erwähnung des Datenschutzes, der für den Schutz der Persönlichkeitsrechte im Internet zweifelsohne von herausragender Bedeutung ist, findet sich nicht. Dies

---

[6] Siehe z.B. EuGH, 9.11.2010, C-92/09 und C-93/09 (Schecke und Eifert) Rz. 52; EuGH, 8.4.2014, C-293/12 und C-594/1 (Digital Rights Ireland und Seitlinger u.a.) Rz. 47, 54 f.

[7] „Die Rechte nach Artikel 7 entsprechen den Rechten, die durch Artikel 8 EMRK garantiert sind. Um der technischen Entwicklung Rechnung zu tragen, wurde der Begriff „Korrespondenz" durch „Kommunikation" ersetzt. Nach Artikel 52 Absatz 3 haben diese Rechte die gleiche Bedeutung und Tragweite wie die Rechte aus dem entsprechenden Artikel der EMRK. Ihre möglichen legitimen Einschränkungen sind daher diejenigen, die der genannte Artikel 8 gestattet".

[8] „Dieser Artikel stützte sich auf Artikel 286 des Vertrags zur Gründung der Europäischen Gemeinschaft und auf die Richtlinie 95/46/EG des Europäischen Parlaments und des Rates zum Schutz natürlicher Personen bei der Verarbeitung personenbezogener Daten und zum freien Datenverkehr (ABl. L 281 vom 23.11.1995, S. 31) sowie auf Artikel 8 EMRK und das Übereinkommen des Europarates vom 28. Januar 1981 zum Schutz des Menschen bei der automatischen Verarbeitung personenbezogener Daten, das von allen Mitgliedstaaten ratifiziert wurde. (...)"

[9] „Gegenstand der einzelstaatlichen Rechtsvorschriften über die Verarbeitung personenbezogener Daten ist die Gewährleistung der Achtung der Grundrechte und -freiheiten, insbesondere des auch in Artikel 8 der Europäischen Konvention zum Schutze der Menschenrechte und Grundfreiheiten und in den allgemeinen Grundsätzen des Gemeinschaftsrechts anerkannten Rechts auf die Privatsphäre. Die Angleichung dieser Rechtsvorschriften darf deshalb nicht zu einer Verringerung des durch diese Rechtsvorschriften garantierten Schutzes führen, sondern muß im Gegenteil darauf abzielen, in der Gemeinschaft ein hohes Schutzniveau sicherzustellen."

wundert insofern nicht, als die EMRK 1952 in Kraft trat und zu diesem Zeitpunkt die heutige Bedeutung des Datenschutzes nicht vorhersehbar war. Der EGMR nimmt jedoch in seiner Rechtsprechung unter Hinweis darauf, dass die EMRK ein *„living instrument“* sei, Rücksicht auf die *„present day conditions“*.[10] Die fehlende ausdrückliche Erwähnung des Datenschutzes ist daher kein hinreichendes Argument dagegen, dass dieser von Art. 8 EMRK erfasst wird.

Die Judikatur des EGMR zu Art. 8 EMRK ist umfangreich. Es finden sich über 1500 Urteile. Sucht man jedoch nach dem Schlagwort „Internet“, so finden sich nur 50 Treffer, von denen es sich nur bei 10 um Urteile handelt, die vor dem Jahr 2010 ergangen sind. Von den mehr als 3800 ergangenen Zulässigkeitsentscheidungen, scheinen nur 52 bei einer Suche nach dem Schlagwort „Internet“ auf, von denen nur 15 vor dem Jahr 2010 ergangen sind.[11] Es zeigt sich also einerseits eine trotz der Entwicklung hin zur Informationsgesellschaft geringe Judikaturdichte im Bereich der Persönlichkeitsrechte im Internet. Andererseits zeigt sich eine steigende Tendenz von Fällen mit Internetbezug, die die steigende Bedeutung dieser technischen Entwicklung in der Gesellschaft widerspiegelt.

Vor diesem Hintergrund erscheint eine nähere Untersuchung des Schutzes der Persönlichkeitsrechte im Internet nach Art. 8 EMRK als äußerst lohnenswert. Hierbei ist insbesondere die Frage zu beantworten, ob Art. 8 EMRK trotz fehlender expliziter Erwähnung des Datenschutzes hinreichenden Schutz vor den besonderen Gefahren, die sich für die Persönlichkeitsrechte im Internet ergeben, bieten kann. Hierbei ist insbesondere auch das Verhältnis zwischen Staat und Bürger von Interesse, da die steigende Bedeutung neuer Kommunikations-, Informations- und Datenverarbeitungsformen der Verwaltung genauso einen eigenständigen Regulierungsbedarf nach sich zieht,[12] wie es der Einsatz neuer Technologien im Bereich der polizeilichen Tätigkeit tut.[13]

---

10 *Grabenwarter/Pabel*, EMRK^5, § 5 12 ff.; siehe zur expansiven und evolutiven Interpretation des EGMRR als lückenfüllende Strategie im Konventionssystem *Richter* in Dörr/Grote/Marauhn, EMRK/GG^2, Rz. 72 ff.

11 Abgerufen über http://hudoc.echr.coe.int/ am 14.5.2014.

12 *Albers* in Hoffmann-Riem/Schmidt-Aßmann/Voßkuhle, Verwaltungsrecht II, Rz. 3.

13 Siehe z.B. BVerfG, 27.2.2008, 1 BvR 370/07 (Online-Durchsuchung).

B. Gang der Untersuchung und Forschungsfrage

Die vorliegende Arbeit widmet sich der Frage nach dem aus Art. 8 EMRK abzuleitenden Schutz der Persönlichkeitsrechte im Internet vor staatlichem Handeln. Das Verhältnis zwischen Privaten in diesem Bereich ist zwar ebenfalls von höchster und aktueller Bedeutung, soll aber nicht Gegenstand dieser Arbeit sein. Die Forschungsfrage der Arbeit lautet daher: Kann Art. 8 EMRK trotz Fehlens einer ausdrücklichen Erwähnung des Datenschutzes die Persönlichkeitsrechte des Einzelnen im Internet wirksam vor staatlichen Eingriffen schützen?

Auf ein einführendes Kapitel zu den technischen Grundlagen wird verzichtet. Die herausragende Bedeutung technischer Grundkenntnisse zur korrekten rechtlichen Beurteilung von Sachverhalten mit Internetbezug[14] ist der Autorin überaus bewusst. Statt einer vorangehenden Darstellung wird jedoch die Erörterung der technischen Fragen an jenen Stellen der Arbeit, an denen sie für die rechtliche Beurteilung unerlässlich sind, gewählt.

Die Untersuchung folgt in ihrem Aufbau dem klassischen Schema der Grundrechtsprüfung: Schutzbereich, Eingriff und Rechtfertigung. In einem ersten Schritt werden die Schutzgüter des Art. 8 EMRK systematisch aufgearbeitet und dahingehend analysiert, ob sie dem Schutz der Persönlichkeitsrechte im Internet dienen können. Hierbei wird ein besonderes Augenmerk auf die Frage gelegt, ob aus Art. 8 EMRK ein eigenständiges Recht auf Datenschutz abgeleitet werden kann. Im Anschluss werden die staatlichen Eingriffe in die Persönlichkeitsrechte im Internet in Fallgruppen gegliedert dargestellt. Hierbei soll insbesondere nach den einzelnen Phasen der Datenübermittlung unterschieden werden, woraus sich ergibt, dass primär informationstechnische Eingriffe Gegenstand dieses Kapitels sind. Schließlich werden die in Art. 8 Abs. 2 EMRK normierten Rechtfertigungsgründe untersucht. Hierbei soll herausgearbeitet werden, welche besonderen Anforderungen sich für die Rechtfertigung informationstechnischer Eingriffe im Internet ergeben.

Schwerpunkt der Arbeit ist nicht nur, die EGMR-Fälle zu Art. 8 EMRK mit Internetbezug aufzuarbeiten und die umfangreiche und stark kasuistische Judikatur des EGMR zu strukturieren, um so Schlüs-

---

[14] Siehe hierzu insbesondere *Weidner-Braun*, Privatsphäre und informationelle Selbstbestimmung, 55 f.

se für die Beurteilung von Sachverhalten mit Internetbezug ziehen zu können, zu denen es bisher noch keine Rechtsprechung des Straßburger Gerichtshofs gibt. Darüber hinaus soll auch versucht werden, dort, wo es zur Beantwortung einzelner Fragen gänzlich an Anknüpfungspunkten in der bereits vorhandenen Judikatur fehlt, Lösungsvorschläge zu erarbeiten, um so die Frage, ob Art. 8 EMRK den besonderen Anforderungen der Informationsgesellschaft hinreichend Konter bietet, beantworten zu können.

Erster Teil
Die für den Persönlichkeitsschutz im Internet relevanten Schutzgüter des Art. 8 EMRK

Gemäß Art. 8 EMRK hat jedermann Anspruch auf Achtung seines Privat- und Familienlebens, seiner Wohnung und seiner Korrespondenz. Vom persönlichen Schutzbereich des Art. 8 EMRK sind natürliche und grundsätzlich auch juristische Personen erfasst.[1] Der sachliche Schutzbereich teilt sich in die vier genannten Tatbestände. Von diesen ist jener des Privatlebens der weiteste. Die drei anderen Tatbestände können als Ausprägungen des Privatlebens verstanden werden.[2] Die vier Gewährleistungen lassen sich nicht klar voneinander abgrenzen und weisen Überschneidungen auf.[3] So ist beispielsweise für die individuelle Kommunikation über das Internet einerseits der Tatbestand des Privatlebens einschlägig, andererseits aber auch jener der Korrespondenz. Außerdem ist es denkbar, dass noch weitere Teilgewährleistungen betroffen sind.[4] Dennoch sollen die vier Tatbestände des Art. 8 EMRK im Folgenden voneinander getrennt daraufhin untersucht werden, welche Schutzgüter, die ihrem Wesen nach für den Persönlichkeitsschutz im Internet eine Rolle spielen, aus ihnen abgeleitet werden können. Soweit möglich, wird hierbei eine Unterscheidung und Einordnung vorgenommen. Eine klare Abgrenzung von Schutzbereich und Eingriff ist hierbei nicht immer möglich, da der Eingriff in ein Grundrecht vom Schutzbereich her gedacht wird und der Schutzbereich im Hinblick auf drohende Eingriffe formuliert und definiert ist.[5]

---

[1] Siehe statt vieler *Grabenwarter/Pabel*, EMRK[5], § 22 Rz. 4 und § 17 Rz. 5; a.A. *Wiederin* in Korinek/Holoubek, Art. 8 EMRK Rz. 38. Zum Problem des Schutzes von Daten juristischer Personen siehe unten Erster Teil, D. IV. 1. a. aa.

[2] *Siemen*, Datenschutz, 53; *Uerpmann-Wittzack/Jankowska-Gilberg*, MMR 2008, 86.

[3] *Grabenwarter/Pabel*, EMRK[5], § 22 Rz. 5; *Harris/O'Boyle/Warbrick*, ECHR[3], 521; *Marauhn/Thron* in Dörr/Grote/Marauhn, EMRK/GG[2], Rz. 15; *Uerpmann-Wittzack/Jankowska-Gilberg*, MMR 2008, 86.

[4] *Uerpmann-Wittzack/Jankowska-Gilberg*, MMR 2008, 86.

[5] *Grabenwarter/Pabel*, EMRK[5], § 18 Rz. 6.

A. Familienleben

Das Schutzgut der Familie bietet auf den ersten Blick wenig Anknüpfungspunkte zum Internet. Eingriffe in dieses Schutzgut sind meist analoger Natur und können in der Regel nicht über eine digitale Welt erfolgen.[6] Dennoch sind Fälle denkbar, in denen der Schutz der Persönlichkeitsrechte im Internet auch das Schutzgut der Familie betrifft.

Das Recht auf Achtung des Familienlebens nach Art. 8 EMRK umfasst auch die Aufrechterhaltung familiärer Kontakte.[7] Das Internet bietet weitreichende Möglichkeiten hierzu, gerade in Situationen der räumlichen Trennung. Es könnte beispielsweise die durch Mutter oder Vater über den Videokommunikationsdienst *Skype*[8] vorgelesene „Gute-Nacht-Geschichte" genannt werden.[9] Das Familienleben ist somit, wenn auch nur in eingeschränktem Ausmaß, ein für den Persönlichkeitsschutz im Internet relevantes Schutzgut.

Allerdings kommt diesem Schutzgut nur begrenzte Bedeutung zu, da in der Regel andere Schutzgüter einschlägiger sind. Es muss sorgfältig getrennt werden, welches Schutzgut tatsächlich betroffen ist, wobei es freilich wiederum möglich ist, dass mehrere Schutzgüter gleichzeitig gefährdet werden. Wird die *Skype*-Unterhaltung überwacht, so ist dies primär ein Problem der vertraulichen Korrespondenz und der individuellen Kommunikation.[10] Wird der Zugang zu entsprechenden Diensten gänzlich versagt, so ist dies in erster Linie als Problematik des Art. 10 EMRK einzustufen.[11]

---

[6] Siehe zu den typischen Eingriffen in das Recht auf Achtung des Familienlebens *Grabenwarter/Pabel*, EMRK^5, § 22 Rz. 28 ff.; *Pätzold* in Karpenstein/Mayer, EMRK, Art. 8 Rz. 82 ff.

[7] *Grabenwarter/Pabel*, EMRK^5, § 22 Rz. 19; *Pätzold* in Karpenstein/Mayer, EMRK, Art. 8 Rz. 52.

[8] *Skype* bietet Video- und Sprachanrufe an andere *Skype*-Nutzer, Sofortnachrichten und Dateiübertragung sowie weitere Dienste an. Siehe http://www.skype.com/de/ (31.5.2015).

[9] Vgl. die Ausführungen zum Schutz der Online-Familie durch Art. 6 Abs. 1 GG *Luch/Schulz*, MMR 2013, 89.

[10] Siehe Erster Teil, C. und Erster Teil, D. II. 1.

[11] *Grabenwarter/Pabel*, EMRK^5, § 23 Rz. 7; *von Ungern-Sternberg* in Karpenstein/Mayer, EMRK, Art. 10 Rz. 20 ff.

Das Schutzgut des Familienlebens kann durch eine Gesamtbetrachtung der Situation an Relevanz gewinnen. Wenn die Möglichkeiten zur Aufrechterhaltung familiärer Kontakte durch die *de facto* vorliegende Situation bereits stark eingeschränkt sind, rückt das Familienleben im Verhältnis zu den anderen Schutzgütern in den Vordergrund. Ein Beispiel soll dies verdeutlichen: Lebt ein geschiedenes Ehepaar mit Kindern in der gleichen Straße, weshalb die Kinder ohne Probleme beide Elternteile in regelmäßigen Abständen sehen, so sind die Auswirkungen von Einschränkungen des im Internet stattfindenden Kontakts zwischen Elternteil und Kind auf das Familienleben kaum spürbar. Das Schutzgut der Korrespondenz bzw. Art. 10 EMRK können durch Einschränkungen der freien und vertraulichen Online-Kommunikation betroffen sein. Das Schutzgut der Familie ist jedoch nicht oder nur in sehr geringem Ausmaß einschlägig. Lebt hingegen ein Elternteil weit entfernt, wodurch tatsächliche Treffen nur sehr selten möglich sind, so haben die gleichen Einschränkungen weitreichende Auswirkungen auf das Familienleben.

B. Wohnung

Neben dem Schutzgut des Familienlebens kann auch jenes der Wohnung Bedeutung für den Schutz der Persönlichkeitsrechte im Internet haben. Dies ist zumindest dann der Fall, wenn man davon ausgeht, dass es eine „virtuelle Wohnung“ gibt. Es gilt daher zu klären, ob es eine „virtuelle Wohnung“, die im Internet zu finden ist, geben kann. Anschließend werden Überlegungen angestellt, ob und in wie weit tatsächlich bestehende Wohnungen Angriffen über das Internet ausgesetzt sein können.

Das Recht auf Achtung der Wohnung garantiert jedermann einen privaten räumlichen Bereich, der frei von Eingriffen des Staats ist. Dieses Recht stellt die räumliche Basis für die freie Entfaltung der Persönlichkeit dar.[12] Geschützt ist zum einen der physische Bereich selbst, zum

---

[12] *Grabenwarter/Pabel*, EMRK[5], § 22 Rz. 23; *Wiederin* in Korinek/Holoubek, Art. 8 EMRK Rz. 109.

anderen die friedliche Nutzung dieses Bereichs.[13] In der rein virtuellen Welt des Internets gibt es eben solche räumlichen Bereiche jedoch nicht. Im Internet geschaffene, virtuelle Privatbereiche sind keine Wohnung im Sinne des Art. 8 EMRK.[14]

Es bleibt jedoch die Frage, ob die reale Wohnung möglicherweise Gefahren des Internets ausgeliefert sein kann. Hier bringt ein Blick auf die Rechtsprechung des BVerfG zu Art. 13 GG wertvolle Anhaltspunkte auch für den gleichartigen Schutzbereich nach Art. 8 EMRK. Das deutsche Höchstgericht setzte sich in seiner bekannten Entscheidung zur Grundrechtskonformität von Online-Durchsuchungen mit eben jener Frage auseinander.[15] Zunächst wiederholte es unter Hinweis auf seine bisherige Rechtsprechung, dass Art. 13 GG die räumliche Sphäre, in der sich das Privatleben entfaltet, schützt. Die Infiltration eines informationstechnischen Systems, das sich in einer Wohnung befindet, um mit dessen Hilfe bestimmte Vorgänge innerhalb der Wohnung zu überwachen, falle in den Anwendungsbereich des Art. 13 GG. Dieser vermittle dem Einzelnen allerdings keinen generellen, von den Zugriffsmodalitäten unabhängigen Schutz gegen die Infiltration seines informationstechnischen Systems, selbst wenn sich dieses System in einer Wohnung befindet. Schließlich könne der Eingriff unabhängig vom Standort erfolgen, sodass ein raumbezogener Schutz nicht in der Lage sei, die spezifische Gefährdung des informationstechnischen Systems abzuwehren. Soweit die Infiltration die Verbindung des betroffenen Rechners zu einem Rechnernetzwerk ausnutzt, lasse sie die durch die Abgrenzung der Wohnung vermittelte räumliche Privatsphäre unberührt. Der Standort des Systems sei in vielen Fällen für die Ermittlungsmaßnahmen ohne Belang und oftmals für die Behörde nicht einmal erkennbar. Dies gelte insbesondere für mobile informationstechnische Systeme wie etwa Laptops, Personal Digital Assistants[16] oder Mobiltelefone.[17] Die räumliche

---

[13] EGMR, 3.7.2007, 32015/02 (Gaida gegen Deutschland); EGMR, 16.11.2004, 4143/02 (Moreno Gómez gegen Spanien) Rz. 53; *Wiederin* in Korinek/Holoubek, Art. 8 EMRK Rz. 109.

[14] Vgl. zu Art. 13 GG *Luch/Schulz*, MMR 2013, 91.

[15] Hierzu und zum Folgenden BVerfG, 27.2.2008, 1 BvR 370/07 (Online-Durchsuchung), Rz. 192 ff.

[16] Personal Digital Assistants wurden mittlerweile weitestgehend von den Smartphones ersetzt.

[17] BVerfG, 27.2.2008, 1 BvR 370/07 (Online-Durchsuchung), Rz. 192 ff.

Privatsphäre der Wohnung als Schutzgut des Art. 13 GG umfasst damit die informationstechnischen Systeme in der Wohnung nur, solange diese nicht mit dem Internet verbunden sind. Gegen Angriffe über das Internet mag das allgemeine Persönlichkeitsrecht schützen,[18] nicht jedoch Art. 13 GG.[19]

Wie bereits ausgeführt, schützt das Recht auf Achtung der Wohnung nach Art. 8 EMRK genau wie Art. 13 GG den privaten räumlichen Bereich.[20] Auch das Recht auf Achtung der Wohnung nach Art. 8 EMRK schützt vor nicht körperlichen Eingriffen, wie das Abhören einer Wohnung.[21] Daraus könnte geschlossen werden, dass ein Zugriff staatlicher Stellen über eine Internetverbindung auf Daten, welche sich auf der Festplatte eines privaten Computers befinden, das Recht auf Achtung der Wohnung betrifft, wenn sich der Computer in der Wohnung befindet. Schließlich hat eine solche Online-Durchsuchung eines informationstechnischen Systems die gleiche Wirkung wie eine physische Durchsuchung. Hinzu kommt, dass sie für den Betroffenen oft nicht erkennbar ist, weshalb der Eingriff besonders schwer wiegt.[22]

Überzeugender ist es allerdings, die Argumentationslinie des BVerfG zu Art. 13 GG auf Art. 8 EMRK zu übertragen. Eine Unterscheidung je nach Standort des Gerätes ist angesichts der großen Mobilität der meisten Geräte sowie der immer häufigeren Verwendung von *„clouds"* unsachlich. Unter einer *„cloud"* ist ein gemeinsamer Pool konfigurierbarer EDV-Ressourcen unterschiedlicher Art zu verstehen. Solche EDV-Ressourcen können Netzwerke, Server, Speicher, Softwareanwendungen, Dienstleistungen und vieles mehr sein.[23] Sie bieten ihren Benutzern vollkommen standortunabhängig Speicher- und Rechenleistungen an. Entsprechende Eingriffe sind den Tatbeständen der Korrespondenz bzw. des Privatlebens zuzuordnen, ohne dass auf den Standort

[18] BVerfG, 27.2.2008, 1 BvR 370/07 (Online-Durchsuchung), Rz. 197 ff.

[19] Vgl. auch *Luch/Schulz*, MMR 2013, 91.

[20] EGMR, 3.7.2007, 32015/02 (Gaida gegen Deutschland); EGMR, 16.11.2004, 4143/02 (Moreno Gómez gegen Spanien) Rz. 53; *Grabenwarter/Pabel*, EMRK[5], § 22 Rz. 23; *Wiederin* in Korinek/Holoubek, Art. 8 EMRK Rz. 109.

[21] *Pätzold* in Karpenstein/Mayer, EMRK Art. 8 Rz. 86; *Uerpmann-Wittzack* in Ehlers, Europäische Grundrechte, § 3 I 1 Rz. 13.

[22] *Uerpmann-Wittzack/Jankowska-Gilberg*, MMR 2008, 86.

[23] Siehe *Kalteis*, Herausforderungen des Datenschutzes, 204 m.w.N.

der Hardware abgestellt wird.[24] Im Fall *Wieser and Bicos Beteiligungen GmbH* tat der EGMR genau dies und ordnete die Beschlagnahme und Durchsuchung elektronischer Daten dem Tatbestand der Korrespondenz zu.[25]

Das Schutzgut der Wohnung ist daher für den Schutz der Persönlichkeitsrechte im Internet nur sehr eingeschränkt relevant. Eine virtuelle Wohnung, die unter den Tatbestand der Wohnung nach Art. 8 EMRK fällt, gibt es nicht. Es werden ausschließlich ein physischer Bereich und seine Nutzung geschützt; dieser Schutz richtet sich allerdings auch gegen Eingriffe die über das Internet erfolgen.[26] Ein Beispiel hierfür ist die Steuerung von in Laptops verbauten Kameras von außen.[27]. Wichtig ist jedoch, dass das Recht auf Schutz der Wohnung eben nicht gegen die Infiltration informationstechnischer Systeme als solche schützt, sondern nur gegen die Überwachung der Geschehnisse in der Wohnung mittels genannter Systeme.

C. Korrespondenz

Die private Individualkommunikation in der eigenen Wohnung wird demnach nicht mehr vom Schutzgut der Wohnung erfasst, sollte sie über das Internet erfolgen. Sie ist jedoch jedenfalls Teil des Schutzgutes der Korrespondenz. Die Bedeutung des Schutzguts der Korrespondenz für den Schutz der Persönlichkeitsrechte im Internet wird in drei Schritten untersucht. Zunächst wird dargelegt, welche Kommunikationsvorgänge im Internet „Korrespondenz" i.S.d. Art. 8 EMRK sind. Anschließend werden zwei Sonderfälle betrachtet. Hierbei handelt es sich einerseits um Nachrichten, die nach Abschluss des Übermittlungsvorgangs vom Empfänger aufbewahrt werden, und andererseits um den Schutz von Kommunikationsverkehrsdaten durch das Recht auf Achtung der Korrespondenz nach Art. 8 EMRK.

---

[24] Siehe unten Erster Teil, C. bzw. D. II.

[25] EGMR, 16.10.2007, 74336/01 (Wieser and Bicos Beteiligungen GmbH gegen Österreich) Rz. 45; siehe ausführlicher Erster Teil, C. II.

[26] *Marauhn/Thorn* in Dörr/Grote/Marauhn, EMRK/GG[2], Rz. 28.

[27] Siehe z.B. http://derstandard.at/1363706742032/Wenn-die-Webcam-zum-Spionage-Tool-wird; http://derstandard.at/1385171616925/Forscher-MacBook-Kamera-kann-Nutzer-ohne-Warnlicht-filmen (31.5.2015).

I. Die vom Recht auf Achtung der Korrespondenz erfassten Formen der Kommunikation im Internet

Welche Kommunikationsformen unter den Tatbestand der Korrespondenz fallen ist aus dem Wortlaut alleine nicht ersichtlich. Die Bedeutung dieses Begriffs muss nun eruiert werden, damit darauf aufbauend untersucht werden kann, welche Kommunikationsformen im Internet unter den Tatbestand der Korrespondenz subsumiert werden können.

1. Der Begriff der Korrespondenz

Der Begriff der „Korrespondenz" ist weit auszulegen.[28] Er stellt weder besondere Anforderungen an den Inhalt der Korrespondenz,[29] noch an ihre Form.[30] Geschützt wird ein Bereich privater Kommunikation, der die Kontaktaufnahme und den Informationsaustausch mit Anderen beinhaltet.[31] Zu beachten ist allerdings, dass nicht die Mitteilung als solche geschützt ist, sondern der Vorgang der Kommunikation. Hierin liegt auch die Abgrenzung zu Art. 10 EMRK. Dieser schützt die Äußerung selbst.[32] Ob der Übertragungsvorgang vom Staat oder von einem privaten Unternehmen durchgeführt wird, spielt keine Rolle.[33]

---

28 *Breitenmoser*, Privatsphäre, 307; *Frowein/Peukert*, EMRK³, Art. 8 Rz. 48; *Grabenwarter/Pabel*, EMRK⁵, § 22 Rz. 24 f.

29 Ausdrücklich EGMR, 6.12.2012, 12323/11 (Michaud gegen Frankreich) Rz. 90; auch geschäftliche Informationen sind erfasst: EGMR, 25.6.1997, 20605/92 (Halford gegen Vereinigtes Königreich), EGMR, 16.2.2000 (GK), 27798/95, (Amann gegen Schweiz) Rz. 43, EGMR, 3.4.2007, 62617/00 (Copland gegen Vereinigtes Königreich) Rz. 41; *Kugelmann*, EuGRZ 2003, 22; *Reid*, ECHR⁴, II-508; *Schweizer*, DuD 2009, 465.

30 *Wiederin* in Korinek/Holoubek, Art. 8 EMRK Rz. 120; a.A. *Morscher/Waitz*, JBl 2008, 427.

31 *Kugelmann*, EuGRZ 2003, 22.

32 *Kugelmann*, EuGRZ 2003, 23 f.; *Marauhn/Thorn* in Dörr/Grote/Marauhn, EMRK/GG², Rz. 62; *Nettesheim* in Grabenwarter, Enzyklopädie, Rz. 38; *Uerpmann-Wittzack* in Ehlers, Europäische Grundrechte, § 3 I 1 Rz. 6; *Uerpmann-Wittzack/Jankowska-Gilberg*, MMR 2008, 87.

33 *Breitenmoser*, Privatsphäre, 308; *Grabenwarter/Pabel*, EMRK⁵, § 22 Rz. 24; *Frowein/Peukert*, EMRK³, Art. 8 Rz. 48; *Uerpmann-Wittzack* in Ehlers,

Wichtiges Abgrenzungskriterium ist die fehlende Öffentlichkeit der Nachricht. Da der Schutzzweck der Norm der Schutz des Einzelnen vor Kenntnisnahme des Staats von nicht öffentlichen Nachrichten an eine andere Person ist,[34] sind frei zugängliche Nachrichten nicht geschützt. Zur Bestimmung, ob eine Nachricht öffentlich ist oder nicht, wird darauf abgestellt, ob ein begrenzter Empfängerkreis vorliegt.[35] Unter Korrespondenz i.S.d. Art. 8 EMRK ist somit jede nicht öffentliche Mitteilung einer Person an eine andere zu verstehen.[36]

2. *Korrespondenz im Internet*

Bevor nun die Frage, welche Kommunikationsvorgänge im Internet als Korrespondenz i.S.v. Art. 8 EMRK einzuordnen sind, beantwortet werden kann, muss dargelegt werden, wie Kommunikationsvorgänge über das Internet aus technischer Sicht funktionieren. Ohne ins Detail zu gehen, sollen die wichtigsten technischen Grundlagen dargelegt werden, um anschließend eine zutreffende rechtliche Einordnung vornehmen zu können.

a. Technische Grundlagen

Das Internet ist ein dezentrales Netzwerk von Rechnern, die miteinander kommunizieren können. Zwischen ihnen werden Daten in Form von Datenpaketen ausgetauscht. Der Vorgang der Übermittlung ist in einzelne, aufeinander aufbauende Schritte zerlegt. Diese Schritte werden durch Schichten in Schichtmodellen abgebildet. Die unterste Schicht stellt hierbei ein physisches Medium dar, über das die Kommunikation zwischen den Rechnern stattfindet, die oberste Schicht zeigt die Anwendung in der für den Nutzer sichtbaren Form. Die Schichten sind hierbei insoweit voneinander unabhängig, als Änderungen einer Schicht weder Änderungen der darüber liegenden noch der darunterlie-

---

Europäische Grundrechte, § 3 I 1 Rz. 14; *Wiederin* in Korinek/Holoubek, Art. 8 EMRK Rz. 120.

[34] *Grabenwarter/Pabel*, EMRK[5], § 22 Rz. 25; *Marauhn/Thorn* in Dörr/Grote/Marauhn, EMRK/GG[2], Rz. 62.

[35] *Wiederin* in Korinek/Holoubek, Art. 8 EMRK Rz. 120.

[36] *Grabenwarter/Pabel*, EMRK[5], § 22 Rz. 25.

genden Schicht bedürfen.[37] In jeder dieser Schichten bestehen Regeln der Kommunikation, sogenannte Protokolle.[38] Nur durch die Verwendung einheitlicher Protokolle durch beide Kommunikationspartner wird eine fehlerfreie Kommunikation ermöglicht.[39]

Das Internet, wie wir es heute kennen, baut auf der TCP/IP Netzwerkprotokollfamilie auf. Für diese Protokollfamilie existiert ein eigenes Schichtmodell, das vier Schichten des Übertragungsvorgangs kennt: Die Netzzugangsschicht, auf der Punkt-zu-Punkt-Datenübertragungen stattfinden, ist hierbei die unterste Schicht. Auf ihr baut die Internetschicht auf, in der das Internetprotokoll (IP) verwendet wird. Auf dieser wiederum baut die Transportschicht auf. Hier kommt insbesondere das Transmission Control Protocol (TCP) zur Anwendung. Die oberste Schicht des TCP/IP-Schichtmodells ist die Anwendungsschicht. Je nach Form der Internetnutzung wird hier ein anderes Protokoll verwendet. So basiert das World Wide Web (WWW) auf dem Hypertext Transfer Protocol (HTTP); für die E-Mail-Übertragung kann das Simple Mail Transfer Protocol (SMTP) oder auch das Post Office Protocol (POP) verwendet werden; für Datenübertragungen wird das File Transfer Protocol (FTP) benutzt.[40] Auf dem IP bauen somit die weiteren Stufen der Datenübermittlung im Internet, unabhängig von der speziellen Nutzungsform auf. Sowohl das WWW als auch E-Mail-Versand, Voice over IP (VoIP) und alle anderen Formen der Internetnutzung basieren auf dem IP.[41]

---

37 *Tanenbaum/Wetherall*, Computernetzwerke[5], 53 ff.

38 Zur Definition von Protokollen siehe *Kurose/Ross*, Computernetzwerke[4], 30 nach denen ein Protokoll das Format und die Reihenfolge des Nachrichtenaustauschs zwischen zwei oder mehr kommunizierenden Entitäten sowie die Handlungen, die bei Übertragung und/oder Empfang einer Nachricht oder anderer Ereignisse ausgeführt werden definiert.

39 Siehe zu den Schichtmodellen im Überblick *Tanenbaum/Wetherall*, Computernetzwerke[5], 53 ff.

40 *Zisler*, Computer-Netzwerke, 26.

41 *Schaar*, Datenschutz, Rz. 12 ff.; *Sieber* in Hoeren/Sieber/Holznagel, Multimedia-Recht, Teil 1 Rz. 42 ff.; *Weidner-Braun*, Privatsphäre und informationelle Selbstbestimmung, 45 ff.

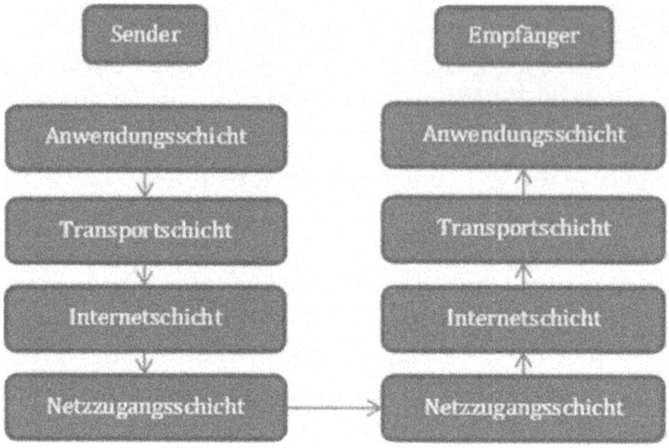

Stark vereinfacht stellt sich der Übermittlungsvorgang, der allen Formen der Internetnutzung, also sowohl der E-Mail-Übertragung als auch der Übermittlung der Anfrage zum Aufruf einer Homepage sowie allen anderen Informationsübertragungen im Internet, zugrunde liegt, wie folgt dar: Der Rechner des Senders teilt die Informationen, die von Schicht zu Schicht herabgereicht werden. In der Internetschicht werden die Daten in IP-Pakete gepackt. Durch die IP-Adresse des Empfängers wird die Destination dieses Pakets bestimmt. Auf der untersten Schicht, der Netzzugangsschicht, findet die eigentliche Übertragung in Form elektromagnetischer Impulse statt. Über das Modem gelangen die Datenpakete über den Proxy-Server zum Provider, der sie an den Empfänger weiterleitet. Auf diesem Weg gelangen die Pakete zu einem Internet-Knoten. Über einen Backbone, eine Haupt-Verbindung, werden sie weitergeleitet. Unterwegs werden die Pakete von Router zu Router, also von Vermittlungsstelle zu Vermittlungsstelle, gesendet. Schließlich gelangen sie zum Ziel-Rechner. Die IP-Pakete werden nicht gemeinsam oder in einer bestimmten Reihenfolge geschickt. Das Protokoll wählt für jedes Paket die beste verfügbare Transportroute. Erst am Empfänger-Rechner werden die Daten aus dem IP-Paket ausgepackt und mittels der aufbauenden Protokolle wieder zur ursprünglichen Information zusammengesetzt.[42]

Vor diesem technischen Hintergrund werden nun die verschiedenen, auf dem Internetprotokoll basierenden Formen der Kommunikation im

---

[42] Vgl. hierzu *Heliosch*, Sperrmaßnahmen, 50 ff.; *Staudinger* in Jaksch-Ratajczak, Internetnutzung, 237 ff.

Internet dahingehend untersucht, ob sie Korrespondenz i.S.d. Art. 8 EMRK darstellen.

b. Rechtliche Einordnung von Kommunikationsvorgängen im Internet

Der Tatbestand der Korrespondenz ist nicht auf bestimmte Kommunikationsformen begrenzt, sondern umfasst alle nach faktischen und technischen Möglichkeiten zur Verfügung stehenden Kommunikationsformen. Auch die Kommunikationsmittel des Internets können nicht ausgenommen werden,[43] sofern es sich um nicht öffentliche Mitteilungen einer Person an eine andere handelt. Die Prüfung, ob eine solche Mitteilung vorliegt, hat auf der Anwendungsschicht zu erfolgen. Das einzelne IP-Paket stellt keine Korrespondenz dar: Die EMRK schützt natürliche und juristische Personen, aber keine Maschinen. Die Nachricht, welche die hinter dem Kommunikationsvorgang stehende natürliche Person senden möchte, besteht eben nicht in dem einzelnen IP-Paket. IP-Pakete sind daher keine Korrespondenz i.S.d. Art 8 EMRK.[44]

Erfasst ist jedenfalls die Individualkommunikation über das Internet. Hierunter fallen E-Mails, message services in sozialen Netzwerken, für den mobilen Gebrauch ausgerichtete message services wie *iMessage* oder *What's App*, chats über *Skype* oder ähnliche Dienstleistungen und jede andere Form der nicht öffentlichen Kommunikation.[45] Auch nicht schriftliche Formen der Kommunikation, wie das Telefonieren über das Internet[46] oder Videotelefonie sind von Art. 8 EMRK geschützte Formen der Korrespondenz. Ob die Nachrichten verschlüsselt oder unverschlüsselt übermittelt werden, spielt insoweit keine Rolle. Schließlich ist auch die Postkarte, deren Inhalt während des Übermittlungsvorgangs

---

[43] *Kugelmann*, EuGRZ 2003, 21 ff.; *Schweizer*, DuD 2009, 465.

[44] Vgl. zum Fernmeldegeheimnis nach Art 10 GG BVerfG, 22. 8. 2006, 2 BvR 1345/03 (IMSI-Catcher), Rz 59; *Durner*, ZUM 2010, 838 ff.

[45] EGMR, 3.4.2007, 62617/00 (Copland gegen Vereinigtes Königreich), Rz. 42; EGMR, 1.7.2008, 58243/00 (Liberty et al. gegen Vereinigtes Königreich), Rz. 52; EGMR, 18.5.2010, 26839/05 (Kennedy gegen Vereinigtes Königreich) Rz. 118; *Grabenwarter*, ECHR, Art. 8 Rz. 41; *Uerpmann-Wittzack*, German Law Journal 2010, 1252; *Uerpmann-Wittzack/Jankowska-Gilberg*, MMR 2008, 87; *Marauhn/Thorn* in Dörr/Grote/Marauhn, EMRK/GG², Rz. 61 f.; *Schweizer*, DuD 2009, 465.

[46] *Marauhn/Thorn* in Dörr/Grote/Marauhn, EMRK/GG², Rz. 62.

für jedermann sichtbar ist, vom Tatbestand der Korrespondenz erfasst.[47]

Entscheidend ist, dass es sich um nicht öffentlich zugängliche Nachrichten handelt. Öffentlich zugängliche Nachrichten, wie der Inhalt einer Homepage, eines Blogs, Gästebucheinträge auf öffentlich zugänglichen Seiten und ähnliches stellen keine Korrespondenz i.S.d. Art. 8 EMRK dar.[48] Hier kommt mangels Vertraulichkeit der an die Allgemeinheit gerichteten Nachricht höchstens ein Schutz durch Art. 10 EMRK in Frage, der – wie bereits dargelegt – eben nicht die Vertraulichkeit der Nachricht, sondern ihren Inhalt schützt.[49]

Gerade im Internet ist es jedoch nicht immer leicht zu beurteilen, wann eine Nachricht öffentlich zugänglich ist und wann nicht.[50] Ein individuell abgegrenzter Empfängerkreis kann als Abgrenzungskriterium herangezogen werden.[51] Dies kann am Beispiel von Posts auf der Pinnwand eines *Facebook*-Profils verdeutlicht werden. Hier sind die Privatsphäre-Einstellungen des Profilinhabers entscheidend für den Empfängerkreis. Kann jeder das Profil sehen, so handelt es sich unzweifelhaft um eine öffentlich zugängliche Nachricht, die keine Korrespondenz i.S.d. Art. 8 EMRK darstellt. Ist der Zugriff auf die dort geposteten Informationen jedoch auf die Liste der „Freunde" beschränkt, so liegt ein individuell abgrenzbarer Empfängerkreis vor. Es handelt sich daher um Korrespondenz im Sinne des Art. 8 EMRK. Abgrenzungsprobleme können bei besonders umfangreichen „Freundeslisten" entstehen, etwa bei Künstlern, Sportlern oder Politikern.

---

47 *Kugelmann*, EuGRZ 2003, 22; vgl. auch *Grabenwarter/Pabel*, EMRK[5], § 22 Rz. 24.

48 *Grabenwarter* in ÖJK, Informationsgesellschaft, 65; *Grabenwarter/Pabel*, EMRK[5], § 22 Rz. 25; *Marauhn/Thorn* in Dörr/Grote/Marauhn, EMRK/GG[2], Rz. 62; *Uerpmann-Wittzack*, German Law Journal 2010, 1252; *Kugelmann*, EuGRZ 2003, 21; *Schweizer*, DuD 2009, 466.

49 *Kugelmann*, EuGRZ 2003, 23 f.; *Marauhn/Thorn* in Dörr/Grote/Marauhn, EMRK/GG[2], Rz. 62; *Nettesheim* in Grabenwarter, Enzyklopädie, Rz. 38; *Uerpmann-Wittzack* in Ehlers, Europäische Grundrechte, § 3 I 1 Rz. 6; *Uerpmann-Wittzack/Jankowska-Gilberg*, MMR 2008, 87.

50 *Durner*, ZUM 2010, 839; *ders.* in Maunz/Dürig, Art. 10 Rn. 93.

51 So z.B. *Wiederin* in Korinek/Holoubek, Art. 8 EMRK Rz. 120 der allerdings in der Folge das gesamte WWW vom Schutz Bereich des Art. 8 EMRK ausnimmt.

II. Vom Empfänger aufbewahrte Nachrichten

E-Mails und andere Telekommunikationsformen, die einen bestimmten Empfängerkreis haben, fallen hingegen sehr wohl in den Schutzbereich des Rechts auf Achtung der Korrespondenz. Die Vertraulichkeit des Übermittlungsvorgangs solcher Nachrichten wird von diesem Recht gewährleistet. Wenn aber nur die Vertraulichkeit des Übermittlungsvorgangs geschützt ist, so liegt der Schluss nahe, dass eine Nachricht, die noch nicht abgesendet wurde oder schon angekommen ist, keinen Schutz durch den Tatbestand der Korrespondenz genieße.[52] Folgt man diesem Ansatz, so sind auf einem Server gespeicherte, bereits gesendete oder erhaltene E-Mails keine Korrespondenz. Der EGMR erstreckt den Schutzbereich des Rechts auf Achtung der Korrespondenz jedoch auch auf bereits angekommene Nachrichten, die vom Empfänger aufbewahrt werden.[53] Im Fall *Wieser and Bicos Beteiligungen GmbH* kam der Gerichtshof sogar zu dem Schluss, dass die Beschlagnahmung von elektronischen Daten einen Eingriff in das Recht auf Achtung der Korrespondenz darstelle.[54] Dies bestätigte er im Fall *Bernh Larsen Holding AS ua.*[55] Während die fraglichen Daten im Fall *Wieser and Bicos Beteiligungen GmbH* auf einem Computer vor Ort gespeichert waren, befanden sie sich im Fall *Bernh Larsen Holding AS u.a.* auf einem externen, angemieteten Server. Wo die Daten gespeichert sind spielte in der Beurteilung des EGMR folglich keine Rolle.

Hieraus wird ganz generell gefolgert, dass elektronisch gespeicherte Daten unter den Tatbestand der Korrespondenz fallen.[56] Eine genauere Betrachtung des Falles *Niemietz*[57], auf den der EGMR in den oben be-

---

[52] *Uerpmann-Wittzack* in Ehlers, Europäische Grundrechte, § 3 I 1 Rz. 14.

[53] Noch zur nicht-digitalen Korrespondenz: EGMR, 16.12.1992, 13710/88 (Niemietz gegen Deutschland) Rz. 32; EGMR, 25.2.1993, 10828/84 (Funke gegen Frankreich) Rz. 48, EGMR, 25.2.1993, 12661/87 (Miailhe gegen Frankreich) Rz. 28; *Grabenwarter/Pabel*, EMRK[5], § 22 Rz. 24.

[54] EGMR, 16.10.2007, 74336/01 (Wieser and Bicos Beteiligungen GmbH gegen Österreich) Rz. 45.

[55] EGMR, 14.3.2013, 24117/08 (Bernh Larsen Holding AS u.a. gegen Norwegen) Rz. 105.

[56] *Meyer-Ladewig*, EMRK[3], Art. 8 Rz. 93; *Marauhn/Thorn* in Dörr/Grote/Marauhn, EMRK/GG[2], Rz. 59; *Schweizer*, DuD 2009, 465.

[57] EGMR, 16.12.1992, 13710/88 (Niemietz gegen Deutschland).

schriebenen Fällen verweist, sowie der anderen Fälle, auf die sich diese Schlussfolgerungen stützen, legt es jedoch nahe, von einer differenzierteren Herangehensweise des EGMR auszugehen. Im Fall *Niemietz* wurden die Geschäftsräumlichkeiten eines Anwalts durchsucht. Der EGMR stellte fest, dass die Tatsache, dass sich die durch den Durchsuchungsbefehl erteilte Ermächtigung ganz allgemein auf „Dokumente" bezog, dazu führe, dass zwangsläufig auch Korrespondenz und Dokumente, die als solche bezeichnet werden können, betroffen sind.[58] Bereits übermittelte Korrespondenz, die vom Empfänger aufbewahrt wird, ist demnach von Art. 8 EMRK geschützt. Sie darf nicht als „Kollateralschaden" einer nicht ausreichend spezifizierten Durchsuchungsermächtigung zusammen mit anderen Dokumenten beschlagnahmt werden.

Dieser Gedanke ist es auch, der in den beiden oben genannten Fällen zum Schutz von elektronisch gespeicherten Daten als Korrespondenz führte. Im Fall *Wieser and Bicos Beteiligungen GmbH* handelte es sich erneut um die Durchsuchung einer Anwaltskanzlei. Bei dieser wurden die Computersysteme des Beschwerdeführers mit Hilfe bestimmter Kriterien durchsucht.[59] Hierbei wird auch die digital gespeicherte Korrespondenz betroffen gewesen sein. Im Fall *Bernh Larsen Holding AS u.a.* wurde ein gesamter Server von Steuerbehörden beschlagnahmt. Auf diesem befanden sich auch E-Mail-Korrespondenzen.[60] Elektronisch gespeicherte Daten fallen somit nicht grundsätzlich in den Anwendungsbereich des Rechts auf Achtung der Korrespondenz. Lediglich die vom Empfänger elektronisch gespeicherte Korrespondenz ist geschützt. In Fällen, in denen nicht klar zwischen elektronische Daten, die Korrespondenz darstellen, und elektronischen Daten, die andere Informationen darstellen, unterschieden werden kann, erweitert der EGMR den Schutz auf letztere, ohne dass sie selbst im Schutzbereich des Rechts auf Achtung der Korrespondenz lägen. Einen parallelen Eingriff in das Recht auf Achtung des Privatlebens prüft er nicht. Es kommt daher zu einer Situation, in der gespeicherte elektronische Daten mangels Unterscheidbarkeit auch dann vom Recht auf Achtung der

---

[58] EGMR, 16.12.1992, 13710/88 (Niemietz gegen Deutschland) Rz. 32.

[59] EGMR, 16.10.2007, 74336/01 (Wieser und Bicos Beteiligungen GmbH gegen Österreich) Rz. 19.

[60] EGMR, 14.3.2013, 24117/08 (Bernh Larsen Holding AS u.a. gegen Norwegen) Rz. 5.

Korrespondenz geschützt sind, wenn die von ihnen dargestellte Information keine Korrespondenz ist.[61] Sachgerechter wäre es, hinsichtlich der elektronischen Daten, die Korrespondenz darstellen, einen Eingriff in das Recht auf Achtung der Korrespondenz anzunehmen und hinsichtlich jener Daten, die andere Informationen darstellen, gegebenenfalls von einem Eingriff in das Recht auf Privatleben auszugehen. Dies vermeidet der EGMR allerdings und geht so der Frage nach dem Schutz von Daten juristischer Personen unter dem Tatbestand des Privatlebens aus dem Weg.[62]

Es kann festgehalten werden: Jede geschützte Kommunikation über das Internet ist auch nach Abschluss des Übermittlungsvorgangs noch solange von Art. 8 EMRK geschützt, wie sie von einem der Beteiligten gespeichert wird. Ob dies auf dem eigenen Computer stattfindet oder auf einem externen Server, ist irrelevant.[63] Der gesamte E-Mail Account sowie alle anderen Formen der gespeicherten Kommunikation sind daher vom Schutzgut der Korrespondenz genauso erfasst, wie jede andere nicht öffentliche Kommunikation und die über sie gespeicherten Informationen.

III. Kommunikationsverkehrsdaten

Nachdem gezeigt wurde, dass die Vertraulichkeit der Korrespondenz sowohl während des Kommunikationsvorgangs als auch nach diesem geschützt ist, bleibt zu klären, ob auch die Kommunikationsverkehrsdaten vom Tatbestand der Korrespondenz erfasst sind. Hierbei handelt es sich um die Information darüber, welche Personen wann und wo miteinander kommuniziert haben.[64]

Kommunikationsverkehrsdaten, die auch Verbindungsdaten genannt werden, liegen an der Schnittstelle von Privatleben und Korrespon-

---

[61] Zum Unterschied zwischen Daten und Informationen siehe *Weidner-Braun*, Privatsphäre und informationelle Selbstbestimmung, 30, die ausführt, dass Informationen sich aus der Verbindung mehrerer Daten ergeben.

[62] Siehe hierzu Erster Teil, D. IV. 1. a. aa.

[63] Vgl. EGMR, 16.10.2007, 74336/01 (Wieser and Bicos Beteiligungen GmbH gegen Österreich) Rz. 45 und EGMR, 14.3.2013, 24117/08 (Bernh Larsen Holding AS u.a. gegen Norwegen) Rz. 105.

[64] *Uerpmann-Wittzack* in Ehlers, Europäische Grundrechte, § 3 I 1 Rz. 6.

denz.[65] Schon 1984 befand der EGMR im Fall *Malone*, dass die Rechte des Art. 8 EMRK durch die Weitergabe von Verbindungsdaten, die von einem Telefondienstanbieter gesammelt wurden, an die Polizei betroffen waren. Er betonte, dass solche Informationen, zu denen beispielsweise die gewählte Nummer zählt, einen integralen Bestandteil von Kommunikationsvorgängen über das Telefon darstellen. Die Tatsache, dass die Daten ohnehin vom Telefondienstanbieter im Rahmen der Bereitstellung der Telefondienste gesammelt wurden, sah der EGMR nicht als Grund, sie vom Schutz des Art. 8 EMRK auszunehmen.[66]

Im Fall *Copland* hielt der EGMR unter Verweis auf den Fall *Malone* fest, dass nicht nur äußere Gesprächsdaten von Telefonaten, sondern auch die Verbindungsdaten des E-Mail-Verkehrs einer Person von Art. 8 EMRK geschützt sind.[67] Metainformation bezüglich Korrespondenz, die über das Internet erfolgt, sind somit von Art. 8 EMRK erfasst.[68] Hierunter sind all jene Daten zu verstehen, die Informationen darüber, mit wem, wann, wo und wie lange kommuniziert wurde enthalten. Ob diese beim Provider aus technischen Gründen oder im Rahmen der Rechnungslegung ohnehin gesammelt werden, spielt keine Rolle.

Die Bedeutung des Schutzes von Kommunikationsverkehrsdaten im Bereich der Telekommunikation ergibt sich insbesondere aufgrund der Fülle von äußeren Kommunikationsdaten, die der Nutzer zwangsweise bei jedem Kommunikationsvorgang liefert.[69] Während die Kommunikationsverkehrsdaten eines Briefes noch recht leicht zu bestimmen sind, bedarf es für die Internetkommunikation einer näheren Betrachtung. Es muss bestimmt werden, welche Daten, die während der Datenübermittlung anfallen, als Kommunikationsverkehrsdaten zu bezeichnen sind. Der EGMR hat sich hierzu noch nicht geäußert. Exemplarisch können

---

[65] *Siemen*, Datenschutz, 100 ff.

[66] EGMR, 2.8.1984, 8691/79 (Malone gegen Vereinigtes Königreich) Rz. 84.

[67] EGMR, 3.4.2007, 62617/00 (Copland gegen Vereinigtes Königreich) Rz. 41 ff.

[68] EGMR, 3.4.2007, 62617/00 (Copland gegen Vereinigtes Königreich) Rz. 44; *Uerpmann-Wittzack/Jankowska-Gilberg*, MMR 2008, 87.

[69] Siehe hierzu *Berka*, Das Grundrecht auf Datenschutz, 76 f.; *Klaushofer* in FS Berka, 113 ff.

jedoch die in Art. 5 der mittlerweile für ungültig erklärten[70] Vorratsdatenspeicherungsrichtlinie der EU aufgezählten Datenkategorien genannt werden.[71] Kommunikationsverkehrsdaten im Bereich der Telekommunikation über das Internet wären demnach folgende Informationen:

1. zur Rückverfolgung und Identifizierung der Quelle einer Nachricht benötigte Daten betreffend Internetzugang, Internet-E-Mail und Internet-Telefonie:
   - die zugewiesene Benutzerkennung,
   - die Benutzerkennung und die Rufnummer, die jeder Nachricht im öffentlichen Telefonnetz zugewiesen werden,
   - der Name und die Anschrift des Teilnehmers bzw. registrierten Benutzers, dem eine IP-Adresse, Benutzerkennung oder Rufnummer zum Zeitpunkt der Nachricht zugewiesen war;
2. zur Identifizierung des Adressaten einer Nachricht benötigte Daten betreffend Internet-E-Mail und Internet-Telefonie:
   - die Benutzerkennung oder Rufnummer des vorgesehenen Empfängers eines Anrufes mittels Internet-Telefonie,
   - die Namen und Anschriften der Teilnehmer oder registrierten Benutzer und die Benutzerkennung des vorgesehenen Empfängers einer Nachricht;
3. zur Bestimmung von Datum, Uhrzeit und Dauer einer Nachrichtenübermittlung benötigte Daten betreffend Internetzugang, Internet-E-Mail und Internet-Telefonie:
   - Datum und Uhrzeit der An- und Abmeldung beim Internetzugangsdienst auf der Grundlage einer bestimmten Zeitzone, zusammen mit der vom Internetzugangsanbieter einer Verbindung zugewiesenen dynamischen oder statischen IP-Adresse und die Benutzerkennung des Teilnehmers oder des registrierten Benutzers;
   - Datum und Uhrzeit der An- und Abmeldung für einen Internet-E-Mail-Dienst oder einen Internet-Telefonie-Dienst auf der Grundlage einer bestimmten Zeitzone;

---

70 EuGH, 8.4.2014, C-293/12 und C-594/1 (Digital Rights Ireland und Seitlinger u.a.).

71 Vgl. *Klaushofer* in FS Berka, 113.

4. zur Bestimmung der Art einer Nachrichtenübermittlung benötigte Daten betreffend Internet-E-Mail und Internet-Telefonie: der in Anspruch genommene Internetdienst;
5. zur Bestimmung der Endeinrichtung oder der vorgeblichen Endeinrichtung von Benutzern benötigte Daten betreffend Internetzugang, Internet-E-Mail und Internet-Telefonie:
   - die Rufnummer des anrufenden Anschlusses für den Zugang über Wählanschluss,
   - der digitale Teilnehmeranschluss (DSL) oder ein anderer Endpunkt des Urhebers des Kommunikationsvorgangs;
6. zur Bestimmung des Standorts mobiler Geräte benötigte Daten:
   - die Standortkennung (Cell-ID) bei Beginn der Verbindung,
   - Daten zur geographischen Ortung von Funkzellen durch Bezugnahme auf ihre Standortkennung (Cell ID) während des Zeitraums, in dem die Vorratsspeicherung der Kommunikationsdaten erfolgt.

All diese Daten sind als Kommunikationsverkehrsdaten jedenfalls vom Tatbestand der Korrespondenz erfasst. Denkbar ist darüber hinaus, dass auch das Recht auf Privatleben hier einschlägig ist. Der EGMR stellte im Fall *Copland* einen Eingriff in beide Rechte fest. Eine klare Zuordnung entweder zum Privatleben oder zur Korrespondenz nahm er nicht vor.[72] Es kann davon ausgegangen werden, dass die Kommunikationsverkehrsdaten über die E-Mail-Korrespondenz einer Person sowohl vom Schutzgut der Korrespondenz als auch von jenem des Privatlebens erfasst werden.[73] Die Rolle des Schutzgutes des Privatlebens für den Schutz der Persönlichkeitsrechte im Internet soll nun näher betrachtet werden.

---

[72] EGMR, 3.4.2007, 62617/00 (Copland gegen Vereinigtes Königreich) Rz. 44.

[73] Siehe Erster Teil, D. IV. 1. a. cc. ii.

D. Privatleben

Der EGMR gibt keine ausdrückliche und abschließende Definition für den Begriff des „Privatlebens".[74] Die Bedeutung des Begriffes „Privatleben" kann jedoch zumindest grob umrissen werden: Das Recht auf Privatleben gewährleistet die Entwicklung und Verwirklichung des Einzelnen.[75] Neben einer „passiven Abwehrkomponente" hat der EGMR in seiner Rechtsprechung auch eine „aktive Selbstverwirklichungskomponente" dieses Rechts entwickelt.[76] Durch die flexible und weitreichende Auslegung des den Schutzbereich bestimmenden Begriffs werden Schutzlücken, die durch gesellschaftliche oder technische Entwicklungen entstehen könnten, vermieden.[77] Im Vergleich mit dem deutschen Verfassungsrecht zeigt sich eine gewisse Nähe zum allgemeinen Persönlichkeitsrecht nach Art. 2 Abs. 1 i.V.m. Art. 1 Abs. 1 GG. Das BVerfG gibt für dieses ebenfalls keine abschließende Umschreibung oder gar Definition des Schutzbereichs. Auch diesem Recht kommt besondere Bedeutung für den Schutz der menschlichen Persönlichkeit vor neuen Gefährdungen, die auf gesellschaftlichen oder technischen Entwicklungen beruhen, zu.[78]

Es kann davon ausgegangen werden, dass das allgemeine Persönlichkeitsrecht eine digitale Dimension hat.[79] Das Recht auf Privatleben ist daher vor dem Hintergrund der soeben aufgezeigten inhaltlichen Nähe zum allgemeinen Persönlichkeitsrecht jener Tatbestand des Art. 8 EMRK, der für den Schutz der Persönlichkeitsrechte im Internet von

---

[74] EGMR, 16.12.1992, 13710/88 (Niemietz) Rz. 29; *Uerpmann-Wittzack* in Ehlers, Europäische Grundrechte, § 3 I 1 Rz. 4.

[75] *Marauhn/Thorn* in Dörr/Grote/Marauhn, EMRK/GG², Rz. 26; siehe auch *Grabenwarter/Pabel*, EMRK⁵, § 22 Rz. 6; *Wiederin* in Korinek/Holoubek, Art. 8 EMRK Rz. 33.

[76] *Marauhn/Thorn* in Dörr/Grote/Marauhn, EMRK/GG², Rz. 26; *Schiedermair*, Schutz des Privaten, 230; zu dieser Entwicklung insbesondere im Bereich des Datenschutzes siehe *Siemen*, Datenschutz, 79 ff.

[77] Vgl. zu Art. 8 EMRK allgemein *Wiederin* in Korinek/Holoubek, Art. 8 EMRK Rz. 4; *van Dijk/van Hoof/van Rijn/Zwaak*, ECHR⁴, 666.

[78] *Di Fabio* in Maunz/Dürig, Art. 2 Rz. 127; BVerfG, 3.6.1980, 1 BvR 185/77 (Eppler) Rz. 2a.

[79] BVerfG, 27.2.2008, 1 BvR 370/07 (Online-Durchsuchung); *Luch/Schulz*, MMR 2013, 88, 92 ff.

besonderer Bedeutung zu sein scheint. Im Folgenden soll überprüft werden, inwieweit das Recht auf Privatleben nach Art. 8 EMRK auch im Internet zur Anwendung kommt.

Hierzu werden die Schutzgüter des Rechts auf Privatleben nach Art. 8 EMRK in drei Kategorien unterteilt auf ihre Bedeutung für den Schutz der Persönlichkeitsrechte im Internet hin untersucht. Diese drei Kategorien sind die persönliche und soziale Identität, die persönliche Integrität sowie die Privatsphäre einer Person. Unter der persönlichen und sozialen Integrität ist die körperliche und seelische Unversehrtheit des Einzelnen zu verstehen.[80] Der Begriff der Privatsphäre wird in der Literatur uneinheitlich verwendet.[81] Für die Zwecke der vorliegenden Arbeit wird unter „Privatsphäre" einer Person ein Bereich verstanden, der frei von Beobachtung, Überwachung und Ausforschung ist.[82] Es wird ein enges Verständnis des Begriffs zugrunde gelegt. Der Begriff der Privatsphäre wird hier nicht als Überbegriff für die passive Abwehrkomponente eines allgemeinen Persönlichkeitsrechts gebraucht.[83] Lediglich der private Bereich, den der EGMR als Privatsphäre dem Schutzbereich des Art. 8 EMRK zuordnet, soll auch von diesem Begriff umfasst sein.[84] Die persönliche Identität trägt, wie die anderen Schutzgüter des Privatlebens, sowohl aktive Selbstverwirklichungskomponenten als auch passive Abwehrkomponenten in sich. Während letztere starke Überschneidungen mit der Privatsphäre aufweisen, dienen erstere der nach außen wahrnehmbaren Verwirklichung der eigenen Identität.[85] Die persönliche und soziale Identität, die persönliche Integrität sowie die Privatsphäre einer Person weisen Interdependenzen auf. Sie sind oft nicht klar voneinander abgrenzbar und bedingen einander

---

[80] EGMR, 28.4.2009, 39311/05 (Karakó gegen Ungarn) Rz. 23; *Grabenwarter/Pabel*, EMRK[5], § 22 Rz. 7; *Pätzold* in Karpenstein/Mayer, EMRK, Art. 8 Rz. 7.

[81] Siehe zur Terminologie statt vieler *Siemen*, Datenschutz, 55 ff.

[82] Vgl. auch *Marauhn/Thorn* in Dörr/Grote/Marauhn, EMRK/GG[2], Rz. 27.

[83] So z.B. bei *Jarass*, GRC[2], Art. 7 Rz. 1, 6; dieser verwendet für das hier Gemeinte den Ausdruck „Privatheit der Privatsphäre"; vgl. *van Dijk/van Hoof/van Rijn/Zwaak*, ECHR[4], 665.

[84] Zur Abgrenzung siehe unten Erster Teil, D. II. 2.

[85] EGMR, 29.4.2002, 2346/02 (Pretty gegen Vereinigtes Königreich) Rz. 61 ff; EGMR, 20.3.2007, 5410/03 (Tysiąc gegen Polen) Rz. 107; EGMR, 28.10.2014, 49327/11 (Gough gegen Vereinigtes Königreich) Rz. 182.

regelmäßig.[86] Dennoch soll im Folgenden angesichts der Unterschiede der Schutzrichtung eine Trennung – wo dies möglich ist – vorgenommen werden. Hierbei soll eruiert werden, inwiefern jedes Schutzgut dem Schutz der Persönlichkeitsrechte im Internet dient. Erst im Anschluss wird die datenschutzrechtliche Judikatur des EGMR daraufhin untersucht, ob über die drei Kategorien hinaus personenbezogene Daten ein eigenständiges Schutzgut des Art. 8 EMRK darstellen können.

I. Die persönliche Integrität

Die persönliche Integrität einer Person kann in zwei Aspekte unterteilt werden: Einerseits wird die körperliche Unversehrtheit des Einzelnen geschützt. Andererseits ist die seelische Unversehrtheit, also die psychische und moralische Integrität, der persönlichen Integrität zuzuordnen.[87]

1. Die psychische und moralische Integrität

Gefährdungen der psychischen Integrität einer Person im Internet sind in den letzten Jahren häufig ein Thema von Medienberichterstattungen gewesen.[88] Unter dem Begriff „*Cyber-mobbing*" wird heutzutage die Beleidigung, Bedrohung, Bloßstellung oder Belästigung von Personen mithilfe neuer Kommunikationsmedien – z. B. über Handy, E-Mails, Websites, Foren, Chats und Communities verstanden.[89] Es handelt sich demnach um gezielte Angriffe auf die psychische Integrität einer Person, die unter dem Deckmantel der im Internet oft vorherrschenden

---

86 Siehe z. B. EGMR, 28.1.2003, 44647/98 (Peck) Rz. 57; EGMR, 27.4.2010, 27138/04 (Ciubotaru gegen Moldawien) Rz. 49; EGMR, 7.2.2012, 40660/08 und 60641/08 (von Hannover gegen Deutschland (Nr 2)), Rz. 95.

87 *Grabenwarter/Pabel*, EMRK[5], § 22 Rz. 7; *Schiedermair*, Schutz des Privaten, 252 ff.

88 http://www.kleinezeitung.at/s/steiermark/graz/3994704/OnlineGefahren_Wenn-CyberMobbing-das-Leben-ruiniert; http://diepresse.com/home/panorama/welt/1305260/Cybermobbing_Das-Martyrium-der Amanda Todd; http://www.wienerzeitung.at/themen_channel/bildung/heranwachsen/507919_Handlungsbedarf-bei-Cyber-Mobbing.html (31.5.2015).

89 Ausführlich zu diesem Begriff *Fawzi*, Cyber-Mobbing, 31 ff.

Anonymität[90] stattfinden und deren Wirkung durch die Geschwindigkeit verstärkt wird, in der – eben auch falsche – Informationen über das Internet das gesamte soziale Umfeld einer Person erreichen können. *Cyber-mobbing* ist jedoch ein Problem, dass sich zuvörderst zwischen Privaten stellt, weshalb es für die vorliegende Untersuchung von untergeordneter Bedeutung ist.

Eine in der Rechtsprechung des EGMR besonders häufig vertretene Gruppe von Fällen, die eng mit dem Phänomen des *Cyber-mobbings* verbunden ist, sind jene Fälle, die das Ansehen, dh den guten Ruf einer Person betreffen.[91] Der gute Ruf („*reputation*“, „*réputation*“) einer Person ist das, was andere wahrnehmen.[92] Die genaue Einordnung dieser Fälle ist schwierig, da die Judikatur des EGMR in diesem Bereich äußerst uneinheitlich ist. Der Gerichtshof ordnet den guten Ruf teils ganz generell dem Privatleben zu, ohne eine weitere Kategorisierung vorzunehmen.[93] In einigen Fällen sieht er den guten Ruf als Teil der Identität,[94] in anderen sowohl als Teil der persönlichen Identität als auch der psychischen Integrität an.[95] In wieder anderen Fällen, wie dem Fall *Karakó*, zieht er nur die persönliche Integrität heran.[96] Auffällig ist hierbei, dass es sich nicht um verschiedene Rechtsprechungslinien handelt, die jeweils einem bestimmten Zeitraum zugeordnet werden können. Vielmehr wechselt der EGMR von Fall zu Fall, ohne Unterschiede zwischen den Sachverhalten oder andere Gründe für die unterschiedliche Einordnung anzuführen. Diese Vorgehensweise kann damit begründet werden, dass das Recht auf einen guten Ruf zwei unterschiedliche Schutzgüter betrifft: die psychische Integrität und die persönliche Iden-

---

[90] Siehe zur besonderen Problematik der Anonymität im Internet *Heckmann*, NJW 2012, 2632 f.

[91] Siehe hierzu *Meyer-Ladewig*, EMRK^3, Art. 8 Rz. 27; *Reid*, ECHR^4, II-276.

[92] EGMR, 28.4.2009, 39311/05 (Karakó gegen Ungarn) Rz. 23; *Heißl*, JRP 2013, 83 ff.

[93] EGMR, 18.11.2008, 22427/04 (Camalettin Canli gegen Türkei) Rz. 36.

[94] EGMR, 14.10.2008, 78060/01 (Petrina gegen Rumänien) Rz. 27 f; EGMR, 14.1.2014, 22231/05 (Lavric gegen Rumänien) Rz. 31.

[95] EGMR, 15.11.2007, 12556/03 (Pfeifer gegen Österreich) Rz. 35; EGMR, 9.4.2009, 28070/06 (A gegen Norwegen) Rz. 63.

[96] EGMR, 28.4.2009, 39311/05 (Karakó gegen Ungarn) Rz. 23.

tität. Anhand des Falls *Karakó* lässt sich der Aspekt des Rechts herausarbeiten, der die psychische Integrität betrifft.

Im Fall *Karakó*, der ausschließlich die politische Tätigkeit eines Politikers und darauf bezogene Vorwürfe betraf, grenzte der EGMR ausdrücklich den guten Ruf von der persönlichen Integrität ab und stellte gänzlich in Frage, ob der gute Ruf ein eigenständiges Schutzgut nach Art. 8 EMRK sein kann. Vielmehr sei der gute Ruf einer Person nur dann geschützt, wenn die Rufschädigung Auswirkungen hat, die die persönliche Integrität des Betroffenen betreffen.[97] Diese Eingriffsschwelle nimmt er auch in jenen Fällen an, in denen er die soziale Identität einer Person als betroffenes Rechtsgut anführt. Der gute Ruf einer Person ist erst dann von Art. 8 EMRK geschützt, wenn die Anschuldigungen so schwerwiegend sind, dass die Veröffentlichung zwangsläufig direkte Auswirkungen auf das Privatleben des Beschwerdeführers haben muss.[98] Zudem ist der gute Ruf einer Person dann nicht geschützt, wenn die Rufschädigung vorhersehbare Konsequenz der eigenen Handlungen war.[99]

Aus dieser Rechtsprechung kann abgeleitet werden, dass der EGMR ein Recht auf Schutz des guten Rufes annimmt.[100] Ob der gute Ruf einer Person als eigenständiges Schutzgut betrachtet werden kann oder nicht, soll hier offengelassen werden.[101] Der gute Ruf einer Person ist jedoch immer nur dann von Art. 8 EMRK erfasst, wenn ein Angriff auf ihn Auswirkungen auf das Privatleben einer Person hat.[102] Hierbei ist auch die psychische Integrität des Betroffenen einschlägig. Jene Aspekte des guten Rufs, die nicht die psychische Integrität einer Person betreffen,

---

97 EGMR, 28.4.2009, 39311/05 (Karakó gegen Ungarn) Rz. 23.

98 EGMR, 14.1.2014, 22231/05 (Lavric gegen Rumänien) Rz. 31 m.w.N.

99 EGMR, 16.10.2008, 39627/05 u. 39631/05 (Taliadouou u. Stylianou gegen Zypern) Rz. 56; EGMR, 16.10.2008, 39058/05 (Kyriakides gegen Zypern) Rz. 52.

100 Siehe EGMR, 28.4.2011, 4479/03 (Mikolajová gegen Slowakei) Rz. 53 ff.

101 Vgl. zur Diskussion, ob der gute Ruf ein eigenständiges Schutzgut des Art. 8 EMRK ist *Zöchbauer*, MR 2009, 119 ff; *Heißl*, JRP 2013, 83 ff., vgl. auch EGMR, 28.4.2011, 4479/03 (Mikolajová gegen Slowakei) Rz. 53 ff., wo der EGMR von einem „independent right“ spricht.

102 EGMR, 14.1.2014, 22231/05 (Lavric gegen Rumänien) Rz. 31.

können jedoch vom Recht auf Selbstdarstellung erfasst sein, das dem Schutzgut der sozialen Identität zuzuordnen ist.[103]

Der Schutz des guten Rufes beinhaltet auch den Schutz vor Rufschädigungen durch Äußerungen, die im Internet veröffentlicht wurden.[104] Solche rufschädigenden Äußerungen im Internet können auch staatliches Handeln sein.[105]

Außerdem sah der EGMR die psychische Integrität einer Person durch den Erhalt unerwünschter E-Mails gefährdet. Im Fall *Muscio* stellte er fest, dass der Erhalt von *spam* per E-Mail grundsätzlich einen Eingriff in das Recht auf Privatleben darstellen kann. Insbesondere führt der Gerichtshof in diesem Zusammenhang auch das Recht auf psychische und moralische Integrität an,[106] das in diesem Fall demnach zur Anwendung kam.

Die psychische und moralische Integrität ist somit ein von Art. 8 EMRK erfasstes Schutzgut, das im Internet einer Reihe von Gefahren ausgesetzt ist: Einerseits können direkte Attacken auf die Integrität des Einzelnen auch über das Internet ausgeübt werden, wie dies beispielsweise beim *Cyber-mobbing* geschieht. Andererseits kann auch der Erhalt von *spam* die psychische und moralische Integrität einer Person gefährden. Die persönliche Integrität ist daher jedenfalls hinsichtlich des Aspekts der psychischen und moralischen Integrität ein für den Persönlichkeitsschutz im Internet relevantes Schutzgut. Zu überprüfen bleibt, ob auch die physische Integrität in diesem Zusammenhang von Bedeutung sein kann.

2. *Die physische Integrität*

Typische Gefährdungen der physischen Integrität sind Beeinträchtigungen der körperlichen Unversehrtheit, die nicht das erforderliche

---

[103] Siehe hierzu Erster Teil, D. III.

[104] EGMR, 10.10.2013, 64569/09 (Delfi AS gegen Estland) Rz. 92 (anhängig vor der GK); siehe auch *Berka* in Koziol/Warzilek, Rz. 24.

[105] Siehe hierzu Zweiter Teil, A. II. 3.

[106] EGMR, 13.11.2007, 31358/03 (Muscio gegen Italien); allerdings wurde die Beschwerde unter Hinweis auf die Interessenabwägung zurückgewiesen. Zur Bedeutung der Besonderheiten des Internets bei der Abwägung der konkurrierenden Interessen siehe insbesondere unten Dritter Teil, A. I. 2. b. und Dritter Teil, B. III. 1.

Maß an Schwere erreichen um einen Eingriff in Art. 3 EMRK darzustellen.[107] Sie erscheint daher – im Gegensatz zur psychischen und moralischen Integrität – nicht geeignet, ein im Internet relevantes Schutzgut zu sein. Eingriffe, die die körperliche Unversehrtheit einer Person beeinträchtigen, sind typischerweise der realen und nicht der virtuellen Welt zuzuordnen.

Im Fall *K.U. gegen Finnland* sah der EGMR allerdings die physische Integrität eines Jungen durch Handlungen Dritter im Internet betroffen. In diesem Fall wurde von einer unbekannten Person eine Anzeige für einen 12-jährigen Jungen auf einer Dating-Website geschaltet. In dieser hieß es, der Junge suche eine intime Beziehung mit einem Jungen seines Alters oder älter, um ihm „etwas beizubringen". Der betroffene Junge wurde erst auf diese Anzeige aufmerksam, als ihn ein Mann kontaktierte und ein Treffen vorschlug. Der Vater des Jungen erstattete Anzeige gegen Unbekannt. Allerdings war es in Finnland zu diesem Zeitpunkt rechtlich nicht möglich, die Identität der Person, die die Anzeige geschaltet hatte, festzustellen. Der EGMR führte aus, dass Art. 8 EMRK hier zweifelsohne anwendbar sei. Der Sachverhalt berühre das Privatleben, das die physische und moralische Integrität einer Person umfasse. Obwohl der Sachverhalt auf nationaler Ebene unter dem Aspekt der „*malicious misrepresentation*" betrachtet worden war, betonte der EGMR die hier betroffenen Aspekte des Privatlebens. Insbesondere hob er die, durch die Situation verursachte, Gefahr für das physische und mentale Wohlergehen des Jungen und seine besondere Schutzbedürftigkeit aufgrund seines jungen Alters hervor.[108]

Der Sachverhalt im Fall *K.U.* spielte sich rein im Internet ab. Die im Internet veröffentlichte Anzeige im Namen des Jungen schuf eine Gefahrenlage für diesen, die sich in der realen Welt verwirklichen kann. Durch die Anzeige, die von einem unbekannten Dritten online gestellt worden war und vom Betroffenen selbst nicht entfernt werden konnte, erhielten Personen die Kontaktdaten des minderjährigen Jungen, durch die eine Verletzung seiner physischen Integrität zu befürchten war. Zu keinem Zeitpunkt war der Junge tatsächlich physisch in einer Situation, in der sich die Gefährdung verwirklichen hätte können. Die Gefährdung der körperlichen Unversehrtheit des Jungen ist den besonderen Umständen des Einzelfalls geschuldet. Der Fall zeigt jedoch, dass auch

---

[107] Vgl. *Grabenwarter/Pabel*, EMRK[5], § 22 Rz. 7.

[108] EGMR, 2.12.2008, 2872/02 (K.U. gegen Finnland) Rz. 40 ff.

wenn die physische Integrität auf den ersten Blick nicht geeignet ist, im Internet eine Rolle zu spielen, besondere Sachverhaltskonstellationen und die Tatsache, dass der EGMR hier schon die bloße Gefährdung als Eingriff ansieht,[109] dennoch dazu führen können, dass rein online stattfindende Sachverhalte das Recht auf physische Integrität beeinträchtigen. Während die physische und moralische Integrität regelmäßig Eingriffen über das Internet ausgesetzt ist, sind Situationen, in denen die physische Integrität ein für den Persönlichkeitsschutz im Internet relevantes Schutzgut ist, allerdings die Ausnahme.

II. Die Privatsphäre

1. Allgemeines

Neben der persönlichen Integrität schützt das Recht auf Privatleben auch die Privatsphäre des Einzelnen. Hierdurch wird der Grundrechtsberechtigte vor Beobachtung, Überwachung und Ausforschung geschützt.[110] Die Privatsphäre ist jedoch nicht nur auf die Gewährleistung eines privaten Rückzugsortes beschränkt, die schließlich zusätzlich vom Recht auf Wohnung abgedeckt wird.[111] Der Schutz kann auch das Recht, sich ohne Beobachtung durch staatliche Organe im öffentlichen Raum bewegen zu können, umfassen.[112]

Die Privatsphäre kann auch aus Anlass der Nutzung des Internets Gefährdungen ausgesetzt sein. Gerade im Hinblick auf die Persönlichkeitsentfaltung haben virtuelle Räume oft die gleiche Bedeutung wie reale Räume.[113] Schließlich findet ein großer Teil dessen, was bislang in

---

[109] Bei genauer Betrachtung handelt es sich um eine Verpflichtung des Staates, den Jungen davor zu schützen, durch einen Dritten (Person, die die Anzeige geschaltet hat) der von Vierten (Personen, die den Jungen kontaktieren) ausgehenden Gefahr ausgesetzt zu werden.

[110] *Marauhn/Thorn* in Dörr/Grote/Marauhn, EMRK/GG², Rz. 27.

[111] *Marauhn/Thorn* in Dörr/Grote/Marauhn, EMRK/GG², Rz. 27.

[112] *Grabenwarter/Pabel*, EMRK⁵, § 22 Rz. 9 m.H.a. EGMR, 28.1.2003, 44647/98 (Peck gegen Vereinigtes Königreich) Rz. 59 ff., *Siemen*, Datenschutz, 71 mit weiteren Nachweisen aus der Judikatur.

[113] Siehe *Wiederin* in Korinek/Holoubek, Art. 8 EMRK Rz. 35; hinsichtlich Art. 11 GG vgl. *Luch/Schulz*, MMR 2013, 90.

realen Räumen stattfand und zur Persönlichkeitsentfaltung gehört, mittlerweile *„online"* statt. Statt in ein Geschäft zu gehen, kaufen immer mehr Leute online ein. Statt ins Kino zu gehen, werden immer mehr Filme online abgerufen. Sogar der zwischenmenschliche Kontakt verlagert sich mehr und mehr ins Internet.[114] Es liegt daher nahe, dass auch virtuelle Räume zur Privatsphäre eines Grundrechtsberechtigten zählen können. Im Folgenden wird daher die Rechtsprechung des EGMR zur Privatsphäre analysiert. Sie wird auf ihre Übertragbarkeit auf virtuelle Sachverhalte untersucht. Hierbei soll insbesondere herausgearbeitet werden, ob die Übertragbarkeit Grenzen kennt und wo diese liegen.

2. Der „reasonable expectation of privacy"*-Test des EGMR*

Hoffmann-Riem stellte bereits 1998 fest: Wer im Internet surft, befindet sich im öffentlichen Raum.[115] Wie erwähnt, erstreckt sich die Privatsphäre jedoch auch auf den öffentlichen Bereich.[116] Allerdings endet sie dort, wo der Betroffene nicht mehr darauf vertraut oder nicht mehr vernünftigerweise darauf vertrauen darf, sich im Bereich der Privatsphäre zu bewegen. Diesen *„reasonable expectation of privacy"*-Test führt der EGMR regelmäßig durch, um zu beurteilen, ob ein Sachverhalt, der in der Öffentlichkeit angesiedelt ist, dem Schutz der Privatsphäre unterliegt.[117] Andere Aspekte des Privatlebens können zwar auch außerhalb dieses Bereichs, in dem vernünftigerweise auf Privatsphäre vertraut werden durfte, relevant sein. Das Schutzgut der Privatsphäre ist dann jedoch nicht mehr betroffen. So führte der EGMR im Fall *P.G. und J.H.* Folgendes aus:

> „Es gibt eine Reihe von Elementen, die bei der Entscheidung, ob das Privatleben einer Person von Maßnahmen außerhalb ihrer Wohnung betroffen ist, zu beachten sind. Da es Fälle gibt, in denen sich die

---

[114] Siehe *Luch/Schulz*, MMR 2013, 92.

[115] *Hoffmann-Riem,* AöR 1998, 514.

[116] *Grabenwarter/Pabel,* EMRK[5], § 22 Rz. 9 m.H.a. EGMR, 28.1.2003, 44647/98 (Peck gegen Vereinigtes Königreich) Rz. 59 ff., *Siemen,* Datenschutz, 71 mit weiteren Nachweisen aus der Judikatur.

[117] Siehe z.B. EGMR, 24.6.2004, 59320/00 (von Hannover gegen Deutschland) Rz. 51; EGMR, 26.7.2007, 64209/01 (Peev gegen Bulgarien) Rz. 37 ff.; *Grabenwarter/Pabel,* EMRK[5], § 22 Rz. 9.

Leute wissentlich oder absichtlich Aktivitäten zuwenden, die aufgenommen werden könnten oder über die berichtet werden könnte, stellt die begründete Erwartung hinsichtlich der Privatsphäre einen wichtigen, aber nicht notwendigerweise entscheidenden Faktor dar.“ [118]

a. Privatsphäre und Individualkommunikation im Internet

Wenn eine *„reasonable expectation of privacy*“ hinsichtlich eines Kommunikationsvorgangs besteht, ist der Kommunikationsvorgang nicht nur vom Recht auf Achtung der Korrespondenz sondern eben auch vom Recht auf Privatsphäre geschützt. Das Schutzgut der Privatsphäre ist daher auch bei Überwachungen von Kommunikationsvorgängen betroffen. Der Gerichtshof stellte im Fall *Halford* fest, dass die Beschwerdeführerin vernünftigerweise damit rechnen durfte, dass ihre Telefonate zu ihrer Privatsphäre gehören. In der Folge erachtet er nicht nur den Schutzbereich des Rechts auf Korrespondenz sondern auch jenen des Rechts auf Privatleben als eröffnet.[119] Die Vertraulichkeit der individuellen Kommunikation ist demnach Teil der von Art. 8 EMRK geschützten Privatsphäre, wenn vernünftigerweise auf sie vertraut wurde.[120]

Von Individualkommunikation kann immer dann gesprochen werden, wenn der Kommunikationsvorgang gänzlich individualisiert ist. Von

---

[118] EGMR, 25.9.2001, 44787/98 (P.G. und J.H. gegen Vereinigtes Königreich) Rz. 57: *„There are a number of elements relevant to a consideration of whether a person's private life is concerned by measures effected outside a person's home or private premises. Since there are occasions when people knowingly or intentionally involve themselves in activities which are or may be recorded or reported in a public manner, a person's reasonable expectations as to privacy may be a significant, although not necessarily conclusive, factor*“; vgl. auch EGMR, 28.1.2003, 44647/98 (Peck gegen Vereinigtes Königreich) Rz. 57 ff.; EGMR, 12.1.2010, 4158/05 (Gillan und Quinten gegen Vereinigtes Königreich) Rz. 61; EGMR, 2.9.2010, 35623/05 (Uzun gegen Deutschland) Rz. 44.

[119] EGMR, 25.6.1997, 20605/92 (Halford gegen Vereinigtes Königreich) Rz. 45: *„She would, the Court considers, have had a reasonable expectation of privacy for such calls, which expectation was moreover reinforced by a number of factors.*“

[120] *Grabenwarter/Pabel*, EMRK[5], § 22 Rz. 10.

Anfang an besteht ein begrenzter Kreis an Empfängern.[121] Die vertrauliche Kommunikation wird geschützt; unabhängig ob private, berufliche, politische oder gar keine Daten ausgetauscht wurden.[122] Die Kommunikation über das Internet ist auch erfasst.[123] So führte der EGMR im Fall *Copland* aus, dass der Schutz des Vertrauens der Beschwerdeführerin auf die Vertraulichkeit ihrer Telefonate auch für das Vertrauen auf die Vertraulichkeit ihres E-Mail-Verkehrs gelte.[124] Im Fall *Kennedy* stellte er ebenfalls fest, dass Briefverkehr, Telefongespräche und E-Mail-Unterhaltungen unter den Tatbestand des Privatlebens fallen.[125] In beiden Fällen sah der EGMR zusätzlich den Schutzbereich des Rechts auf Achtung der Korrespondenz als eröffnet an. An dieser Stelle entstehen Überschneidungen des Rechts auf Achtung der Korrespondenz und des Rechts auf Achtung des Privatlebens. Es liegt eine Art Grundrechtskonkurrenz zwischen zwei Tatbeständen des gleichen Grundrechts vor. Daher wurde die Frage aufgeworfen, wie die neuen Kommunikationsformen – wie beispielsweise E-Mails – nun einzuordnen sind.[126]

Denkbar wäre es, das Recht auf Achtung der Korrespondenz als spezielleres Recht zu betrachten und die Individualkommunikation folglich nur mehr diesem Tatbestand zuzuordnen.[127] Immerhin erfasst das Recht auf Privatleben scheinbar ein Recht auf Vertraulichkeit der Individualkommunikation und zusätzlich weitere Merkmale.[128] Dieser Ansatz spiegelt die Nähe des Rechts auf Achtung des Privatleben zum allgemeinen Persönlichkeitsrecht des Art. 2 Abs. 1 i.V.m. Art. 1 Abs. 1

---

[121] *Kugelmann*, EuGRZ 2003, 17, siehe auch oben Erster Teil, C. I. 1.

[122] *Wiederin* in Korinek/Holoubek, Art. 8 EMRK Rz. 37.

[123] *Kugelmann*, EuGRZ 2003, 21 f.; *Uerpmann-Wittzack/Jankowska-Gilberg*, MMR 2008, 87.

[124] EGMR, 3.4.2007, 62617/00 (Copland gegen Vereinigtes Königreich) Rz. 41.

[125] EGMR, 18.5.2010, 26839/05 (Kennedy gegen Vereinigtes Königreich) Rz. 118.

[126] *Harris/O'Boyle/Warbrick*, ECHR^3, 530; *Uerpmann-Wittzack* in Ehlers, Europäische Grundrechte, § 3 I 1 Rz. 6; *Uerpmann-Wittzack/Jankowska-Gilberg*, MMR 2008, 87.

[127] So z.B. *Uerpmann-Wittzack/Jankowska-Gilberg*, MMR 2008, 87.

[128] Vgl. zum Begriff der Spezialität *Berg* in Merten/Papier, Handbuch Grundrechte, Rz. 27.

GG wider, welches ebenfalls soweit sich die Schutzbereiche überschneiden zurücktritt, wenn ein Grundrecht dem Schutz eines Rechtsguts dient, wie beispielsweise dem Brief-, Post- und Fernmeldegeheimnis des Art. 10 GG, und das allgemeine Persönlichkeitsrecht unter dem gleichen Aspekt tangiert wird.[129]

Der EGMR trifft diese Unterscheidung, wie erwähnt, nicht, sondern führt dort, wo beide einschlägig sind, auch beide Tatbestände an. Er stellt ganz allgemein fest, dass ein Eingriff in das Recht auf Achtung des Privatlebens und der Korrespondenz vorliegt bzw. dass der Schutzbereich des Rechts auf Achtung des Privatlebens und des Rechts auf Achtung der Korrespondenz eröffnet ist, ohne eine nähere Zuordnung vorzunehmen.[130] Dies wäre richtig, wenn man davon ausginge, dass zwischen dem Recht auf Privatleben und dem Recht auf Korrespondenz kein Spezialitätsverhältnis besteht. Diese Annahme könnte damit begründet werden, dass das Recht auf Korrespondenz auch die rein geschäftliche Individualkommunikation schützt,[131] während das Recht auf Privatleben die berufliche Tätigkeit grundsätzlich nur dann schützt, wenn ein Bezug zum Privatleben hergestellt werden kann.[132]

Die extensive Auslegung des Begriffs des Privatlebens durch den EGMR führt allerdings dazu, dass der Begriff „Privatleben" i.S.d. Art. 8 EMRK nicht dahin ausgelegt werden darf, dass die beruflichen

---

[129] BVerfG, 27.2.2008, 1 BvR 370/07 (Online-Durchsuchung); *Di Fabio* in Maunz/Dürig, Art. 2 Rz. 127; *Lang* in Epping/Hillgruber, Art. 2 Rz. 54 m. w. N.

[130] EGMR, 25.6.1997, 20605/92 (Halford gegen Vereinigtes Königreich) Rz. 45; EGMR, 3.4.2007, 62617/00 (Copland gegen Vereinigtes Königreich) Rz. 41; *Harris/O'Boyle/Warbrick*, ECHR[3], 361; *Uerpmann-Wittzack* in Ehlers, Europäische Grundrechte, § 3 I 1 Rz. 6; *Uerpmann-Wittzack/Jankowska-Gilberg*, MMR 2008, 87; *Uerpmann-Wittzack*, German Law Journal 2010, 1252 FN 42.

[131] EGMR, 25.6.1997, 20605/92 (Halford gegen Vereinigtes Königreich), EGMR, 16.2.2000 (GK), 27798/95, (Amann gegen Schweiz) Rz. 43, EGMR, 3.4.2007, 62617/00 (Copland gegen Vereinigtes Königreich) Rz. 41; *Kugelmann*, EuGRZ 2003, 22; *Reid*, ECHR[4], II-508; *Schweizer*, DuD 2009, 465.

[132] Vgl. z.B. die Fälle, in denen der EGMR die Einschränkungen der Berufsausübung nur dann als Eingriff in das Recht auf Privatleben ansieht, wenn die Auswirkungen der Einschränkung das Privatleben betreffen; EGMR, 27.7.2004, 554800 u. 59330/00 (Sidabras u. Džiautas gegen Litauen) Rz. 48; EGMR, 7.4.2005, 70665/01 u. 74345/01 (Rainys u. Gasparavičius) Rz. 34 ff.

und geschäftlichen Tätigkeiten natürlicher und juristischer Personen hiervon ausgeschlossen sind.[133] Der Bezug zum Privatleben ist daher regelmäßig gegeben.[134] Je weiter der Begriff des Privatlebens durch den EGMR ausgelegt wird, desto eher muss jedoch von einem Spezialitätsverhältnis ausgegangen werden. Bei Vorliegen eines Spezialitätsverhältnisses müsste das Recht auf Achtung des Privatlebens jedoch nach dem Auslegungsgrundsatz *„lex specialis derogat legi generali"* dazuführen, dass das Recht auf Achtung der Korrpesondenz als spezielleres Recht dem Recht auf Achtung des Privatlebens vorgeht und letzteres nur subsidiär zur Anwendung käme.

b. Privatsphäre und sonstige Nutzungsformen des Internets

Die Individualkommunikation über das Internet ist nach der Rechtsprechung des EGMR nicht nur durch das Recht auf Achtung auf Korrespondenz von Art. 8 EMRK geschützt, sondern kann dann, wenn der Betroffene begründeter Weise auf ihre Vertraulichkeit vertraut, zusätzlich als Teil der Privatsphäre geschützt sein. Eben diese Erwartung der Vertraulichkeit kann es bei der Bereitstellung von Informationen auf einer Homepage gerade nicht geben.[135] Schließlich ist Sinn und Zweck einer Homepage, von möglichst vielen Leuten aufgerufen zu werden.

Es bleibt zu klären, inwieweit die passive Nutzung des WWW, also das Surfverhalten einer Person, zur Privatsphäre gehört. Hier begibt der Nutzer sich in eine virtuelle Öffentlichkeit, in der er mit anderen kommuniziert.[136] Im Gegensatz zur Bereitstellung von Informationen auf einer Homepage, sind die durch die passive Nutzung generierten Daten jedoch von den meisten Nutzern nicht für die Öffentlichkeit gedacht.

Der EGMR wendete 2007 im bereits mehrfach erwähnten Fall *Copland* den *„reasonable expectation of privacy"*-Test nicht nur auf die Telefonate und den E-Mail-Verkehr der Beschwerdeführerin an, sondern auch

---

[133] *Kloepfer/Greve*, NVwZ 2011, 577; *Uerpmann-Wittzack* in Ehlers, Europäische Grundrechte, § 3 I 1 Rz. 5; EGMR, 16.12.1992, 13710/88 (Niemietz gegen Deutschland) Rz. 29.

[134] Siehe hierzu auch unten Erster Teil, D. IV. 1. a. bb.

[135] *Kugelmann*, EuGRZ 2003, 21; *Schweizer*, DuD 2009, 466.

[136] *Hoffmann-Riem,* AöR 1998, 514.

auf ihre Internetnutzung.[137] Dort, wo eine Person darauf vertrauen darf, dass ihre Internetnutzung nicht überwacht wird, ist die Vertraulichkeit des Surf-Verhaltens somit als Teil der Privatsphäre von Art. 8 EMRK geschützt. *Uerpmann-Wittzack* leitete 2010 hieraus ab, dass alle Informationen im Internet solange sie nicht ausdrücklich für die Öffentlichkeit gedacht sind zum Privatleben gehörten.[138] Er geht also von der Annahme aus, dass man begründeter Weise darauf vertrauen könne, dass Informationen im Internet, die nicht ausdrücklich für die Öffentlichkeit gedacht sind, vertraulich sind, auch wenn es sich nicht um Individualkommunikation handelt. Inwiefern diese Annahme auch heute noch aufrechterhalten werden kann und wo heutzutage die Grenzen des Schutzes der Privatsphäre in Form des Schutzes einer *„reasonable expectation of privacy"* liegen, soll im Folgenden untersucht werden.

3. Grenzen des Schutzes der Privatsphäre im Internet

Die Schwächen des *„reasonable expectation of privacy"*-Tests sind offensichtlich: Wenn nur das begründete Vertrauen auf Vertraulichkeit geschützt ist, so haben die Grundrechtsberechtigten keinen Anspruch auf Privatsphäre außerhalb ihres privaten Raums, sobald dieses Vertrauen nicht mehr besteht. Dies führt insbesondere angesichts des Ausmaßes, in dem private Internetdienstanbieter ihre umfangreiche Marktmacht dazu einsetzen, Informationen zu sammeln und zu nutzen dazu, dass die Persönlichkeitsrechte im Internet durch ein Recht auf Privatsphäre allein nicht ausreichend geschützt sind. Jeder teilt einer Vielzahl von Anbietern täglich Informationen über sich mit, sei es explizit oder nur durch die Nutzung angebotener Dienste. Gibt man jemandem seine Daten jedoch freiwillig, so kann man nicht mehr behaupten eine *„reasonable expectation of privacy"* bezüglich derselben zu haben. Wer Daten einmal hat, kann dann durch die Kombination verschiedener Daten umfangreich Kenntnis über das Privatleben der Person, die die Daten betreffen, erlangen. Bedenkt man vor diesem Hintergrund, dass das Internet Einzug in beinahe jeden Bereich unseres Lebens hält[139] und bei

---

[137] EGMR, 3.4.2007, 62617/00 (Copland gegen Vereinigtes Königreich) Rz. 41.

[138] *Uerpmann-Wittzack*, German Law Journal 2010, 1252.

[139] *Roßnagel/Schnabel*, NJW 2009, 3534.

jeder „Bewegung" im Internet Daten anfallen, so kommt man zu dem Ergebnis, dass die Handlungen Einzelner in immer umfassenderer Art und Weise mit- und rückverfolgt oder sogar schon vorausgesagt werden können, ohne dass das Recht auf Privatsphäre, das von einer *„reasonable expectation of privacy"* begrenzt wird, noch Schutz gewährt.

Der Schutz der Korrespondenz bleibt zwar weiterhin aufrecht, da die Vertraulichkeit der Korrespondenz schließlich unabhängig von den Erwartungen des Betroffenen geschützt wird.[140] E-Mail und andere Internet-Dienste zur Individualkommunikation bleiben daher jedenfalls im Schutzbereich des Art. 8 EMRK. Doch die Tatsache, dass auch aus den belanglosesten Daten Profile erstellt werden könnten, die mit unglaublichem Detail Informationen über das Leben des Betroffenen darstellen, stellt eine ernsthafte Gefahr für den wirksamen Schutz des Privatlebens im Internet dar. Im Gegenteil zur konventionellen Welt ist es hier schließlich die Regel, dass eine Aktivität elektronische Spuren hinterlässt.[141] Das Recht auf Privatsphäre schützt zwar davor, dass Informationen, die einem Anbieter gegeben wurden, unbefugt weitergegeben werden. Vor der Bildung von Profilen aus der horrenden Menge von Daten, die beinahe jeder fast täglich hinterlässt,[142] durch Anbieter mehrerer Dienste, wie beispielsweise *Google*, kann das Recht auf Privatsphäre, wie es der EGMR bislang anwendet, jedoch nicht mehr schützen. Der Nutzer muss, soweit nicht vertraglich explizit anderes vorgesehen wurde, davon ausgehen, dass jeder der vielen Beteiligten die Daten speichert und für Werbezwecke oder sonstiges weiterverwendet.[143]

Natürlich existieren technische Möglichkeiten, die Spuren im Netz zu verwischen und so dafür zu sorgen, dass auch der Dienstanbieter das passive Surfverhalten nicht einer bestimmten Person zuordnen kann. Anonymisierungsdienste wie *„John Donym"* oder *„Tor"* versprechen durch verschiedene technische Dienste eine anonyme Nutzung des In-

---

[140] *Reid*, ECHR^4, II-512.

[141] *Moser-Knierim*, Vorratsdatenspeicherung, 29; *Polenz* in Kilian/Heussen, Computerrecht, Rz. 58 (29. Erg.Lfg. 2011); *Staudinger* in Jaksch-Ratajczak, Internetnutzung, 233 ff; *Uerpmann-Wittzack/Jankowska-Gilberg*, MMR 2008, 86.

[142] Siehe hierzu *Moser-Knierim*, Vorratsdatenspeicherung, 35.

[143] Siehe hierzu bereits *Schaar*, Ende der Privatsphäre, 42 ff.

ternets.[144] Bei diesen Anonymisierungsdiensten handelt es sich in der Regel um Verschleierungsprogramme.[145] Das Programm wird auf dem Computer installiert und leitet eine Anfrage über einen oder mehrere Proxy-Server um, wodurch der Internetdienstanbieter keine Kenntnis von der dem Nutzer zugeordneten IP-Adresse erlangt.[146] Auch diese Programme führen letztendlich nie zu einer vollständigen Anonymisierung. Sie verschleiern vielmehr lediglich die IP-Adresse des Nutzers.[147] Eine Rückführbarkeit ist bei Einsatz entsprechend umfangreicher Mittel nie auszuschließen.[148] Tatsächlich wurde für *„John Donym"* die Möglichkeit implementiert, die Identität eines Nutzers zur Verfolgung schwerer Straftaten aufzudecken.[149] Auch die Nutzung von *„Tor"* ist gerade wegen des großen Erfolges dieses Programms keine Garantie der Anonymität mehr. Immerhin gibt es ausführliche Berichte über die Bemühungen, *„Tor"* zu infiltrieren und erste Erfolge in diesem Vorhaben.[150] Das Vertrauen auf die durch diese Programme hergestellte Anonymität kann auch nicht auf unbegrenzte Zeit fortbestehen, sondern hängt stark von dem Bemühen und Geschick der Techniker auf beiden Seiten ab. Ein berechtigtes Vertrauen in die Anonymität im Internet kann also durch aktive Maßnahmen hergestellt werden.[151] Es ist aber ohne solche jedenfalls nicht anzunehmen und selbst wenn entsprechen-

---

[144] *Moser-Knierim*, Vorratsdatenspeicherung, 30.

[145] Siehe hierzu *Spindler/Nink* in Spindler/Schuster TMG, § 13 Rz. 24 m.w.N.

[146] Siehe zur Funktionsweise und den verschiedenen Möglichkeiten der Anonymisierungsdienste: http://artikel.softonic.de/anonym-surfen-tor-jondo-vpn-und-web-proxies-im-vergleich (13.8.2014).

[147] Siehe hierzu *Spindler/Nink* in Spindler/Schuster TMG, § 13 Rz. 24 m.w.N.

[148] Vgl. *Murdoch/Zilinski* in Borisob/Golle, Privacy Enhancing Technologies, 167 ff.

[149] *Moser-Knierim*, Vorratsdatenspeicherung, 30.

[150] Siehe z.B. http://www.theguardian.com/world/2013/oct/04/tor-attacks-nsa-users-online-anonymity; http://www.businessweek.com/articles/2014-01-23/tor-anonymity-software-vs-dot-the-national-security-agency; http://www.washingtonpost.com/blogs/the-switch/wp/2013/10/04/everything-you-need-to-know-about-the-nsa-and-tor-in-one-faq/ (31.5.2015)

[151] *Moser-Knierim*, Vorratsdatenspeicherung, 34.

de Maßnahmen ergriffen wurden, bedarf es einer ständigen Kontrolle ihrer Wirksamkeit und möglicher Mängel.

Werden dieselben Prinzipien und Bedingungen angewendet, die in der realen Welt gelten, entsteht eine Schutzlücke.[152] Sie müssen den besonderen Gefahren und Bedingungen der „virtuellen Öffentlichkeit" des Internets[153] angepasst werden. Der Schutz einer berechtigten Erwartungshaltung reicht im Internet nicht mehr, da dieser Schutz die systematische Sammlung und Weiterverwendung von Daten durch Personen, die sie legal erlangt haben, nicht abdeckt und auch Anonymisierungsdienste an ihre Grenzen stoßen. Um dennoch einen privaten Bereich zu schützen, müsste der Schutz von den Erwartungen des Einzelnen gelöst werden. So wie die Korrespondenz und die Wohnung als vertrauliche Bereiche geschützt werden, unabhängig von einer Erwartung des Betroffenen, so müsste auch im Internet ein privater Bereich definiert werden, auf dessen Vertraulichkeit der Nutzer per Rechtsanspruch vertrauen kann.

Eine Abstufung zwischen einem immer geschützten privaten Bereich und einem öffentlichen Bereich, in dem nur die Erwartung der Privatsphäre geschützt wird, kann im Internet jedoch kaum vorgenommen werden. Diese Grenze kann im realen Leben klar gezogen werden. Der EGMR zieht sie an der Haustür.[154] Eine „digitale Wohnung" gibt es jedoch nicht.[155] Es kann, vergleichbar mit einer Wohnung, der heimischen Computer, das private Netzwerk, als eigengenutztes informationstechnisches System zumindest rechtlich grundsätzlich vor Zugriffen, die über das Internet erfolgen, geschützt werden, so wie es das

---

[152] Vgl. z.B. *Peifer*, JZ 2012, 854 ff.; *Bäuerle/Drohla/Kettemann/Scheffel/Schumacher* in Internet & Gesellschaft Co:llavoratory, Menschenrechte und Internet, 26 ff.

[153] *Kugelmann*, EuGRZ 2003, 17.

[154] *„home or private premises"*: EGMR, 25.9.2001, 44787/98 (P.G. und J.H. gegen Vereinigtes Königreich) Rz. 57; EGMR, 28.1.2003, 44647/98 (Peck gegen Vereinigtes Königreich) Rz. 57 ff.; EGMR, 12.1.2010, 4158/05 (Gillan und Quinten gegen Vereinigtes Königreich) Rz. 61; EGMR, 2.9.2010, 35623/05 (Uzun gegen Deutschland) Rz. 44.

[155] Siehe oben Erster Teil, B.

BVerfG mit seinem Recht auf Gewährleistung der Vertraulichkeit und Integrität informationstechnischer Systeme tut.[156]

Das BVerfG hat dieses Recht in seinem Urteil zur Online-Durchsuchung aus dem allgemeinen Persönlichkeitsrecht des Art. 2 Abs. 1 i.V.m. Art. Abs. 1 GG abgeleitet. Das Grundrecht auf Gewährleistung der Vertraulichkeit und Integrität informationstechnischer Systeme ist jedoch von der Privatsphäre abzugrenzen. Das BVerfG betonte, dass das Schutzbedürfnis des Nutzers eines informationstechnischen Systems sich eben nicht allein auf Daten beschränke, die seiner Privatsphäre zuzuordnen sind. Eine solche Zuordnung hänge zudem häufig von dem Kontext ab, in dem die Daten entstanden sind und in den sie durch Verknüpfung mit anderen Daten gebracht werden. Dem Datum selbst sei vielfach nicht anzusehen, welche Bedeutung es für den Betroffenen hat und welche es durch Einbeziehung in andere Zusammenhänge gewinnen kann. Das habe zur Folge, dass mit der Infiltration des Systems nicht nur zwangsläufig private Daten erfasst werden, sondern der Zugriff auf alle Daten ermöglicht wird, so dass sich ein umfassendes Bild vom Nutzer des Systems ergeben kann.[157] Ob aus der Rechtsprechung des EGMR ein solches, von der Privatsphäre abzugrenzendes, Recht auf Gewährleistung der Vertraulichkeit und Integrität informationstechnischer Systeme abgeleitet werden kann, wird an späterer Stelle untersucht.[158]

Das Recht auf Gewährleistung der Vertraulichkeit und Integrität informationstechnischer Systeme, das einen Systemschutz bietet, der unabhängig vom Inhalt der Daten die Vertraulichkeit eines Systems gewährleistet, so wie das Recht auf Achtung der Korrespondenz auch die Vertraulichkeit einer jeden Nachricht schützt, bietet jedoch jedenfalls keinen Schutz vor Überwachung des Surfverhaltens. Geschützt ist nur das eigengenutzte informationstechnische System[159] bzw. die Individualkommunikation.[160] Die Bewegungen des Nutzers im WWW sind hiervon nicht erfasst. Es müsste daher auch im WWW einen klar abge-

---

[156] BVerfG, 27.2.2008, 1 BvR 370/07 (Online-Durchsuchung); *Hoffmann-Riem*, JZ 2008, 1009 ff.; zum Vergleich mit der Wohnung siehe *Pieroth/Schlink/Kingreen/Poscher*, Staatsrecht II[30], Rz. 400.

[157] BVerfG, 27.2.2008, 1 BvR 370/07 (Online-Durchsuchung), Rz. 197.

[158] Siehe unten Erster Teil, D. IV. 2. d.

[159] *Bäcker* in Uerpmann-Wittzack, Computergrundrecht, 12.

[160] Siehe oben Erster Teil, C. I.

grenzten, rechtlich geschützten privaten Bereich geben. Das Internet, als Netzwerk zwischen mehreren Computern, besteht jedoch im Großen und Ganzen nur aus Informationen, die zwischen diesen Rechnern ausgetauscht werden.[161] Die Definition eines privaten Bereichs, in dem sich der Betroffene frei von Überwachung bewegen kann, innerhalb dieses Netzwerks kann also nur über den Inhalt der Informationen erfolgen.

Hier stellt sich ein Problem: Um einen privaten Bereich, der über den Inhalt von Informationen definiert wird, zu identifizieren und vom nicht-privaten Bereich abzugrenzen, muss der Inhalt betrachtet werden. Es bedarf daher einer inhaltlichen Betrachtung aller Informationen, die erst anschließend in private und nicht-private eingeteilt werden können. Gerade diese Betrachtung der Informationen soll jedoch in einem privaten Bereich nicht erfolgen. Der Schutz des Privatlebens vor Beobachtung, Überwachung und Ausforschung[162] kann unter diesen Voraussetzungen nicht mehr ausreichend vom Recht auf Privatsphäre gewährleistet werden. Es bedarf anderer Aspekte des Art. 8 EMRK, um die oben beschriebene Schutzlücke zu schließen.

4. Exkurs: Ein Recht auf Anonymität nach Art. 8 EMRK?

Die soeben beschriebene Schutzlücke könnte geschlossen werden, indem man aus dem Recht auf Privatleben ein Recht auf Anonymität im Internet ableitet.[163] So könnte dem Problem, dass man im Internet immer elektronische Spuren hinterlässt und somit grundsätzlich davon ausgehen muss, dass die eigenen Handlungen überwacht werden oder zumindest leicht überwacht werden können, entgegengesteuert werden.[164] Durch ein Recht auf Anonymität im Internet würde die Vertraulichkeit während des Surfens geschützt. So wie der Einzelne immer darauf vertrauen darf, in seiner Wohnung Privatsphäre zu genießen und

---

[161] Vgl. *Mayer*, NJW 1996, 1783; *Sieber* in Hoeren/Sieber/Holznagel, Multimedia-Recht, Teil 1 Rz. 1 ff.; *Weidner-Braun*, Privatsphäre und informationelle Selbstbestimmung, 45 ff.

[162] Vgl. *Marauhn/Thorn* in Dörr/Grote/Marauhn, EMRK/GG^2, Rz. 27.

[163] Siehe zum Grundrecht auf Anonymität als Weiterentwicklung des allgemeinen Persönlichkeitsrechts *Polenz* in Kilian/Heussen, Computerrecht, Rz. 59 (29. Erg.Lfg. 2011).

[164] *Polenz* in Kilian/Heussen, Computerrecht, Rz. 58 (29. Erg.Lfg. 2011).

dass seine Korrespondenz vertraulich ist, so würde die Vertraulichkeit der Internetnutzung rechtlich abgesichert. Der Schutz der Privatheit wäre dann nicht mehr von der Erwartung des Nutzers abhängig.

Ein Recht auf Anonymität im Internet lässt sich bislang nicht aus der Rechtsprechung des EGMR ableiten. Es lässt sich zwar eine Tendenz erkennen, das Interesse der Nutzer an anonymer Internetnutzung und insbesondere auch anonymer Meinungsäußerung im Internet anzuerkennen. Der Gerichtshof weist im Fall *Delfi AS* ausdrücklich darauf hin, dass das Interesse der Internetnutzer, im Internet anonym zu bleiben – insbesondere im Hinblick auf die Ausübung der von Art. 10 EMRK gewährten Meinungsfreiheit – von großer Bedeutung ist. Er ruft aber unter Hinweis darauf, dass die große Reichweite des Internets und die Tatsache, dass einmal veröffentlichte Informationen für immer öffentlich bleiben, zur Vorsicht auf.[165] Diese Ausführungen können jedoch keiner rechtlichen Kategorie zugeordnet werden. Der Gerichtshof spricht von Interessen der Internetnutzer, nicht von Rechten. Auch aus diesem Fall kann daher kein Recht auf Anonymität nach Art. 8 EMRK abgeleitet werden.

Eine „Verrechtlichung" dieses Interesses in Form eines generellen Rechts auf Anonymität im Internet birgt jedoch einige gravierende Probleme.[166] Schließlich hindert die Anonymität der Internetnutzer den Staat an der Erfüllung seiner Schutzpflichten. Dies erkennt auch der EGMR. Im Fall *K.U. gegen Finnland* kommt er zu dem Schluss, dass der effektive Schutz der Rechte des Beschwerdeführers es erfordere, dass die Feststellung der Identität und die Verfolgung der Person, die das Wohl des Beschwerdeführers über das Internet gefährdete, ermöglicht werden müsse. Der Service Provider hätte daher verpflichtet werden müssen, die Identität des Internetnutzers bekannt zu geben.[167] Allerdings sind weder der Grundrechtsdogmatik noch dem EGMR derartige Interessenabwägungen fremd – man denke nur an die Rechtsprechung zur Veröffentlichung von Bildern von Prominenten – weshalb entgegenstehende Interessen nicht gegen das Bestehen eines Rechts auf Anonymität im Internet sprechen.

---

[165] EGMR, 10.10.2013, 64569/09 (Delfi AS gegen Estland) Rz. 92 (anhängig vor der GK).

[166] Zum Dilemma der Anonymität im Internet *Heckmann*, NJW 2012, 2632 f.; siehe auch *Schoch* in FS Stern, 1503.

[167] EGMR, 2.12.2008, 2872/02 (K.U. gegen Finnland) Rz. 49.

Zu beachten ist, dass das Internet als Kommunikationsplattform nicht geeignet ist, als Ganzes einen geschützten Raum der Privatsphäre darzustellen. Wer online geht, zielt ja gerade auf Interaktion ab, sei es durch aktive Echtzeitkommunikation mit anderen, sei es durch die Zurverfügungstellung oder das Abrufen von Informationen. Die verschiedenen Formen der Internetnutzung stellen ein öffentliches Forum zur Meinungsäußerung und des Meinungsaustauschs dar. Wer an einer öffentlichen Diskussion teilnimmt, der verlässt jedoch seinen privaten Bereich. Dies berücksichtigt auch *Dix*, der sich in einem differenzierten Ansatz für ein Recht auf Anonymität für Nutzer, die das Internet als passive Informationsquelle verwenden, ausspricht, das aktive online Stellen von Informationen jedoch nur noch in pseudonymer Form oder unter dem tatsächlichen Namen zulassen möchte.[168] Dieser Ansatz unterscheidet zwischen den Nutzern, die sich bewusst in eine öffentliche Debatte begeben und jenen, die im Privaten Informationen, die von anderen öffentlich zugänglich gemacht wurden, beziehen wollen und bietet letzteren Schutz dieser Privatheit. Es wäre eine klare Abgrenzung bestimmter Datenarten, ohne inhaltliche Betrachtung im Detail, möglich. Der private Bereich würde, wie beim Recht auf Achtung der Korrespondenz, durch eine Unterscheidung nach Nutzungsform eines Mediums definiert werden.

5. *Zwischenergebnis*

Zusammenfassend kann festgehalten werden, dass der Umfang des Schutzbereichsteils der Privatsphäre, wie sie bisher vom EGMR verstanden wurde, im Internet keinen hinreichenden Schutz des Privatlebens bietet. Informationen, die einmal freiwillig der Öffentlichkeit des Internets preisgegeben wurden oder durch die Nutzung eines Dienstes freiwillig dem Anbieter zur Verfügung gestellt wurden sind im jeweiligen Ausmaß nicht mehr vom Recht auf Privatsphäre erfasst. Außerhalb eines privaten Bereichs gewährt die EMRK nach der Rechtsprechung des EGMR nur ein Recht auf Privatsphäre, wenn vernünftigerweise erwartet werden durfte, dass man sich in einem privaten, nicht überwachten Raum befindet. Das Vorliegen einer solchen Erwartung ist nicht mehr gegeben, wenn die Information freiwillig mitgeteilt wurde. Ein privater Bereich im Internet, der unabhängig von den Erwartungen geschützt ist, kann aufgrund der technischen Funktionsweise des Inter-

---

[168] *Dix*, DuD 2013, 44; so auch *Kutscha/Thomé*, Grundrechtsschutz, 50.

nets nur durch eine Analyse der Informationen geschehen. Die Privatsphäre wäre hierdurch jedoch bereits beeinträchtigt. Eine Möglichkeit, diese Schutzlücke zu schließen, wäre ein Recht auf Anonymität im Internet für die passive Internetnutzung. Ein solches ist jedoch vom EGMR noch nicht anerkannt worden.

Es bleibt somit zu untersuchen, inwieweit Art. 8 EMRK durch eine andere Teilgewährleistung als die Privatsphäre Schutz vor der Weiterverwendung und systematischen Sammlung von rechtmäßig erworbenen Daten enthält. Im Folgenden werden daher das Schutzgut der persönlichen und sozialen Identität und die Rechte, die dem Einzelnen in diesem Bereich zukommen, analysiert.

III. Die persönliche und soziale Identität

Die persönliche und soziale Identität einer Person umfasst all jene Aspekte der Persönlichkeit, die es dem Einzelnen ermöglichen, sich von seinen Mitmenschen abzugrenzen und dadurch zu identifizieren. Die sexuelle Orientierung, die Religionszugehörigkeit und die Zugehörigkeit zu einer ethnischen Gruppe können Teil dieses Aspekts der Identität einer Person sein.[169] Außerdem hat jeder das Recht auf Kenntnis der eigenen Identität.[170] Darüber hinaus hat jeder das Recht, darüber zu bestimmen, wer er ist, und sich frei entwickeln zu können. Dies äußert sich im Recht auf Selbstbestimmung, welches der EGMR im Fall *Pretty*, in dem er die herausragende Wichtigkeit des Grundsatzes der Autonomie des Einzelnen betonte, anerkannte.[171] Dieser Grundsatz liegt der Auslegung aller Tatbestände des Art. 8 EMRK zugrunde, zeigt sich aber besonders deutlich beim Schutzgut der eigenen Identität und der ihr zuzuordnenden personalen Güter.[172]

[169] EGMR, 27.4.2010, 27138/04 (Ciubotaru gegen Moldawien) Rz. 49, 53.

[170] Siehe z.B. EGMR, 13.2.2003; 42326/98 (Odièvre gegen Frankreich); EGMR, 7.2.2002, 53176/99 (Mikulic gegen Kroatien); *Meyer-Ladewig*, EMRK[3], Art. 8 Rz. 22.

[171] EGMR, 29.4.2002, 2346/02 (Pretty gegen Vereinigtes Königreich) Rz. 61 ff.; siehe auch *Siemen*, Datenschutz, 76 ff.

[172] Vgl. zu den personalen Gütern als Ausdruck der Identität *Jarass*, GRC[2], Art. 7 Rz. 9.

Der EGMR betont seit seinem Urteil im Fall *Niemietz* regelmäßig, dass das Recht auf Achtung des Privatlebens einer Person ein Recht mit Sozialbezug ist, das auch das Herstellen und Entfalten von Beziehungen zu anderen Menschen umfasst. Es kann nicht darauf beschränkt werden, dass dem Einzelnen ein „innerer Bereich" („*inner circle*") zugestanden wird, aus dem er die Außenwelt ausschließen kann und in dem er sich frei entfalten kann.[173] Garantiert wird auch ein Recht auf Selbstdarstellung.[174] Dieses Recht umfasst das Recht auf einen guten Ruf.[175] Das Recht auf Selbstdarstellung, als Teil des Schutzgutes der persönlichen und sozialen Identität ist Ausdruck der Selbstbestimmung.[176] Der Grundrechtsberechtigte darf bestimmen, wie er sich darstellen und in der Öffentlichkeit wahrgenommen werden will.[177] Die freie Wahl von äußeren Identitätsmerkmalen, wie beispielsweise die Frisur oder die Kleidung, ist somit vom Recht auf Selbstdarstellung erfasst.[178] Darüber hinaus kennt der EGMR ein Recht am eigenen Wort.[179] Zudem erkennt er das Recht am eigenen Bild und das Recht am eigenen Namen an.[180]

---

[173] EGMR, 16.12.1992, 13710/88 (Niemietz gegen Deutschland) Rz. 31; siehe auch EGMR, 16.2.2000 (GK), 27798/95, (Amann gegen Schweiz) Rz. 65; *Grabenwarter/Pabel*, EMRK[5], § 22 Rz. 6; *Uerpmann-Wittzack* in Ehlers, Europäische Grundrechte, § 3 I 1 Rz. 5, 8; *Uerpmann-Wittzack/Jankowska-Gilberg*, MMR 2008, 86 ff.

[174] Vgl. EGMR, 28.10.2014, 49327/11 (Gough gegen Vereinigtes Königreich) Rz. 182.

[175] Siehe oben Erster Teil, D. I. 1.

[176] An dieser Stelle zeigt sich wieder die besondere Nähe des Rechts auf Privatleben nach Art. 8 EMRK zum allgemeinen Persönlichkeitsrecht nach Art. 2 Abs. 1 i.V.m. Art. 1 Abs. 1 GG, das neben dem Interesse an Privatheit auch das Recht am eigenen Namen, am eigenen Bild, am eigenen Wort und die Kenntnis der Abstammung schützt; vgl. mit weiteren Nachweisen *Di Fabio* in Maunz/Dürig, Art. 2 Rz. 147.

[177] *Grabenwarter/Pabel*, EMRK[5], § 22 Rz. 11.

[178] Siehe *Grabenwarter/Pabel*, EMRK[5], § 22 Rz. 11 m.H.a. EKMR, 15.5.1980, 8317/78 (McFeeley gegen Vereinigtes Königreich); EKMR, 6.3.1982, 8231/78 (X gegen Vereinigtes Königreich).

[179] EGMR, 25.9.2001, 44787/98 (P.G. und J.H. gegen Vereinigtes Königreich).

[180] EGMR, 7.2.2012, 40660/08 und 60641/08 (von Hannover gegen Deutschland (Nr. 2)) Rz. 96; siehe auch EGMR, 19.9.2013, 8772/10 (von Hannover ge-

Diese drei Schutzgüter sollen im Folgenden näher betrachtet werden, bevor allgemein auf den Schutz bestimmter Identifikationsmerkmale eingegangen wird.

1. Das Recht am eigenen Bild

Im Fall *von Hannover (Nr. 2)*, der die Veröffentlichung von Fotos von Prominenten betrifft, zeigt sich deutlich, dass Art. 8 EMRK ein Recht am eigenen Bild gewährleistet. Der Gerichtshof führte in diesem Fall aus, dass das eigene Bild zu den Hauptbestandteilen der eigenen Persönlichkeit gehört, da es die einzigartigen Charakteristika einer Person zeige und sie von Ihresgleichen unterscheide. Das Recht am eigenen Bild umfasst, so der EGMR, das Recht des Einzelnen, die Verwendung dieses Bildes zu kontrollieren. Dies beinhaltet auch die Möglichkeit, eine Veröffentlichung zu verweigern.[181]

Gerade die Veröffentlichung im Internet birgt jedoch besondere Gefahren für den Bildnisschutz. So betont der EGMR, dass die massenmediale Nutzung des Internets sich von Printmedien unterscheidet und das Recht auf Privatleben daher einem höheren Risiko ausgesetzt sei. Er verweist hierbei insbesondere auf die große Zahl der Nutzer und die Schwierigkeiten Regeln und Kontrollen einzuführen.[182] Das Recht am eigenen Bild ist somit ein für den Persönlichkeitsschutz im Internet überaus relevantes Schutzgut, dessen Schutz ein Recht auf Kontrolle der Verwendung beinhaltet.

---

gen Deutschland (Nr. 3)) Rz. 41; siehe auch EGMR, 12.12.2013, 20383/04 (Khmel gegen Russland) Rz. 40; *Grabenwarter/Pabel*, EMRK[5], § 22 Rz. 11.

[181] EGMR, 7.2.2012, 40660/08 und 60641/08 (von Hannover gegen Deutschland (Nr. 2)) Rz. 96; siehe auch EGMR, 19.9.2013, 8772/10 (von Hannover gegen Deutschland (Nr. 3)) Rz. 41; siehe auch EGMR, 12.12.2013, 20383/04 (Khmel gegen Russland) Rz. 40; EGMR, 28.10.2014, 20531/06 (Ion Cârsta gegen Rumänien) Rz. 29.

[182] EGMR, 5.5.2011, 33014/05 (Editorial Board of Pravoye Delo und Shtekel gegen Ukraine) Rz. 63; EGMR, 16.7.2013, 33846/07 (Węgrzynowski und Smolczewski gegen Polen) Rz. 58.

2. *Das Recht am eigenen Namen*

Neben dem Recht am eigenen Bild ist auch der eigene Name als Teil der persönlichen Identität von Art. 8 EMRK geschützt.[183] Nach der Rechtsprechung des EGMR umfasst das Recht am eigenen Namen das Recht, seinen Vor- bzw. Nachnamen zu wählen und zu ändern.[184] Typische Fälle betreffen die Verweigerung der staatlichen Anerkennung eines bestimmten Namens. Es handelt sich um Fälle, die die Eintragung des Vornamens eines Kindes,[185] eines „Vaternamens"[186] oder eines Doppelnamens nach einer Heirat[187] betreffen. All jene Fälle, in denen es um die staatliche Anerkennung eines Namens geht, spielen jedoch für den Schutz der Persönlichkeitsrechte im Internet keine Rolle. Dennoch kann das Schutzgut des eigenen Namens nicht ohne Weiteres von der Untersuchung ausgeschlossen werden. Im bereits erwähnten Fall *von Hannover (Nr. 2)* hielt der EGMR fest, dass der eigene Namen – wie auch das eigene Bild – ein Bestandteil der persönlichen Identität einer Person ist. Aus der gleichrangigen Aufzählung des Rechts am eigenen Bild und des Rechts am eigenen Namen im Fall *von Hannover (Nr. 2)*[188] kann abgeleitet werden, dass das Recht am eigenen Namen – analog zu den Ausführungen des EGMR zum Recht am eigenen Bild – das Recht des Einzelnen, die Verwendung des Namens zu kontrollieren, umfasst.

Fraglich ist, ob das Schutzgut des Namens einer Person auch im Internet spezifischen Schutz entfaltet. Es muss untersucht werden, ob Benutzernamen, wie sie im Internet häufig verwendet werden, und Domainnamen als „Name" im Sinne des Rechts am eigenen Namen gelten.

Benutzernamen lassen sich mit Spitznamen, Künstlernamen oder Pseudonymen vergleichen. Ihnen kann daher namensrechtlicher Schutz zu-

---

[183] EGMR, 7.2.2012, 40660/08 und 60641/08 (von Hannover gegen Deutschland (Nr 2)) Rz. 95.

[184] EGMR, 22.2.1994, 16213/90, (Burghartz gegen Schweiz) Rz. 24; EGMR, 16.05.2013, 20390/07 (Garnaga gegen Ukraine) Rz. 36.

[185] EGMR, 24.10.1996, 22500/93 (Guillot gegen Frankreich) Rz. 21.

[186] EGMR, 16.05.2013, 20390/07 (Garnaga gegen Ukraine) Rz. 36.

[187] EGMR, 22.2.1994, 16213/90, (Burghartz gegen Schweiz).

[188] EGMR, 7.2.2012, 40660/08 und 60641/08 (von Hannover gegen Deutschland (Nr 2)) Rz. 95.

kommen, wie er z.B. durch § 12 des deutschen BGB gewährt wird.[189] Dieser Schutz ist jedoch vom grundrechtlichen Persönlichkeitsschutz zu unterscheiden.[190] Zwar kann in Einzelfällen die identifizierende und individualisierende Funktion eines Benutzernamens im Internet so groß sein, dass das Recht am eigenen Namen betroffen ist. In der Regel kann hiervon jedoch angesichts der Beliebigkeit und Kurzlebigkeit solcher Namen nicht ausgegangen werden. Schließlich haben die meisten Leute verschiedene Benutzernamen für verschiedene Internetseiten, die auch regelmäßig geändert werden. Im Vergleich zum bürgerlichen Namen einer Person sind Benutzernamen daher nur in sehr eingeschränktem Maße Ausdruck der Identität und Individualität einer Person.

Die soeben angesprochene Unterscheidung zwischen dem – zivilrechtlichen – namensrechtlichen Schutz und dem Schutz des eigenen Namens als Bestandteil des grundrechtlichen Persönlichkeitsschutzes ist auch bei der Beurteilung, ob Domainnamen grundrechtlichen Schutz nach Art. 8 EMRK genießen, ausschlaggebend. Domainnamen mag, wie auch Benutzernamen, einfachgesetzlicher namensrechtlicher Schutz zukommen.[191] Eine Domain ist rechtlich jedoch ein Wirtschaftsgut. Sie stellt exklusive Rechte dar und hat einen wirtschaftlichen Wert. Sie genießt daher aus grundrechtlicher Sicht den Schutz der Eigentumsgarantie des Art. 1 1. ZP zur EMRK.[192] Aus technischer Sicht, ist eine Domain eine Adressbezeichnung. Der Domainname ist die sprachliche Bezeichnung einer IP-Adresse, die der Adressierung eines Rechners („*Servers*“) dient.[193] Schutz durch Art. 8 EMRK ist daher immer nur für den hinter der Domain stehenden Namen, sofern dieser ausreichende Individualisierungsfunktion hat und eine Person bezeichnet, nicht jedoch für die Domain selbst denkbar.

Eben hier liegt jedoch der springende Punkt: Wird ein Name i.S.d. Art. 8 EMRK als Domainname verwendet so bleibt er unter dem Aspekt des Rechts am eigenen Namen vom Schutzbereich des

---

[189] Zu § 12 BGB LG München I 8.3.2007, 4 HK O 12806/06; *Damm/Rehbock*, Widerruf, Rz. 324.

[190] Siehe zu Art. 2 Abs. 1 i.V.m. Art. 1 Abs. 1 GG BVerfG, 21.8.2006, 1 BvR 2047/03 = NJW 2007,671.

[191] *Habermann* in Staudinger, BGB, § 12 Rz. 101.

[192] EGMR, 13.7.2004, 25379/04 u.a. (Paeffgen GmbH gegen Deutschland).

[193] Siehe hierzu *M. Viefhues* in Hoeren/Sieber/Holznagel, Multimedia-Recht, Teil 6.1 Rz. 3.

Art. 8 EMRK erfasst.[194] Auch sonst spielt das Recht am eigenen Namen eine große Rolle. Immerhin schützt Art. 8 EMRK vor Missbrauch der Identität durch Dritte.[195] Durch die im Internet zwischen den Nutzern meist herrschende Anonymität wird dieser jedoch begünstigt. Als Beispiel hierfür möge man sich nur die Verwendung des eigenen Namens durch Fremde zur Einrichtung eines Facebook-Accounts vorstellen.

3. Sonstige Identifikationsmerkmale

Auch über das Recht am eigenen Bild und das Recht am eigenen Namen hinaus erkennt der EGMR ein Recht der Betroffenen, über Informationen, anhand derer sie identifiziert werden können, zu bestimmen. So stellte er im Fall *P.G. und J.H.* fest, dass die Aufnahme der Stimme des Beschwerdeführers ohne sein Wissen auch dann einen Eingriff in Art. 8 EMRK darstellt, wenn sich der Beschwerdeführer in der Öffentlichkeit aufhält.[196] Im Fall *S. und Marper* führte der EGMR aus, dass die Speicherung von Fingerabdrücken ohne die Einwilligung des Betroffenen einen Eingriff in dessen Recht auf Privatleben darstellt. Er begründete dies mit der Tatsache, dass Fingerabdrücke einzigartige Informationen über den Betroffenen enthalten, die seine Identifikation unter verschiedensten Umständen erlauben.[197] Der Gerichtshof sieht also einen Eingriff in Art. 8 EMRK in der Tatsache, dass der Betroffene nicht über die Verwendung und Preisgabe von Informationen, die eine Identifikation ermöglichen, bestimmen konnte. Seinen Fingerabdruck wird jedoch kaum jemand als Mittel der Selbstdarstellung bezeichnen wollen. Immerhin handelt es sich um ein neutrales Identifikationsmerkmal, das kaum zur Darstellung der Persönlichkeit des selbstbe-

---

[194] *Heißl* in Taeger, IT und Internet, 76; vgl. hierzu auch Art. 3 § 2 (b) der Datenschutzkonvention; EuGH, 9.11.2010, C-92/09 und C-93/09 (Schecke und Eifert) Rz. 53.

[195] EGMR, 14.2.2012, 7094/06 (Romet gegen Niederlande) Rz. 37; *Richter* in Dörr/Grote/Marauhn, EMRK/GG^2, Rz. 44.

[196] EGMR, 25.9.2001, 44787/98 (P.G. und J.H. gegen Vereinigtes Königreich) Rz. 59 ff.

[197] EGMR, 4.12.2008 (GK), 30562/04 und 30566/04 (S. und Marper gegen Vereinigtes Königreich) Rz. 78 ff.; siehe auch EGMR, 18.4.2013, 19522/09 (M.K. gegen Frankreich), Rz. 29.

stimmten Menschen taugt. Es bleibt also zu klären, wie diese Ansätze in der Rechtsprechung des EGMR einzuordnen sind.

Ein Recht, über die Verwendung und Preisgabe aller Informationen, die der eigenen Person zugeordnet werden können, wäre geeignet den vom Recht auf Privatsphäre gewährten Schutz der Persönlichkeitsrechte im Internet zu komplementieren. Ein solches Recht würde den Grundrechtberechtigten auch vor systematischer Sammlung und Verwendung von Daten, die durch die Benutzung des Internets beim Anbieter anfallen oder andere, das Privatleben gefährdende, Verwendungen rechtmäßig erlangter Daten, die die Person des Grundrechtsberechtigten betreffen, schützen und somit Schutz vor unbegrenzter Ergebung, Speicherung, Verwendung und Weitergabe seiner persönlichen Daten bieten.[198]

Im Folgenden soll daher, losgelöst von der bisher herausgearbeiteten Systematik, untersucht werden, welche Daten Schutz durch Art. 8 EMRK genießen und wie dieser aussieht. Hierbei soll insbesondere darauf geachtet werden, ob aus der Rechtsprechung des EGMR neue Rechte ableitbar sind, die den bisherigen Schutzgütern nicht eindeutig zuordenbar sind, einen eigenständigen Schutzgehalt haben und als Recht auf informationelle Selbstbestimmung und Recht auf Gewährleistung der Vertraulichkeit und Integrität informationstechnischer Systeme bezeichnet werden können.

IV. Datenschutz nach Art. 8 EMRK – ein eigenständiges Schutzgut

Wie bereits zu Beginn der Arbeit erwähnt, ist eine klare Abgrenzung zwischen Schutzbereich und Eingriff nicht möglich, da der Eingriff in ein Grundrecht vom Schutzbereich her gedacht wird und der Schutzbereich im Hinblick auf drohende Eingriffe formuliert und definiert ist.[199] Dementsprechend unterscheidet der EGMR auch im Bereich des Datenschutzes regelmäßig nicht zwischen Schutzbereich und Eingriff, sondern beginnt unmittelbar mit der Prüfung, ob ein Eingriff vorliegt. Er berücksichtigt bei der Feststellung, ob personenbezogene Daten, die von staatlichen Behörden gespeichert wurden, Aspekte des Privatlebens

---

[198] Siehe zum Recht auf informationelle Selbstbestimmung nach Art. 2 Abs. 1 GG i.V.m. Art. 1 Abs. 1 GG BVerfG, 15.12.1983, 1 BvR 209, 269, 362, 420, 440, 484/83 (Volkszählung).

[199] *Grabenwarter/Pabel*, EMRK^5, § 18 Rz. 6.

betreffen, die Art der Information, die Umstände ihrer Erhebung und Speicherung und die Art ihrer Verwendung.[200] Der Gerichtshof betrachtet stets den Einzelfall und beurteilt für diesen, ob eines der Kriterien hinreichend erfüllt ist oder aber auch ob in einer Gesamtschau zweier oder aller drei Kriterien eine Beeinträchtigung des Privatlebens festzustellen ist, die in ihrer Intensität einen Eingriff in Art. 8 EMRK darstellt. So stellt bereits das bloße Erheben von Daten, die einen besonders engen Bezug zum Privatleben haben, einen Eingriff in Art. 8 EMRK dar.[201] Werden die Daten im Rahmen von geheimen Überwachungsmaßnahmen erlangt, so liegt ein Eingriff in Art. 8 EMRK vor, selbst wenn es sich nicht um Daten mit einem engen Bezug zum Privatleben handelt.[202] Sogar öffentliche Daten genießen den Schutz von Art. 8 EMRK, wenn sie systematisch gesammelt und gespeichert werden.[203]

Der Rechtsprechung des EGMR folgend wird auch von der Lehre bei der Untersuchung, welche Daten durch Art. 8 EMRK geschützt werden in der Regel ein Ansatz gewählt, der Eingriff und Schutzbereich nicht voneinander trennt. Der Schutzbereich wird vom Eingriff her gedacht. Bestimmte Eingriffshandlungen führen erst zur Eröffnung des Schutzbereichs. Daten fallen demnach erst in den Schutzbereich des Art. 8 EMRK, wenn sie auf eine das Recht auf Privatleben negativ beeinträchtigende Art und Weise gesammelt, gespeichert oder verwendet werden.[204] Die Frage, welche Daten grundsätzlich vom Schutzbereich des Art. 8 EMRK erfasst sind, wird nicht getrennt betrachtet.

---

[200] EKMR (Report), 19.5.1994, 15225/89 (Friedl gegen Österreich) Rz. 49 ff. und EGMR, 28.1.2003, 44647/98 (Peck gegen Vereinigtes Königreich) Rz. 59; EGMR, 4.12.2008 (GK), 30562/04 und 30566/04 (S. und Marper gegen Vereinigtes Königreich) Rz. 67; EGMR, 18.11.2011, 16188/07 (Khellili gegen Schweiz) Rz. 55; siehe hierzu ausführlich *Siemen*, Datenschutz, 120 ff.

[201] Siehe z.B. EGMR, 4.12.2008 (GK), 30562/04 und 30566/04 (S. und Marper gegen Vereinigtes Königreich) Rz. 70 ff.

[202] Siehe z.B. EGMR, 25.9.2001, 44787/98 (P.G. und J.H. gegen Vereinigtes Königreich).

[203] Siehe z.B. EGMR, 4.5.2000, 28341/95 (Rotaru gegen Rumänien).

[204] Zur Bedeutung der verschiedenen Eingriffsarten bei der Bestimmung des Schutzbereichs siehe auch *Berka*, Das Grundrecht auf Datenschutz, 73; *Siemen*, Datenschutz, 120.

Auch die vorliegende Untersuchung erhebt nicht den Anspruch, Schutzbereich und Eingriff immer klar voneinander abgrenzen zu können. Es soll dennoch versucht werden, erst das Schutzgut zu umschreiben und dann den Gewährleistungsumfang des Rechts abzugrenzen. Daher wird zunächst untersucht, welche Daten überhaupt von Art. 8 EMRK geschützt sein können und welche Daten im Internet hiervon erfasst sind. Anschließend soll eruiert werden, welche Rechte dem Einzelnen hinsichtlich dieser Daten zukommen.

1. Die von Art. 8 EMRK im Internet geschützten Daten

Im Fall *Khellili* hielt der EGMR fest, dass er bei der Frage, ob personenbezogene Daten, die von staatlichen Behörden gespeichert wurden, Aspekte des Privatlebens ins Spiel bringen, folgende Gesichtspunkte berücksichtige: Die Art der Information, die Umstände ihrer Erhebung und Speicherung und die Art ihrer Verwendung.[205] Hieraus kann abgeleitet werden, dass „personenbezogene Daten" grundsätzlich geeignet sind, den Schutz von Art. 8 EMRK zu genießen.[206] Ob in die Rechte des Betroffenen eingegriffen wurde, wird anhand der Art der Information, der Umstände ihrer Erhebung und Speicherung und der Art ihrer Verwendung geprüft. Auffällig ist hierbei, dass die Qualifikation als „personenbezogen" eindeutig dem Kriterium „Art der Information" zugeordnet werden kann. Das Verhältnis zwischen diesen beiden Begriffen muss daher geklärt werden, bevor bestimmt werden kann, welche Daten „personenbezogene Daten" sind.

---

[205] EGMR, 18.11.2011, 16188/07 (Khellili gegen Schweiz) Rz. 55: „(...) Toutefois, pour déterminer si les informations à caractère personnel conservées par les autorités font entrer en jeu l'un des aspects de la vie privée, la Cour tiendra dûment compte du contexte particulier dans lequel ces informations ont été recueillies et conservées, de la nature des données consignées, de la manière dont elles sont utilisées et traitées et des résultats qui peuvent en être tirés (...)."

[206] So auch EuGH, 9.11.2010, C-92/09 und C-93/09 (Schecke und Eifert) Rz. 52, der unter Hinweis auf die Fälle EGMR, 16.2.2000, 27798/95 (Amann gegen Schweiz) und EGMR, 4.5.2000, 28341/95 (Rotaru gegen Rumänien) feststellt, dass „sich die in den Art. 7 und 8 der Charta anerkannte Achtung des Privatlebens hinsichtlich der Verarbeitung personenbezogener Daten auf jede Information erstreckt, die eine bestimmte oder bestimmbare natürliche Person betrifft (...)."

In einigen Fällen stellt der EGMR fest, dass ein Datum einen Bezug zum Privatleben des Beschwerdeführers hat, ohne näher zu erläutern, nach welchen Kriterien er das Vorliegen dieses Bezugs prüft.[207] Dort wo er Kriterien nennt, lassen sich folgende Prüfschritte erkennen: Zunächst verweist er auf das Urteil im Fall *Leander*[208], in dem er feststellte, dass das Speichern von Daten, die das Privatleben einer Person betreffen, in einem Polizeiregister einen Eingriff in Art. 8 EMRK darstellt. Anschließend legt er unter Hinweis auf seine *Niemietz*-Rechtsprechung[209] den Begriff des Privatlebens weit aus. Schließlich weist er darauf hin, dass diese weite Interpretation mit der Datenschutzkonvention des Europarats[210] korrespondiere.[211] Es erscheint daher zunächst so, als wäre das oben erwähnte Kriterium „Bezug zum Privatleben" immer erfüllt, wenn Informationen über eine bestimmte oder bestimmbare Person vorliegen.[212] Im Jahr 2008 hielt der EGMR in seiner Entscheidung im Fall *Copland* fest, dass das Speichern von personenbezogenen Daten, die das Privatleben einer Person betreffen, in den Anwendungsbereich des Art. 8 EMRK fällt.[213] Hieraus wird deutlich, dass es sich nicht um Synonyme handelt. Es muss folglich zwischen den Begriffen „personenbezogene Daten" und „Daten mit Bezug zum Privatleben"[214] unterschieden werden. Auch in den Ausführungen

---

[207] EGMR, 26.3.1987, 9248/81 (Leander gegen Schweden), Rz. 48; EGMR, 25.2.1997, 22009/93 (Z. gegen Finnland); EGMR, 17.12.2009, 16428/05 (Gardel gegen Frankreich) Rz. 58; EGMR, 17.2.2011, 12884/03 (Wasmuth gegen Deutschland), Rz. 71.

[208] EGMR, 26.3.1987, 9248/81 (Leander gegen Schweden), Rz. 48.

[209] EGMR, 16.12.1992, 13710/88 (Niemietz gegen Deutschland).

[210] Übereinkommen zum Schutz des Menschen bei der automatischen Verarbeitung personenbezogener Daten (Konvention Nr. 108).

[211] EGMR, 16.2.2000, 27798/95 (Amann gegen Schweiz), Rz. 65; EGMR, 4.5.2000, 28341/95 (Rotaru gegen Rumänien), Rz. 43; EGMR, 27.10.2009, 21737/03, (Haralambie gegen Rumänien), Rz. 77 siehe auch EGMR, 6.6.2006, 62332/00 (Segerstedt-Wiberg gegen Schweden) Rz. 72; *Siemen*, Datenschutz, 121 ff.

[212] Vgl. auch *Siemen*, Datenschutz, 123.

[213] EGMR, 3.4.2007, 62617/00 (Copland gegen Vereinigtes Königreich) Rz. 43 („*personal data relating to the private life*").

[214] Im Englischen: relating to/pertaining private life.

des Gerichtshofs im eingangs erwähnten Fall *Khellili* zeigt sich dies.[215] Ein enger Bezug von Informationen zum Privatleben wirkt sich auf die Rechte, die der Einzelne an seinen personenbezogenen Daten hat, und auf die Eingriffsintensität aus. In einem ersten Prüfschritt muss geklärt werden, ob „personenbezogene Daten“ i.S.d. Rechtsprechung des EGMR vorliegen. Nur wenn dies bejaht wird, stellt sich die Frage, welche Rechte der Einzelne konkret an diesen Daten hat.[216]

a. Der Begriff „personenbezogene Daten“

Der EGMR spricht in seiner Judikatur im Bereich des Datenschutzes nach Art. 8 EMRK häufig von personenbezogenen Daten (im Englischen: *„personal data“*; im Französischen: *„données à caractère personnel“*). Die Untersuchung, welche Daten personenbezogene Daten sind, ist in zwei Teile gegliedert. Zunächst wird untersucht, auf welche Personen sich die Daten beziehen können. Hierbei gilt es zu klären, ob nur ein Bezug zu natürlichen Personen ein Datum zu einem personenbezogenen Datum macht, oder ob auch ein Bezug zu einer juristischen Person hierzu geeignet ist. Im Anschluss wird analysiert, wann ein Bezug zu einer Person vorliegt.

aa. „Personen“-bezogene Daten

Die Untersuchung, ob sich der Personenbezug auch auf juristische Personen erstreckt, beginnt bei der Frage, ob der persönliche Schutzbereich der EMRK im allgemeinen und Art. 8 EMRK im Speziellen auch juristische Personen erfasst. Die EMRK enthält keine ausdrückliche Regelung über die Grundrechtsberechtigung von juristischen Personen. Es kann jedoch mittels systematischer Interpretation aus dem ersten Satz des Art. 34 EMRK abgeleitet werden, dass auch juristische Perso-

---

[215] EGMR, 18.11.2011, 16188/07 (Khellili gegen Schweiz) Rz. 55.

[216] So auch EGMR, 4.12.2008 (GK), 30562/04 und 30566/04 (S. und Marper gegen Vereinigtes Königreich) Rz. 66 ff. Hier stellt der EGMR zunächst fest, dass personenbezogene Daten i.S.d. Datenschutzkonvention vorliegen und prüft in der Folge getrennt ob ein Eingriff vorliegt.

nen grundrechtsberechtigt sein können.[217] Die Rechte des Art. 8 EMRK scheinen zwar auf den ersten Blick nicht geeignet, juristische Personen zu betreffen. Der EGMR erkennt dennoch an, dass es Fälle gibt, in denen sich juristische Personen auf Art. 8 EMRK berufen können.[218] Dort, wo das Grundrecht seinem Wesen nach auch für juristische Personen relevant sein kann, wird eine Anwendbarkeit des Art. 8 EMRK in der Literatur angenommen. Dies wird insbesondere auch für den Datenschutz bejaht.[219] Demnach wären auch Daten mit Bezug zu einer juristischen Person personenbezogene Daten. Es wird im Folgenden überprüft, ob dies Deckung in der Rechtsprechung des EGMR findet.

In den meisten Fällen vor dem EGMR, die den Schutz von Daten betreffen, sind zwar natürliche Personen Beschwerdeführer. In zwei Fällen, in denen es um die Durchsuchung und Beschlagnahmung von elektronischen Daten ging, waren jedoch juristische Personen Beschwerdeführer.[220] Hier hätte der EGMR daher Gelegenheit gehabt, klarzustellen, ob der Schutz von personenbezogenen Daten nach Art. 8 EMRK überhaupt nur für natürliche Personen in Frage kommt oder ob auch juristische Personen sich in diesem Bereich auf den Tatbestand des Privatlebens berufen können. Er subsumierte den Sachverhalt jedoch unter den Tatbestand der Korrespondenz. Eine Untersuchung, ob auch ein Eingriff in das Recht auf Privatleben vorlag, erachtete er in beiden Fällen in der Folge nicht mehr für notwendig.[221]

---

[217] *Grabenwarter/Pabel*, EMRK^5, § 17 Rz. 5; *Richter* in Dörr/Grote/Marauhn, EMRK/GG^2, Rz. 40 ff; *Marauhn/Thorn* in Dörr/Grote/Marauhn, EMRK/GG^2, Rz. 68.

[218] So z.B. EGMR, 16.4.2002, 37971/97 (Stés Colas Est u.a. gegen Frankreich).

[219] *Grabenwarter/Pabel*, EMRK^5, § 22 Rz. 4; *Guckelberger*, EuZW 2011, 128; *Kotschy* in Jahnel, Jahrbuch 2012, 31; *Marauhn/Thorn* in Dörr/Grote/Marauhn, EMRK/GG^2, Rz. 69; a.A. *Ehrke-Rabel* in Raschauer N., Datenschutz, 6.

[220] EGMR, 16.10.2007, 74336/01 (Wieser and Bicos Beteiligungen GmbH gegen Österreich); EGMR, 14.3.2013, 24117/08 (Bernh Larsen Holding AS u.a. gegen Norwegen).

[221] EGMR, 16.10.2007, 74336/01 (Wieser and Bicos Beteiligungen GmbH gegen Österreich) Rz. 45; EGMR, 14.3.2013, 24117/08 (Bernh Larsen Holding AS u.a. gegen Norwegen) Rz. 105; siehe auch oben Erster Teil, C. II.

Der EGMR lässt offen, ob sich auch juristische Personen hinsichtlich des Schutzes der sie betreffenden Daten auf den Tatbestand des Privatlebens nach Art. 8 EMRK berufen können. Er tut dies, indem er den Tatbestand der Korrespondenz sehr weit auslegt.[222] Es lässt sich daher bislang aus der Judikatur noch nicht ableiten, ob der Begriff „personenbezogene Daten" i.S.d. Rechtsprechung des EGMR, Informationen über juristische Personen ausschließt.

Im Rahmen der systematischen Interpretation ist bei der Auslegung der EMRK ihr Regelungsumfeld zu beachten.[223] Hierzu zählen, neben dem übrigen Konventionsrecht einschließlich der Zusatzprotokolle, auch andere völkerrechtliche Verträge.[224] Zudem kann das Unionsrecht und insbesondere die GRC herangezogen werden.[225] Durch eine wertende Rechtsvergleichung der Rechtsordnungen der Mitgliedstaaten berücksichtigt der EGMR auch diese.[226]

Betrachtet man nun das Regelungsumfeld, um die Frage, ob auch juristische Personen ein Recht auf Datenschutz nach Art. 8 EMRK zukommt, zu beantworten, ergibt sich jedoch ein recht uneinheitliches Bild. Art. 2 der Datenschutzkonvention, den der EGMR regelmäßig anführt,[227] schützt nur Daten mit Bezug zu natürlichen Personen. Die

---

[222] Siehe oben Erster Teil, C. II. Diese Vorgehensweise erinnert an die deutsche einfachgesetzliche Rechtslage. Hier sind die Daten juristischer Personen nicht vom Begriff der „personenbezogenen Daten" nach § 3 Abs. 1 BDSG erfasst. Sie genießen Schutz durch das Telekommunikationsgesetz und hier speziell durch das Fernmeldegeheimnis so wie den Datenschutz Bestimmungen für die Telekommunikation. Siehe hierzu *Weidner-Braun*, Privatsphäre und informationelle Selbstbestimmung, 105.

[223] *Grabenwarter* in Gamper/Verschraegen, Rechtsvergleichung, 13 ff.

[224] *Grabenwarter/Pabel*, EMRK[5], § 5 Rz. 8.

[225] *Grabenwarter* in Gamper/Verschraegen, Rechtsvergleichung, 11; *ders.*, in Grabenwarter/Vranes, Europäischer Verfassungsverbund 38; *ders.* in Schiemann/Grabenwarter/Breitenmoser, Zusammenspiel der Grundrechtsordnungen, 57; *Knauff*, DVBl 2010, 541; *Lock*, EuGH und internationale Gerichte, 267 f.; *Ludwigs*, EuGRZ 2014, 277 f.; *Nunner*, Kooperation internationaler Gerichte, 258; *Peters/Altwicker*, EMRK[2], § 4 Rn. 3; Scheek, ZaöRV 2005, 869 f.; *Spiekermann*, Die Folgen des Beitritts der EU zur EMRK, 159.

[226] Zur sich so ergebenden „autonomen Auslegung" durch den EGMR siehe ausführlich *Grabenwarter/Pabel*, EMRK[5], § 9 ff.

[227] EGMR, 16.2.2000, 27798/95 (Amann gegen Schweiz), Rz. 65; EGMR, 4.5.2000, 28341/95 (Rotaru gegen Rumänien), Rz. 43; EGMR, 27.10.2009,

Anwendbarkeit von Art. 8 GRC auf juristische Personen wird zwar in der Literatur, trotz des Hinweises der Erläuterungen auf die DatenschutzRL, deren persönlicher Anwendungsbereich sich auf natürliche Personen beschränkt, meist – wenn auch nicht immer uneingeschränkt – bejaht,[228] vom EuGH jedoch nur bedingt angenommen. Im Fall *Eifert und Schecke* entschied der, dass juristische Personen durch die GRC nur Datenschutz genießen, „soweit der Name der juristischen Person eine oder mehrere natürliche Personen bestimmt."[229] Einige nationale Rechtsordnungen sehen ein Grundrecht auf Datenschutz auch für juristische Personen vor. Allerdings handelt es sich hierbei neben Österreich im EWR zunächst um Italien, Liechtenstein und Dänemark (unter gewissen Voraussetzungen).[230] In Deutschland wird das Recht auf informationelle Selbstbestimmung für juristische Personen nur von Art. 2 Abs. 1 GG gewährleistet. Der Bezug zur Menschenwürde entfällt.[231] Weder aus dem Unionsrecht noch durch eine Betrachtung der nationalen Rechtsordnungen können daher eindeutige Erkenntnisse über den Schutz von Daten mit Bezug zu einer juristischen Person gezogen werden.

Der EGMR betont regelmäßig, dass die EMRK ein „*living instrument*" ist, dass „*in light of the present day conditions*" ausgelegt werden muss. Dieser evolutiv-dynamischen Interpretation, die der teleologischen Interpretation zuzuordnen ist, liegt der Gedanke zugrunde, dass die EMRK einen effektiven Menschenrechtsschutz nur dann gewährleisten kann, wenn Entwicklungen in den tatsächlichen, vom Rechtsanwendungsorgan zu subsumierenden Bedingungen, berücksichtigt werden können.[232] Die technischen Entwicklungen der letzten Jahre, die die

---

21737/03, (Haralambie gegen Rumänien), Rz. 77 siehe auch EGMR, 6.6.2006, 62332/00 (Segerstedt-Wiberg gegen Schweden) Rz. 72; *Siemen*, Datenschutz, 121 ff.

[228] *Guckelberger*, EuZW 2011, 128 ff.; *Jarass*, GRC², Art. 8 Rz. 7 (der allerdings davon ausgeht, dass zwar auch juristische Personen Grundrechtsträger sind, der Schutz aber nur Daten zu Privatpersonen betrifft); im Ergebnis wohl auch *Kingreen* in Calliess/Ruffert, EUV/AEUV⁴, Art. 8 Rz. 11; *Bernsdoff* in Meyer, GRC⁴, Art. 8 Rz. 18.

[229] EuGH, 9.11.2010, C-92/09 und C-93/09 (Schecke und Eifert) Rz. 53.

[230] *Kotschy* in Jahnel, Jahrbuch 2012, 30.

[231] *Guckelberger*, EuZW 2011, 128; BVerfG, 24.11.2010, 1 BvF 2/05 (Gentechnikgesetz) Rz. 156.

[232] Siehe hierzu ausführlich *Grabenwarter/Pabel*, EMRK⁵, § 5 Rz. 12 ff.

Datenerhebung, -sammlung und -verarbeitung mit kleinem Aufwand in großem Ausmaß ermöglichen, ist als eine solche Entwicklung zu verstehen, die nicht ignoriert werden kann, wenn Art. 8 EMRK wirksamen Schutz des Privatlebens gewähren soll. Bedenkt man in diesem Zusammenhang, dass der Begriff „Privatleben“ i.S.d. Art. 8 EMRK nicht dahin ausgelegt werden darf, dass die beruflichen und geschäftlichen Tätigkeiten natürlicher und juristischer Personen hiervon ausgeschlossen sind,[233] so gebietet es der Zweck der Norm, dass sich der Begriff „personenbezogene Daten“ auch auf Daten mit Bezug zu juristischen Personen bezieht.

bb. Personen-„bezogene“ Daten

Nachdem geklärt wurde, wie der Wortteil „personen-„ zu verstehen ist, muss nun untersucht werden, wann ein Bezug zu einer Person vorliegt. Gemäß Art. 31 Abs. 3 lit. c WVK ist bei der Auslegung eines völkerrechtlichen Vertrags jeder in den Beziehungen zwischen den Vertragsparteien anwendbarer einschlägiger Völkerrechtssatz gültig, wozu jedenfalls völkerrechtliche Verträge gehören, die alle Mitgliedstaaten ratifiziert haben.[234] Völkerrechtliche Verträge, denen fast alle Konventionsstaaten angehören, erlauben die Präzisierung des Art. 8 EMRK und können in ihrer praktischen Bedeutung neuen Garantien gleichkommen.[235] Nach Art. 2 der Datenschutzkonvention, auf die sich der EGMR explizit stützt,[236] sind „personenbezogene Daten“ alle Informationen über eine *bestimmte* oder *bestimmbare* natürliche Person.

Es kann außerdem eine inhaltlichen Nähe zwischen dem im Unionsrecht verwendeten Begriff der „personenbezogenen Daten“ und jenem, der in der EGMR Rechtsprechung zu Art. 8 EMRK zu finden ist, ausgemacht werden. Art. 8 GRC schützt „personenbezogene Daten“. In

---

[233] *Kloepfer/Greve*, NVwZ 2011, 577; EGMR, 16.12.1992, 13710/88 (Niemietz gegen Deutschland) Rz. 29.

[234] *Grabenwarter* in Gamper/Verschraegen, Rechtsvergleichung, 23.

[235] *Richter* in Dörr/Grote/Marauhn, EMRK/GG^2, Rz. 76

[236] EGMR, 16.2.2000, 27798/95 (Amann gegen Schweiz), Rz. 65; EGMR, 4.5.2000, 28341/95 (Rotaru gegen Rumänien), Rz. 43; EGMR, 27.10.2009, 21737/03, (Haralambie gegen Rumänien), Rz. 77 siehe auch EGMR, 6.6.2006, 62332/00 (Segerstedt-Wiberg gegen Schweden) Rz. 72; *Siemen*, Datenschutz, 121 ff.

den Erläuterungen zu diesem Artikel heißt es, er stütze sich unter anderem auf die Datenschutzkonvention des Europarats. Auch die DatenschutzRL[237] der EU schützt „personenbezogene Daten" und definiert sie in ihrem Art. 2 als

> „alle Informationen über eine bestimmte oder bestimmbare natürliche Person; als bestimmbar wird eine Person angesehen, die direkt oder indirekt identifiziert werden kann, insbesondere durch Zuordnung zu einer Kennnummer oder zu einem oder mehreren spezifischen Elementen, die Ausdruck ihrer physischen, physiologischen, psychischen, wirtschaftlichen, kulturellen oder sozialen Identität sind".

Es kann daher davon ausgegangen werden, dass der Personenbezug von Daten auch unter Art. 8 EMRK dann besteht, wenn sie eine bestimmte oder bestimmbare Person betreffen. Dieser Annahme stehen weder andere völkerrechtliche Verträge, noch nationale Rechtsordnungen oder teleologische Überlegungen entgehen.

Wann eine Person bestimmt ist, wirft wenige Probleme auf.[238] Unklar ist hingegen, nach welchen Kriterien geprüft wird, wann eine Person bestimmbar ist. Im *Explanatory Report* zur Datenschutzkonvention des Europarats heißt es, dass jene Personen bestimmbar sind, die leicht bestimmbar (*„easily identified"*) sind. Identifikationen durch die Nutzung hochentwickelter Methoden (*„very sophisticated methods"*) sollen nicht umfasst sein.[239] Welche Methoden hochentwickelt sind, und welche nicht, bleibt unklar. Diese Unklarheiten sind besonders weitreichend im Bereich des Internets. Die rasante Geschwindigkeit der technischen Entwicklung führt dazu, dass Methoden, die vor zwei Jahren noch hochentwickelt waren, heute bereits technischer Standard sind. Außerdem lässt sich hieraus nicht ablesen, aus wessen Perspektive die Bestimmbarkeit zu beurteilen ist. Es bleibt daher offen, ob Informationen nur dann personenbezogene Daten sind, wenn der einzelne Datenver-

---

[237] Richtlinie 95/46/EG des Europäischen Parlaments und des Rates vom 24. Oktober 1995 zum Schutz natürlicher Personen bei der Verarbeitung personenbezogener Daten und zum freien Datenverkehr, Abl L 1995/281, 31 i.d.F. 2003/281.

[238] Vgl. zum DSG *Jahnel*, Datenschutzrecht, 3/75.

[239] Explanatory report on the European Convention for the Protection of Individuals with regard to Automatic Processing of Personal Data Rz. 28; zu finden unter http://conventions.coe.int/Treaty/EN/Reports/HTML/108.htm.

arbeiter das Datensubjekt leicht bestimmen kann oder ob hier allgemein beurteilt werden muss, ob das Datensubjekt durch die Informationen identifiziert werden kann, unabhängig davon, wer die Daten im konkreten Fall verarbeitet.

Laut dem 11. Erwägungsgrund zur DatenschutzRL der EU konkretisiert und erweitert sie die in dem Übereinkommen des Europarats vom 28. Januar 1981 zum Schutze der Personen bei der automatischen Verarbeitung personenbezogener Daten enthaltenen Grundsätze. Im 26. Erwägungsgrund der DatenschutzRL heißt es, dass bei der Entscheidung, ob eine Person bestimmbar ist

> „alle Mittel berücksichtigt werden, die vernünftigerweise entweder von dem Verantwortlichen für die Verarbeitung oder von einem Dritten eingesetzt werden könnten, um die betreffende Person zu bestimmen."

Auch aus der DatenschutzRL und ihren Erwägungsgründen lassen sich somit keine eindeutigen Kriterien ablesen, nach denen die Bestimmbarkeit einer Person definiert werden kann. Der EuGH stellte im Fall *Linqvist* fest, dass der Ausdruck „alle Informationen über eine bestimmte oder bestimmbare natürliche Person" eindeutig die Nennung des Namens einer Person in Verbindung mit deren Telefonnummern oder mit Informationen über ihr Arbeitsverhältnis oder ihre Freizeitbeschäftigungen erfasse.[240] Er machte keine allgemeinen Aussagen zur Interpretation des Begriffs „bestimmbar". Auch in seinen Urteilen zu Art. 8 GRC tut er dies nicht, sondern stellt gegebenenfalls für den Einzelfall fest, dass Informationen über bestimmbare Personen vorliegen.[241]

Das Fehlen einer klaren Definition des Begriffs „bestimmbar" durch die Judikatur führt zu Problemen, die sich insbesondere in der deutschen Diskussion über das Kriterium der Bestimmbarkeit zeigen. Sowohl in der deutschen Rechtsprechung als auch in der Literatur fehlt es an Konsens über die Auslegung dieses Begriffs. Während die einen der Theorie der „Relativität des Personenbezugs" anhängen, vertreten die anderen, dass der Personenbezug „objektiv" bestimmt werden müsse. Die erste Gruppe beurteilt die Bestimmbarkeit aus Perspektive des Datenverarbeiters und der ihm zur Verfügung stehenden technischen Mit-

---

[240] EuGH, 6.11.2003, C-101/01 (Linqvist) Rz. 24.

[241] EuGH, 9.11.2010, C-92/09 und C-93/09 (Schecke und Eifert) Rz. 52 ff.; EuGH, 24.11.2011, C-468/10 und C-469/10 (ASNEF und FECEMD) Rz. 42; EuGH, 17.10.2013, C-291/12 (Schwarz) Rz. 26 ff.

tel. Die zweite Gruppe hingegen stellt auf die theoretische Möglichkeit der Bestimmbarkeit einer Person ab.[242] Es bleibt für den Einzelnen kaum vorhersehbar, wie der Begriff letztendlich zu verstehen ist.

Auch der EGMR hat sich bisher nicht ausdrücklich dazu geäußert, wann Informationen über eine bestimmbare Person vorliegen. Dies ist einerseits der bereits beschriebenen Vorgehensweise des EGMR geschuldet, die Schutzbereichsebene nicht gesondert zu prüfen, sondern die entsprechenden Prüfschritte implizit bei der Feststellung des Vorliegens eines Eingriffs zu berücksichtigen. Andererseits ist auch darauf hinzuweisen, dass der EGMR aus strukturellen Gründen in der Regel mit Fällen konfrontiert wird, bei denen die Bestimmbarkeit einer Person unstrittig ist, da es sich beim Beschwerdeführer um eine bereits bestimmte Person handelt. Dennoch lassen sich in der Rechtsprechung des EGMR einige Anhaltspunkte dafür finden, welche Daten nach Ansicht des Gerichtshofs eine Person identifizieren können. So stellte der EGMR wiederholt fest, dass das Bild und der Name einer Person integraler Bestandteil der Identität einer Person sind.[243] Auch die Stimme einer Person kann ein personenbezogenes Datum sein, wenn sie der Identifizierung dieser Person dient.[244] Außerdem lassen sich Anhaltspunkte im Fall *S. u. Marper* finden, auf den auch der EuGH im Fall *Schwarz*, der die Erfassung von Fingerabdrücken in Reisedokumenten betraf, bei der Feststellung, dass Fingerabdrücke unter den Begriff personenbezogene Daten nach Art. 8 GRC fallen, da sie objektiv unverwechselbare Informationen über natürliche Personen enthalten und deren genaue Identifizierung ermöglichen, verwies.[245]

Im Fall *S. u. Marper* wurden die Fingerabdrücke und Zellproben der beiden Beschwerdeführer, die einer Straftat verdächtigt wurden, gespeichert und auch, nachdem beide Beschwerdeführer freigesprochen worden waren, trotz Ansuchens nicht gelöscht. Der EGMR untersuchte die

---

[242] Siehe hierzu im Überblick *Spindler/Nink* in Spindler/Schuster TMG § 11 Rz. 7.

[243] EGMR, 7.2.2012, 40660/08 und 60641/08 (von Hannover gegen Deutschland (Nr 2)) Rz. 96; siehe auch EGMR, 19.9.2013, 8772/10 (von Hannover gegen Deutschland (Nr. 3)) Rz. 41; siehe auch EGMR, 12.12.2013, 20383/04 (Khmel gegen Russland) Rz. 40 m.w.N.

[244] EGMR, 25.9.2001, 44787/98 (P.G. und J.H. gegen Vereinigtes Königreich) Rz. 59.

[245] EuGH, 17.10.2013, C-291/12 (Schwarz) Rz. 27.

Speicherung der Zellproben und jene der Fingerabdrücke getrennt. Zu den Fingerabdrücken führte er Folgendes aus:

> „(...)die Fingerabdrücke der Beschwerdeführer stellen personenbezogene Daten dar, die externe Identifikationsmerkmale enthalten, vergleichbar mit persönlichen Fotographien oder Stimmproben. (...) Die Regierung nimmt letztere (Anm: gemeint sind Fingerabdrücke) mit dem Argument aus, es handle sich um neutrale, objektive und unwiderlegbare Daten, die im Gegensatz zu Fotographien für das bloße Auge und ohne einen Vergleichsfingerabdruck unverständlich seien. Diese Überlegung ist zwar zutreffend, ändert aber nichts daran, dass Fingerabdrücke objektiv einzigartige Informationen über eine Person enthalten, die ihre eindeutige Identifikation in einer Reihe von Umständen ermöglicht. Sie sind daher geeignet das Privatleben dieser Person zu beeinträchtigen und ihre Speicherung ohne die Einwilligung des Betroffenen kann nicht als neutral oder unbedeutend angesehen werden."[246]

Der EGMR betont, dass die Fingerabdrücke objektive Informationen, die die Identifikation der betroffenen Person erlauben, enthalten. Es muss zwar eingeräumt werden, dass der Datenverarbeiter im vorliegenden Fall der Staat war und eine Bestimmung bereits erfolgt war. Dennoch fällt auf, dass der EGMR die objektive Eigenschaft der Fingerabdrücke als Informationsträger hervorhebt und zur Begründung dafür heranzieht, dass schon die Speicherung dieser Daten einen Eingriff darstellt. Zudem berücksichtigt der EGMR die Verwendung technischer Hilfsmittel zur Bestimmung der Person. Die Tatsache, dass die Identifikation diverser Fähigkeiten und eines Vergleichsabdrucks bedarf, än-

---

[246] EGMR, 4.12.2008 (GK), 30562/04 und 30566/04 (S. und Marper gegen Vereinigtes Königreich) Rz. 81, 84: „the applicants' fingerprint records constitute their personal data which contain certain external identification features much in the same way as, for example, personal photographs or voice samples. (...) The Government distinguished the latter by arguing that they constituted neutral, objective and irrefutable material and, unlike photographs, were unintelligible to the untutored eye and without a comparator fingerprint. While true, this consideration cannot alter the fact that fingerprints objectively contain unique information about the individual concerned, allowing his or her identification with precision in a wide range of circumstances. They are thus capable of affecting his or her private life and the retention of this information without the consent of the individual concerned cannot be regarded as neutral or insignificant."

dert in den Augen des EGMR nichts daran, dass die Fingerabdrücke entsprechende Informationen in sich tragen.

In seinen Ausführungen zu den Zellproben geht der EGMR noch einen Schritt weiter. Hier heißt es:

> „Der Gerichtshof bleibt bei seiner Meinung, dass die Sorge des Einzelnen über die mögliche zukünftige Verwendung der privaten Information, die von den Behörden gespeichert wurde, berechtigt ist und Bedeutung hat für die Frage, ob ein Eingriff vorliegt. In der Tat kann der Gerichtshof unter Berücksichtigung der hohen Geschwindigkeit der Entwicklung im Bereich der Genetik und der Informationstechnologie nicht die Möglichkeit ausschließen, dass die Interessen des Privatlebens, die mit genetischer Information zusammenhängen, auf eine neue und heute nicht vorhersehbare Art und Weise beeinträchtigt werden."[247]

Der EGMR berücksichtigt sogar technische Möglichkeiten, die zum heutigen Tag noch gar nicht zur Verfügung stehen. Das Zellmaterial enthält die Informationen. Die Verwahrung ermöglicht daher zukünftiges Abrufen derselben. Er stellt somit nicht darauf ab, welche Informationen derzeit gewonnen werden können, sondern welche Informationen das Zellmaterial objektiv in sich trägt.

Es lässt sich somit an dieser Stelle festhalten, dass alle Informationen über eine bestimmte oder bestimmbare natürliche Person von Art. 8 EMRK geschützt werden. Bestimmbar ist eine Person, wenn sie ohne die Verwendung hochentwickelter Methoden anhand der vorliegenden Informationen leicht identifiziert werden kann. Aus dem Fall *S. u. Marper*[248] lässt sich ableiten, dass der EGMR dazu tendiert, den Begriff der Bestimmbarkeit so auszulegen, dass ihm eine objektive und keine relative Bedeutung zukommt. Er stellt auf den objektiven Informa-

---

[247] EGMR, 4.12.2008 (GK), 30562/04 und 30566/04 (S. und Marper gegen Vereinigtes Königreich) Rz. 71: „The Court maintains its view that an individual's concern about the possible future use of private information retained by the authorities is legitimate and relevant to a determination of the issue of whether there has been an interference. Indeed, bearing in mind the rapid pace of developments in the field of genetics and information technology, the Court cannot discount the possibility that in the future the private-life interests bound up with genetic information may be adversely affected in novel ways or in a manner which cannot be anticipated with precision today. (…)"

[248] EGMR, 4.12.2008 (GK), 30562/04 und 30566/04 (S. und Marper gegen Vereinigtes Königreich).

tionsinhalt eines Datums ab und nicht auf die für den aktuellen Datenverarbeiter zugänglichen Informationen. Angesichts der Tatsache, dass der EGMR aus strukturellen Gründen in der Regel mit Fällen konfrontiert wird, bei denen die Bestimmbarkeit einer Person unstrittig ist, da es sich beim Beschwerdeführer um eine bereits bestimmte Person handelt und Grundrechtsverpflichtete die Mitgliedstaaten sind, denen in der Regel sehr weitreichende Mittel zur Bestimmung einer Person zur Verfügung stehen, soll die Frage, ob der Begriff der Bestimmbarkeit relativ oder objektiv zu verstehen ist, hier offengelassen werden. Für die Zwecke dieser Arbeit wird vor dem Hintergrund der Ausführungen des EGMR im Fall *S. u. Marper* eine objektive Betrachtung des Begriffs zugrunde gelegt.

cc. Personenbezogene Daten im Internet

Im Folgenden sollen nun die Daten im Internet, unterteilt in drei Kategorien, daraufhin untersucht werden, ob sie „personenbezogene Daten" i.S.d. Rechtsprechung des EGMR zu Art. 8 EMRK sind. Es werden zunächst die IP-Adressen, die jede Handlung im Internet begleiten, untersucht. Anschließend werden auch die übrigen Verbindungsdaten sowie schließlich die inhaltlichen Daten betrachtet.

Cookies werden hier nicht betrachtet, da es sich hierbei nicht um Daten handelt, sondern um eine auf der Anwendungsschicht anzusiedelnde Technik, welche die Identifikation eines Nutzers durch eine *Website* ermöglichen soll.[249] *Cookies* sind kleine Datensätze, die auf dem Rechner des Nutzers gespeichert werden und bei erneutem Besuch einer *Website* vom *Webserver*, auf dem die Seite gehostet ist, ausgelesen werden können.[250] Die Frage, ob hierbei auch personenbezogene Daten betroffen sind variiert, je nachdem welche Daten im Cookie gespeichert werden.[251] Häufig ist dies z.B. die IP-Adresse des Nutzers.

---

[249] Siehe ausführlich zur Funktionsweise von Cookies *Kurose/Ross*, Computernetzwerke[4], 135 ff.; siehe auch *Elixmann,* Suchmaschinen, 47 f.; zur Verwendung von Cookies zur Sammlung von personenbezogenen Daten mittels *„tracking"*, siehe Zweiter Teil, A. II. 1.

[250] *Arning/Haag* in Heidrich/Forgó/Feldmann, Heise Online-Recht, Rz. 75 (2. Erg.Lfg. 2011).

[251] *Arning/Haag* in Heidrich/Forgó/Feldmann, Heise Online-Recht, Rz. 75 (2. Erg.Lfg. 2011).

i. IP-Adressen

Der EGMR hat sich zur Frage, ob IP-Adressen personenbezogene Daten sind, noch nicht geäußert. Der EuGH hielt im Fall *Scarlet Extended* fest, dass es sich bei den in diesem Fall betroffenen IP-Adressen um geschützte personenbezogene Daten handle, da sie die genaue Identifizierung der Nutzer ermöglichen würden.[252] Hieraus wird teils abgeleitet, der EuGH halte alle IP-Adressen für personenbezogene Daten.[253] Es muss jedoch beachtet werden, dass die *Scarlet Extended SA* Access-Provider ist und die Identifizierung der hinter den von ihr vergebenen IP-Adressen stehenden Personen daher ohne weiteres möglich ist. Allgemeine Aussagen über die Bestimmbarkeit von IP-Adressen lassen sich auch aus diesem Fall daher nicht ableiten. Mangels aussagekräftiger Ergebnisse erübrigt sich daher die Frage nach der Bedeutung der Einordnung von IP-Adressen durch den EuGH für die Rechtsprechung des EGMR.

Bei der Untersuchung, ob IP-Adressen personenbezogene Daten i.S.d. Art. 8 EMRK in der Auslegung des EGMR sind, muss überprüft werden, ob sie Informationen über eine bestimmte oder bestimmbare natürliche Person darstellen. Hierbei kommt es auf die Verknüpfung der Information über die Identität des Nutzers mit der IP-Adresse an. Die an sich anonyme Nummer wird also einer bestimmten Person zugeordnet. Wie dies geschieht, hängt maßgeblich davon ab, ob eine dynamische oder eine statische IP-Adresse vorliegt.

Statische IP-Adressen sind dauerhaft einem Inhaber zugerechnet. Zum Teil werden statische IP-Adressen exklusiv für den Inhaber registriert und zusammen mit dessen Kontaktdaten in ein öffentlich zugängliches Verzeichnis aufgenommen. Weitaus häufiger sind dynamische IP-Adressen vorzufinden. Hier wird die IP-Adresse vom Access-Provider je nach Bedarf einem anderen Nutzer zugewiesen.[254] Aus diesem Unterschied könnte – wenn man die Theorie der Relativität der Personenbezugs verfolgt – geschlossen werden, dass statische IP-Adressen für

---

[252] EuGH 24.11.2011, C 70/10 (Scarlet Extended SA) Rz. 51.

[253] *Hawellek*, ZD-Aktuell 2011, 131, der in seiner Argumentation, es seien auch Nutzer anderer Provider betroffen, übersieht, dass der EuGH ausdrücklich von der Beeinträchtigung der Grundrechte der Kunden dieses Providers spricht.

[254] Siehe ausführlicher *Elixmann*, Suchmaschinen, 35 f.; *Meyerdierks*, MMR 2013, 705; *Sieber* in Hoeren/Sieber/Holznagel, Multimedia-Recht, Teil 1 Rz. 55.

jedermann Informationen über eine bestimmbare Person darstellen, dynamische hingegen nur für den Access-Provider. Nur dieser ist nämlich in der Lage, nachzuvollziehen, wem die IP-Adresse zu einem bestimmten Zeitpunkt zugeordnet war.[255]

Allerdings kann es auch bei statischen IP-Adressen zu Problemen der Identifizierung des Nutzers kommen. Man bedenke nur die Schwierigkeiten, die entstehen, wenn der IP-Adresseninhaber nicht auch der Nutzer ist. Gerade statische IP-Adressen werden meist von großen Unternehmen genutzt.[256] Statische IP-Adressen werden also oft von einer Vielzahl von Nutzern verwendet. Umgekehrt kann auch nicht davon ausgegangen werden, dass dynamische IP-Adressen tatsächlich nur vom Access-Provider mit dem Nutzer verknüpft werden können. Sobald letzterer sich auf einer Seite einloggt, mit seiner Kreditkarte zahlt oder sonst irgendwie seine Identität preisgibt, kann er auch von einer Reihe anderer Akteure über seine IP-Adresse – zumindest für den gegebenen Zeitpunkt – identifiziert werden.

Zu beachten ist auch der Unterschied zwischen den verschiedenen Versionen des Internetprotokolls, IPv4 und IPv6. Nach dem Internetprotokoll IPv4 besteht eine IP-Adresse aus einer Zahl mit 32 Binärstellen. Da die Anzahl der IP-Adressen, die so gebildet werden können, begrenzt ist und es zu einer Adressknappheit kam, wurde eine neue Version des Internetprotokolls, das IPv6 entwickelt. Nach diesem bestehen IP-Adressen aus einer Zahl mit 128 Binärstellen, weshalb rein rechnerisch deutlich mehr IP-Adressen gebildet werden können.[257] Durch die höhere Anzahl an IP-Adressen könnten vermehrt statische IP-Adressen vergeben werden. Die Sorge, dass die nun bestehende Möglichkeit, die Präfixe statisch zu vergeben, wodurch die Identifizierung der Nutzer jederzeit möglich wäre, von den Providern genutzt wird,[258] hat sich zwar bisher nicht bewahrheitet.[259] IP-Adressen nach dem IPv6 sind jedoch nicht nur länger. Ihr Aufbau ist auch grundlegend anders. Sie be-

---

[255] So z.B. hinsichtlich des deutschen BDSG *Elixmann*, Suchmaschinen, 150 ff., 210.

[256] Siehe *Krüger/Maucher*, MMR 2011, 433; *Sieber* in Hoeren/Sieber/Holznager, Multimedia-Recht, Teil 1 Rz. 55.

[257] *Freund/Schnabel*, MMR 2011, 495.

[258] *Freund/Schnabel*, MMR 2011, 495.

[259] http://www.spiegel.de/netzwelt/web/neues-internet-protokoll-provider-versprechen-datenschutz-bei-ipv6-a-760274.html (31.5.2015).

stehen aus zwei Teilen. Der erste Teil ist das Präfix, das den Nutzern, wie dies auch schon bei IPv4 der Fall war, vom Provider zugeteilt wird.[260] Der zweite Teil der IP-Adresse, der *„Interface Identifier"*, ermöglicht über eine Seriennummer des Endgeräts (MAC-Adresse) eine eindeutige Identifikation des Geräts und somit grundsätzlich auch eine Nachverfolgung der Nutzer unabhängig vom Präfix.[261] Ist der *„Interface Identifier"* nicht eine Zahl, die aus der Seriennummer des Endgeräts (MAC-Adresse) abgeleitet wird, sondern eine Zufallszahl, spricht man von *„Privacy Extensions"*, durch die die dynamische Adressierung beibehalten werden soll.[262] Allerdings sind diese bei den meisten Betriebssystemen standardmäßig deaktiviert.[263] Die neueren mobilen Endgeräte, wie das *iPhone*, das *iPad* und aktuelle *Android* Handys, verwenden IPv6 und erlauben oft von vornherein nicht die Aktivierung von *Privacy Extensions.*[264] Die Wahrscheinlichkeit, dass eine Person bei der Nutzung des Internets mittels der IP-Adresse bestimmbar ist, steigt daher durch die Verwendung des IPv6. Insbesondere bei der Verwendung mobiler Geräte liegt eine Identifizierbarkeit nahe, da der *„Interface Identifier"* die MAC-Adresse des Endgeräts zeigt.

Es ergibt sich also ein sehr diffiziles und einzelfallgeprägtes Bild. Ob IP-Adressen personenbezogene Daten sind oder nicht, lässt sich nicht allgemein beantworten. Es gilt im Einzelfall zu überprüfen, ob die Identität des Nutzers bestimmt worden ist oder leicht bestimmt hätte werden können. Dies wird zwar in der Regel zu bejahen sein. In wenigen Ausnahmefällen ist eine Identifizierung des Nutzers durch die IP-Adresse jedoch nicht oder nur mit sehr hohem Aufwand möglich. Man denke hier z.B. an ein mit Bargeld bezahltes Mobiltelefon (*„prepaid"*) mit Datenvolumen. Auch sonst können Probleme bei der Identifizierung des Nutzers entstehen, sobald Nutzer und Inhaber der IP-Adresse nicht identisch sind.[265] Auch in diesen Fällen kann der Schutzbereich des Art. 8 EMRK allerdings eröffnet sein. Die IP-Adresse ist im Zusammenhang mit den Verbindungsdaten zu sehen, über die ein Perso-

---

[260] *Freund/Schnabel*, MMR 2011, 495

[261] *Freund/Schnabel*, MMR 2011, 495; *Moser-Knierim*, Vorratsdatenspeicherung, 26.

[262] *Freund/Schnabel*, MMR 2011, 496.

[263] *Moser-Knierim*, Vorratsdatenspeicherung, 26 f.

[264] *Moser-Knierim*, Vorratsdatenspeicherung, 34.

[265] Vgl. *Sieber* in Hoeren/Sieber/Holznagel, Multimedia-Recht, Teil 1 Rz. 58.

nenbezug hergestellt werden kann. Es gilt somit zu prüfen, ob Verbindungsdaten für sich genommen personenbezogene Daten, also Informationen über eine bestimmte oder bestimmbare Person, sind.

ii. Verbindungsdaten

Verbindungsdaten sind einerseits Informationen darüber, welche Homepage aufgerufen wurde, wann dies geschah und wo sich das verwendete Gerät zum Zeitpunkt des Aufrufs befand.[266] Andererseits können sie Informationen darüber enthalten, wer mit wem über das Internet kommuniziert hat, sei es mittels E-Mails, *chats* oder einer anderen Form der individuellen Kommunikation, und wann dies geschah.[267] Es geht also um die externen Daten einzelner Vorgänge.

Die Untersuchung, ob Verbindungsdaten personenbezogene Daten darstellen, wird hier von der Frage, ob IP-Adressen personenbezogene Daten sind, getrennt durchgeführt. Es gilt zu beachten, dass in jenen Fällen, in denen die IP-Adresse die Bestimmung des Nutzers ermöglicht, die Verbindungsdaten jedenfalls auch personenbezogene Daten sind. Schließlich können die einzelnen Verbindungen nur anhand der IP-Adressen verfolgt werden. Für jene Fälle, in denen die Verbindungsdaten – aus welchen Gründen auch immer – ohne die entsprechende IP-Adresse vorliegen, bleibt dennoch zu klären, ob auch Verbindungsdaten als solche schon personenbezogene Daten sein können.

Im Fall *Malone*, der bereits bei der Diskussion des Schutzguts der Korrespondenz angesprochen wurde, setzte sich der EGMR mit dem Schutz von Kommunikationsverkehrsdaten durch Art. 8 EMRK auseinander. Allerdings betonte er in diesem Fall, dass die Daten Teil der Telefongespräche waren und vermied es so, Aussagen darüber zu treffen, ob Verbindungsdaten auch personenbezogene Daten sind und somit dem Schutzgut des Privatlebens zugeordnet werden können.[268] Es bleibt daher zu prüfen, ob Verbindungsdaten die Identifikation einer Person ermöglichen und somit Informationen über eine bestimmte oder bestimmbare natürliche Person darstellen.

---

[266] *Karg*, MMR-Aktuell 2011, 315811.

[267] *Uerpmann-Wittzack* in Ehlers, Europäische Grundrechte, § 3 I 1 Rz. 6.

[268] EGMR, 2.8.1984, 8691/79 (Malone gegen Vereinigtes Königreich) Rz. 84; siehe hierzu auch *Siemen*, Datenschutz, 86 f., die auch auf die Kritik des Richters Petiti in seiner zustimmenden Meinung eingeht.

Diese Beurteilung hat stets für den konkreten Einzelfall zu erfolgen. Immerhin lassen sich aus bestimmten Verbindungsdaten sehr leicht Rückschlüsse auf die Identität der dahinterstehenden Person ziehen. Andere Verbindungsdaten hingegen bieten keine Anhaltpunkte zur Identifikation einer Person. Allgemeine Aussagen über den Personenbezug von Verbindungsdaten können an dieser Stelle daher nur schwer getroffen werden. Mit Blick auf den Grundtenor des EGMR im Fall *Uzun*[269] kann allerdings davon ausgegangen werden, dass Verbindungsdaten jedenfalls dann als personenbezogene Daten zu qualifizieren sind, wenn sie gesammelt werden und so Persönlichkeitsprofile erstellt werden können, die Rückschlüsse auf die Identität ermöglichen.

An dieser Stelle kann als Zwischenergebnis festgehalten werden, dass IP-Adressen in der Regel personenbezogene Daten sind. Verbindungsdaten sind jedenfalls dann personenbezogene Daten, wenn sie mit einer IP-Adresse, die die Identifikation des Nutzers ermöglicht, verbunden sind. Dies stellt aufgrund der technischen Gegebenheiten den am häufigsten vorzufindenden Fall dar. Fehlt eine solche Verbindung, so gilt es im Einzelfall zu prüfen, ob die Verbindungsdaten entweder mit anderen personenbezogenen Daten verknüpft wurden oder aber in anderer Form Rückschlüsse auf die Identität des Nutzers gezogen werden können. Der Personenbezug kann also gerade bei Verbindungsdaten auch mittelbar durch die Kombination mehrerer Daten entstehen.

iii. Daten über den Inhalt

Neben den IP-Adressen und den Verbindungsdaten können auch die inhaltlichen Daten personenbezogene Daten darstellen. Daten über den Inhalt können in den verschiedensten Formen auftreten. Es kann sich um Bilder, Videos, Text, Informationen über das Kaufverhalten einer Person, Inhalte von Posts und vieles mehr handeln. Hierbei kann es sein, dass auch personenbezogene Daten von Personen, die gar nicht – oder zumindest nicht im konkreten Fall – im Internet aktiv geworden sind, vorliegen. Es kann sich also um Fälle handeln, in denen Daten durch Dritte oder vom Staat veröffentlicht werden, so dass eine Identifikation über die IP-Adresse oder die Verbindungsdaten ausscheidet. Dennoch können personenbezogene Daten vorliegen, die von Art. 8 EMRK geschützt werden.

---

[269] EGMR, 2.9.2010, 35623/05 (Uzun gegen Deutschland).

Bei den Daten über den Inhalt gilt es somit im Einzelfall zu prüfen, ob Informationen über eine bestimmte oder bestimmbare Person vorliegen. Beurteilt man den Inhalt, so gibt es auf der Schutzbereichsebene keinerlei Unterschiede, ob die Veröffentlichung der Information in einer Zeitung oder im Internet erfolgte. Schließlich stellt das Internet in diesen Fällen nur das Medium dar. Auf der Ebene der Rechtfertigung hingegen ist die Art des verwendeten Mediums durchaus zu berücksichtigen.[270]

Es fällt somit jede im Internet veröffentlichte Information über eine bestimmte oder bestimmbare Person in den Schutzbereich des Art. 8 EMRK. Folglich kann festgehalten werden, dass auch Informationen, die auf einer Homepage, auf einer Pinnwand in einem sozialen Netzwerk oder anderwärtig veröffentlicht wurden, in den Schutzbereich des Art. 8 EMRK fallen können, wenn sie eine bestimmte oder bestimmbare Person betreffen.[271] Dies ist für den Schutz der Persönlichkeitsrechte im Internet von besonderer Bedeutung, da eben diese Informationen weder vom Schutzgut der Korrespondenz erfasst sind[272] noch in den Schutzbereich der Privatsphäre fallen.[273] An späterer Stelle wird zu klären sein, welche Rechte das Datensubjekt an diesen und anderen personenbezogenen Daten hat.[274]

b. Sensible Daten

Eine eigene Untergruppe der personenbezogenen Daten bilden die sensiblen Daten. Diese genießen aufgrund ihres engen Bezugs zum Privatleben einen erhöhten Schutz.[275] Der EGMR verweist hinsichtlich dieser besonderen Gruppe von Daten gelegentlich auf Art. 6 der Daten-

---

[270] Siehe hierzu Dritter Teil, B. III. 2.

[271] a.A. *Schweizer*, DuD 2009, 466, der nicht hinreichend zwischen dem Schutz der Individualkommunikation und jenem personenbezogener Daten unterscheidet.

[272] Siehe oben Erster Teil, C. I.

[273] Siehe oben Erster Teil, D. II.

[274] Siehe hierzu unten Erster Teil, D. IV. 2.

[275] Siehe Dritter Teil, A. I. 2. a. aa.

schutzkonvention.[276] Demnach sind sensible Daten personenbezogene Daten,

> „welche die rassische Herkunft, politische Anschauungen oder religiöse oder andere Überzeugungen erkennen lassen, sowie personenbezogene Daten, welche die Gesundheit oder das Sexualleben betreffen (...) Dasselbe gilt für personenbezogene Daten über Strafurteile."

Hier finden sich mehrere Aspekte der Persönlichkeit wieder, die der EGMR der persönlichen Identität zuordnet. Der Gerichtshof stellte fest, dass die sexuelle Orientierung, die Religionszugehörigkeit und die Zugehörigkeit zu einer ethnischen Gruppe Teil der Identität einer Person seien.[277] Zudem fällt auf, dass viele der Fälle, in denen der EGMR feststellt, dass ein Datum einen Bezug zum Privatleben des Beschwerdeführers hat, ohne näher zu erläutern nach welchen Kriterien er das Vorliegen dieses Bezugs prüft, die Gruppe der sensiblen Daten betreffen.[278]

Bei der Prüfung ob personenbezogene Daten vorliegen, die von Art. 8 EMRK geschützt werden ist zunächst zu untersuchen, ob Informationen über eine bereits bestimmte oder leicht bestimmbare Person vorliegen. Hierbei ist insbesondere Art. 2 der Datenschutzkonvention zu beachten. Ist dies der Fall, so muss in einem weiteren Schritt überprüft werden, ob die personenbezogenen Daten auch sensible Daten i.S.d. Art. 6 der Datenschutzkonvention sind, die ein erhöhtes Schutzniveau genießen.[279]

---

276 EGMR, 25.2.1997, 22009/93 (Z. gegen Finnland) Rz. 96; EGMR, 10.10.2006, 7508/02 (L.L. gegen Frankreich) Rz. 32; EGMR, 4.12.2008 (GK), 30562/04 und 30566/04 (S. und Marper gegen Vereinigtes Königreich), Rz. 66; EGMR, 13.12.2012, 24029/07 (M.M. gegen Vereinigtes Königreich) Rz. 188.

277 EGMR, 28.1.2003, 44647/98 (Peck gegen Vereinigtes Königreich); Rz. 57; EGMR, 27.4.2010, 27138/04 (Ciubotaru gegen Moldawien) Rz. 49, 53.

278 EGMR, 25.2.1997, 22009/93 (Z. gegen Finnland): medizinische Daten; EGMR, 17.12.2009, 16428/05 (Gardel gegen Frankreich): Strafurteil; EGMR, 17.2.2011, 12884/03 (Wasmuth gegen Deutschland): religiöse Überzeugung; siehe auch *Siemen*, Datenschutz, 97.

279 Siehe z.B. zum Schutz von medizinischen Daten nach Art. 8 EMRK *Povolná* in Benedek/Benoît-Rohmer/Karl/Nowak, EYHR 2012, 293 ff.

c. Öffentliche und private Informationen

Die Art der Information kann allerdings nicht nur schutzerhöhend wirken. Die Konventionsorgane unterscheiden seit jeher zwischen öffentlichen und nicht öffentlichen Informationen und lassen in der Folge den öffentlichen Informationen nur eingeschränkten Schutz zukommen.[280] Es soll an dieser Stelle ein kurzer Blick auf dieses Begriffspaar geworfen werden, um die genaue Bedeutung beider Begriffe herauszuarbeiten.

aa. Öffentliche Informationen als personenbezogene Daten

Der EGMR machte im Fall *Cemalettin Canli* folgende Ausführungen:

> „Das erste Problem, dem sich der Gerichtshof stellen muss, ist, ob die Informationen im Polizeireport als Daten mit Bezug zum „Privatleben" der Beschwerdeführers zu sehen sind oder ob es sich um „öffentliche Informationen" handelt und sie daher nicht in den Schutzbereich des Art. 8 EMRK fallen. Der Gerichtshof berücksichtigt den Umfang des Begriffs „Privatleben" wie er in seiner Rechtsprechung interpretiert wurde, weshalb es so scheint als könnten auch öffentliche Informationen in den Schutzbereich des Privatlebens fallen."[281]

Er widerspricht sich an dieser Stelle scheinbar selbst. Zunächst hält er fest, dass öffentliche Informationen nicht in den Schutzbereich von Art. 8 EMRK fallen; anschließend stellt er fest, dass sie es doch tun. Dieser Widerspruch entsteht, weil der Gerichtshof den Begriff *„private life"* zu undifferenziert verwendet. Die Gegenüberstellung von „Daten

---

[280] Siehe z.B. EKMR, 12.10.1973, 5877/72 (X gegen Vereinigtes Königreich); EKMR (Report), 19.5.1994, 15225/89 (Friedl gegen Österreich), Rz. 48; EGMR, 4.5.2000, 28341/95 (Rotaru gegen Rumänien) Rz. 43; EGMR, 28.1.2003, 44647/98 (Peck gegen Vereinigtes Königreich) Rz. 72; EGMR, 13.12.2012, 24029/07 (M.M. gegen Vereinigtes Königreich) Rz. 187.

[281] EGMR, 18.11.2008, 22427/04 (Camalettin Canli gegen Türkei) Rz. 33: „The first issue for the Court to deal with is whether the information in the police report constituted data pertaining to the applicant's "private life" or whether it was "public information" and therefore not within the scope of Article 8 of the Convention. The Court has had regard to the scope of the notion of "private life" as interpreted in its case-law (...) from which it appears that "public information" can fall within the scope of "private life" (...)".

mit Bezug zum Privatleben" („*data pertaining to private life*") und „öffentlichen Informationen" („*public information*") stellt zwei Kriterien auf eine Ebene, die auf verschiedenen Stufen der Prüfung des Schutzbereichs anzusiedeln sind. Einerseits gibt es das Konzept des Privatlebens („*the notion of private life*"), das ganz grundsätzlich den Anwendungsbereich des Art. 8 EMRK abgrenzt. Der Schutz der Achtung des Privat- und Familienlebens wird selbstverständlich nur in Fällen mit Bezug zum Privat- oder Familienleben gewährt. Dieses Konzept wurde vom EGMR spätestens durch die *Niemietz*-Rechtsprechung stark ausgeweitet. Die weite Auslegung führt im Bereich des Datenschutzes dazu, dass alle personenbezogenen Daten in den sachlichen Schutzbereich fallen.[282] Andererseits gibt es einen privaten Bereich, der sich lediglich dadurch auszeichnet, dass er nicht oder noch nicht öffentlich bekannt ist. Das Gegenteil von öffentlichen Informationen sind nicht Informationen mit Bezug zum Privatleben, sondern nicht öffentliche Informationen. Auch öffentliche Informationen können die Form personenbezogener Daten annehmen und somit den Schutz von Art. 8 EMRK genießen. Dieser unterscheidet sich aber insofern vom Schutz nicht öffentlicher personenbezogener Daten, als die Geheimhaltung von bereits öffentlichen Informationen schon faktisch nicht mehr gewährleistet werden kann.[283]

Die Frage nach der Öffentlichkeit von personenbezogenen Daten ist auch dem österreichischen Datenschutzrecht nicht fremd. Immerhin besteht ein schutzwürdiges Geheimhaltungsinteresse nach § 1 Abs. 1 Satz 2 DSG nicht mehr, wenn Daten infolge ihrer allgemeinen Verfügbarkeit oder wegen ihrer mangelnden Rückführbarkeit auf den Betroffenen einem Geheimhaltungsanspruch nicht zugänglich sind. Neben dem Kriterium Bestimmtheit oder Bestimmbarkeit ist daher auch hier zu prüfen, ob öffentlich zugängliche Informationen vorliegen. In der österreichischen Literatur lassen sich Kriterien finden, nach denen beurteilt werden kann, ob eine allgemeine Verfügbarkeit vorliegt und eine Information somit öffentlich ist. Nach diesen soll versucht werden, den Begriff der öffentlichen Informationen auch für den Schutz nach

---

[282] EGMR, 16.2.2000, 27798/95 (Amann gegen Schweiz), Rz. 65; EGMR, 4.5.2000, 28341/95 (Rotaru gegen Rumänien), Rz. 43; EGMR, 25.10.2005, 2428/05 (Wypych gegen Polen); EGMR, 27.10.2009, 21737/03, (Haralambie gegen Rumänien), Rz. 77 siehe auch EGMR, 6.6.2006, 62332/00 (Segerstedt-Wiberg gegen Schweden) Rz. 72; *Siemen*, Datenschutz, 121 ff.

[283] Siehe ausführlich zu den unterschiedlichen Rechten Erster Teil, D. IV. 2.

Art. 8 EMRK klarer abzugrenzen. Einerseits gilt zu klären, unter welchen Umständen Informationen öffentlich sind. Hierbei ist die öffentliche Zugänglichkeit ausschlaggebend. Fraglich ist, ob diese durch Zugangshürden ausgeschlossen werden kann und welchen Einfluss der Ablauf von Zeit hat. Zudem muss der Zusammenhang zwischen Veröffentlichung und öffentlicher Zugänglichkeit insofern betrachtet werden, als zu klären ist, ob auch eine unzulässige Veröffentlichung zur öffentlichen Zugänglichkeit der Informationen führt.[284]

bb. „Public Information" als öffentlich zugängliche Information

Zunächst ist hervorzuheben, dass *„public information"* nicht bereits schon dann vorliegt, wenn der Staat Kenntnis genommen hat, auch wenn dies zulässigerweise geschehen ist. Vielmehr stellt der EGMR darauf ab, dass die Öffentlichkeit Zugang zu den Informationen hatte. Die Informationen müssen jedoch nicht bereits einer breiten Öffentlichkeit bekannt sein. Es reicht, wenn sie der Allgemeinheit im fraglichen Zeitpunkt zugänglich waren. Entscheidend ist die potentielle Verfügbarkeit und nicht die tatsächliche Kenntnis. Dies zeigt sich in den Ausführungen des EGMR im Fall *Peck*. Der Gerichtshof betonte hier unter Hinweis auf vorangegangene Judikatur, dass das Überwachen von Handlungen einer Person im öffentlichen Raum mittels Videokamera ohne systematische und permanente Speicherung keinen Eingriff in Art. 8 EMRK darstellt. Die Tatsache, dass der Beschwerdeführer nachts und alleine unterwegs war schadet dem nicht. Das Geschehen war, wenn überhaupt, von sehr wenigen Leuten gesehen worden. Dass es sich nicht um öffentlich-bekannte Informationen handelt, zeigt sich schon darin, dass der EGMR in der Weiterveröffentlichung einen Eingriff sah. Dennoch hätte die bloße Überwachung mittels Kamera ohne Speicherung noch keinen Eingriff dargestellt, da sich der Beschwerdeführer an einem öffentlichen Ort aufhielt und die Information somit für die Öffentlichkeit zugänglich war.[285]

---

[284] Vgl. *Bauer/Reimer*, Datenschutzrecht, 99; *Jahnel*, Datenschutzrecht, 2/17 ff.; *Kotschy* in Jahnel, Jahrbuch 2012, 44 ff.

[285] EGMR, 28.1.2003, 44647/98 (Peck gegen Vereinigtes Königreich) Rz. 57 ff.

Ob Informationen öffentlich-zugänglich sind oder nicht beurteilt der EGMR anhand des *„reasonable expectation of privacy“*-Tests.[286] Es kann daher an dieser Stelle auf die Ausführungen zur Privatsphäre verwiesen werden.[287] Entscheidend ist nicht, ob tatsächlich durch die Öffentlichkeit auf die Informationen zugegriffen werden kann, sondern vielmehr, ob das Datensubjekt damit rechnen musste. Dieses vertretbare Vertrauen auf die Vertraulichkeit einer Information ist jedenfalls dann nicht mehr gegeben, wenn die entsprechenden Daten in einem öffentlich zugänglichen Register gespeichert werden.[288] Außerdem kann bei Informationen, die durch die Medien, also auch die Online-Medien, veröffentlicht wurden, nicht mehr davon ausgegangen werden, dass diese vertraulich sind.[289]

Ist eine Information einmal öffentlich zugänglich geworden, so stellt sich die Frage, ob sie frei zugänglich bleibt oder ob eine öffentliche Information nach einer gewissen Zeit wieder zu einer nicht öffentlichen wird. Ein Blick auf die Rechtsprechung des EGMR zeigt, dass der Gerichtshof hiervon nicht ausgeht, auch wenn er den verstrichenen Zeitraum durchaus berücksichtigt. So stellt er im Fall *Rotaru* Folgendes fest:

> „(...) öffentliche Informationen können in den Schutzbereich des Privatlebens fallen, wenn sie systematisch gesammelt und in Datenbanken gespeichert werden. Dies trifft umso mehr zu, wenn diese Informationen die entfernte Vergangenheit einer Person betreffen.“[290]

Nun könnte man versuchen aus dem zweiten Satz abzuleiten, dass Informationen über die entfernte Vergangenheit einer Person nicht als öffentliche Informationen einzuordnen sind. Schon die genaue Betrachtung der Formulierung der Begründung bietet jedoch keine Anhaltspunkte, die dafür sprechen, dass der EGMR diese Daten anders einord-

---

[286] EGMR, 2.9.2010, 35623/05 (Uzun gegen Deutschland) Rz. 44.

[287] Siehe oben Erster Teil, D. II.

[288] Siehe statt vieler EGMR, 13.12.2012, 24029/07 (M.M. gegen Vereinigtes Königreich) Rz. 188.

[289] EGMR, 10.5.2011, 48009/08 (Mosley gegen Vereinigtes Königreich).

[290] EGMR, 4.5.2000, 28341/95 (Rotaru gegen Rumänien) Rz. 43. „public information can fall within the scope of private life where it is systematically collected and stored in files held by the authorities. That is all the truer where such information concerns a person’s distant past.“

nen würde. Der zweite Satz bestätigt vielmehr die Schutzwürdigkeit öffentlich zugänglicher Informationen hinsichtlich der systematischen und dauerhaften Speicherung.

cc. Durch unzulässige Veröffentlichungen zugänglich gewordene Informationen

Die öffentliche Zugänglichkeit beruht darauf, dass eine Information zu irgendeinem Zeitpunkt „veröffentlicht" wurde. Unter „Veröffentlichung" wird hier die Einräumung des Zugangs für die Öffentlichkeit verstanden. Diese Veröffentlichung kann einerseits durch das Datensubjekt selbst erfolgen, wie es im oben erwähnten Fall *Peck* der Fall war. Andererseits können auch Dritte Informationen veröffentlichen. Fraglich ist, welche rechtlichen Auswirkungen eine Veröffentlichung durch einen Dritten hat, die nach innerstaatlichem Recht unzulässig war, wenn davon ausgegangen werden kann, dass mangelnder staatlicher Schutz vor dieser Veröffentlichung als Verletzung von Art. 8 EMRK eingeordnet werden muss. In der österreichischen Diskussion zu Art. 1 DSG herrscht zur Frage, ob nur die zulässige Veröffentlichung von Informationen diese allgemein zugänglich macht, Uneinigkeit. Die meisten vertreten, dass nur zulässigerweise veröffentlichte Informationen als „allgemein verfügbare Daten" zu betrachten sind.[291] *Kotschy* hingegen weist auf die rechtlichen Einschränkungen hin, denen die Verwendung auch von allgemein zugänglichen Daten unterliegt. Sie betont zudem, dass es dem Datenverarbeiter nicht zumutbar wäre, alle frei verfügbaren Daten daraufhin zu überprüfen, ob sie ursprünglich zulässigerweise veröffentlicht wurden.[292]

Der EGMR hatte bislang noch nicht die Gelegenheit, sich ausdrücklich zu dieser Frage zu äußern. Zwar beschäftigt er sich regelmäßig mit potentiell unzulässigen Veröffentlichungen durch Dritte.[293] Die Frage, in-

---

[291] *Dohr/Pollirer/Weiss/Knyrim*, DSG², § 1 Anm 8 (17. Erg.Lfg. 2014); *Jahnel*, Datenschutzrecht, 2/19; *Lehner* in Heißl, Handbuch Menschenrechte, Rz. 11/12.

[292] *Kotschy* in Jahnel, Jahrbuch 2012, 45 ff.

[293] Siehe statt vieler EGMR, 24.6.2004, 59320/00 (von Hannover gegen Deutschland); EGMR, 7.2.2012, 40660/08 und 60641/08 (von Hannover gegen Deutschland (Nr 2)); EGMR, 19.9.2013, 8772/10 (von Hannover gegen Deutschland (Nr. 3)).

wieweit solche Veröffentlichungen dazu führen, dass die fraglichen Informationen als öffentlich zugängliche Informationen einzuordnen sind, hat sich ihm jedoch noch nicht gestellt. Bei konsequenter Anwendung des *„reasonable expectation of privacy“*-Tests müssen solche Informationen jedenfalls auch als öffentliche Informationen betrachtet werden. Die Tatsache, dass auch der EGMR den öffentlichen Daten noch weitreichenden Schutz vor Verwendung und insbesondere auch weiterer Veröffentlichung zukommen lässt,[294] spricht ebenfalls dafür, Daten, die tatsächlich öffentlich zugänglich sind, auch als solche zu behandeln.

Der EGMR zeigte diese Tendenz im Fall *Węgrzynowski und Smolczewski*, in dem er sich mit der Frage zu beschäftigen hatte, ob die Weigerung nationaler Gerichte, eine Zeitung dazu zu verpflichten, einen rufschädigenden Artikel aus dem Online-Archive zu nehmen, eine Konventionsverletzung darstellt. Hier führte er aus:

> „Der Gerichtshof akzeptiert, dass es nicht die Aufgabe der Justizbehörden ist, die Geschichte neu zu schreiben indem sie die Entfernung aller Spuren von Veröffentlichungen, die in der Vergangenheit rechtskräftig als Rufschädigungen eingestuft wurden, aus der öffentlichen Sphäre anordnen.“[295]

Er scheint die Öffentlichkeit unzulässigerweise veröffentlichter Informationen also zu akzeptieren. Es wäre auch nicht tragbar, dem an der ursprünglichen Veröffentlichung unbeteiligten Empfänger von öffentlich zugänglichen Informationen die Rechtswidrigkeit der Veröffentlichung zuzurechnen. Dies steht einer Berücksichtigung der Rechtswidrigkeit der ursprünglichen Veröffentlichung und der daraus folgenden erhöhten Schutzbedürftigkeit des Grundrechtsträgers auf Ebene der Rechtfertigung von Eingriffen durch weiteres Verarbeiten oder Verwenden bzw. bei der Prüfung ob der Staat hinsichtlich der weiteren Verarbeitung und Verwendung durch Dritte einer Schutzpflicht unterliegt, nicht entgegen.

---

[294] Siehe Erster Teil, D. IV. 2. b. cc.

[295] EGMR, 16.7.2013, 33846/07 (Węgrzynowski und Smolczewski gegen Polen) Rz. 65: „The Court accepts that it is not the role of judicial authorities to engage in rewriting history by ordering the removal from the public domain of all traces of publications which have in the past been found, by final judicial decisions, to amount to unjustified attacks on individual reputations“.

d. Zwischenergebnis

Zusammenfassend kann an dieser Stelle also festgehalten werden, dass das erste der drei vom EGMR definierten Kriterien für den Datenschutz nach Art. 8 EMRK, die Art der Information, an unterschiedlichen Stellen der Grundrechtsprüfung ausschlaggebend ist. Zunächst ist festzustellen, dass alle personenbezogenen Daten i.S.d. Datenschutzkonvention in den sachlichen Schutzbereich des Art. 8 EMRK fallen. Ein besonders enger Bezug zum Privatleben wird hier in Folge der *Niemietz*-Rechtsprechung nicht mehr verlangt.[296] Diese Daten können wiederum in Gruppen unterteilt werden. Einerseits müssen öffentliche und private Informationen voneinander abgegrenzt werden. Beide fallen in den Schutzbereich des Art. 8 EMRK, wenn Personenbezug vorliegt. Geheimhaltungsansprüche des Grundrechtsberechtigten können jedoch hinsichtlich der bereits frei zugänglichen, öffentlichen Informationen schon rein faktisch nicht mehr gewährleistet werden.[297] Eine weitere Untergruppe sind besonders sensible Daten, die aufgrund ihres sensiblen Inhalts jedoch besonderen Schutz genießen. Hier liegt ein besonders enger Bezug zum Privatleben vor. Unterschiede im Schutzniveau ergeben sich hier insbesondere auf Ebene der Rechtfertigung.[298] Nur personenbezogene Daten können auch sensible Daten sein.

2. *Die aus Art. 8 EMRK folgenden Rechte des Datensubjekts*

Nachdem untersucht wurde, welche Daten in den Schutzbereich des Art. 8 EMRK fallen, soll im Folgenden die Rechtsprechung des EGMR daraufhin untersucht werden, welche Rechte dem Betroffenen an seinen personenbezogenen Daten zukommen. Bei der Untersuchung, welche Rechte dem Datensubjekt an seinen personenbezogenen Daten zukommen, werden die Geheimhaltungsansprüche, welche ausschließlich an nicht öffentlichen Daten bestehen, vorweg betrachtet (a). Erst anschließend wird untersucht, welcher Schutz auch an öffentlichen perso-

---

[296] Siehe oben Erster Teil, D. IV. 1.

[297] Siehe jedoch zum Schutz öffentlicher personenbezogener Daten Erster Teil, D. IV. 1. c.

[298] Siehe Dritter Teil, A. I. 2. a. aa.; zum Unterschied zwischen dem weit grundsätzlich auszulegenden Begriff des Privatlebens und einem Privatleben *stricto sensu* siehe auch EGMR, 12.6.2014 (GK), 56030/07 (Fernández Martínez gegen Spanien) Rz. 110 f.

nenbezogenen Daten besteht (b) und ob es ein allgemeines Recht auf Zugang zu den vom Staat gespeicherten Daten gibt (c). Auf dieser Untersuchung aufbauend soll die eingangs aufgeworfene Frage beantwortet werden, ob die Rechte nach Art. 8 EMRK, die der EGMR dem Datensubjekt einräumt, in ihrem Gewährleistungsumfang einem Recht auf informationelle Selbstbestimmung (d) und einem Recht auf Gewährleistung der Vertraulichkeit und Integrität informationstechnischer Systeme (e) gleichkommen.

a. Geheimhaltungsansprüche

Im Folgenden soll herausgearbeitet werden, welche Rechte dem Einzelnen zur Geheimhaltung seiner nicht öffentlichen personenbezogenen Daten vor dem Staat zustehen. Anschließend soll analysiert werden, ob auch Informationen, die der Staat bereits erlangt hat, noch einer gewissen Geheimhaltung unterworfen sind. Es wird also die Frage nach einem Recht auf Geheimhaltung vor der Öffentlichkeit aufgeworfen.

aa. Das Recht auf Geheimhaltung personenbezogener Daten vor dem Staat

In einer Reihe von Fällen hatte der EGMR darüber zu entscheiden, ob ein Eingriff in die Rechte des Art. 8 EMRK vorliegt, wenn der Staat sich Zugang zu Informationen über eine Person verschafft. In diesen Fällen lagen zumeist Sachverhaltskonstellationen vor, die ganz klar eine Einschränkung der Privatsphäre betrafen, wie beispielsweise staatliche Überwachungen und Durchsuchungen. Der EGMR überprüfte, ob der Betroffene darauf vertrauen durfte, dass er sich in einem privaten Bereich befindet, in dem sein Verhalten nicht beobachtet wird. Er wandte den *„reasonable expectation of privacy“*-Test an.[299] Überall dort, wo eine Person davon ausgehen darf, nicht überwacht zu werden, ist der Schutzbereich von Art. 8 EMRK eröffnet. Eine Erhebung von Daten, sei es in Form von Durchsuchungen[300] oder das Abhören von Telefonaten[301], stellt dann bereits einen Eingriff in das Recht auf Privatleben des

---

[299] Vgl. oben Erster Teil, D. II. 2.

[300] EGMR, 26.7.2007, 64209/01 (Peev gegen Bulgarien) Rz. 37 ff.

[301] EGMR, 25.6.1997, 20605/92 (Halford gegen Vereinigtes Königreich) Rz. 44 ff.

Betroffenen dar. Diese Rechtsprechung gilt auch im Internet.[302] Betrachtet man diese Fälle aus einer datenschutzrechtlichen Perspektive, so kann hieraus ein Recht darauf abgeleitet werden, dass der Staat sich nicht gegen den Willen des Datensubjekts Zugang zu Informationen über es verschafft. Das Datensubjekt hat ein Recht, personenbezogene Informationen vor dem Staat geheim zu halten.

Dieses Recht schützt jedoch nicht jene Informationen, die das Datensubjekt dem Staat freiwillig preisgibt. Dies betonte der EGMR im Fall *Shabanov u. Tren* unter Hinweis auf seine vorherige Rechtsprechung. In der Folge nannte er die Kriterien, nach denen zu beurteilen ist, ob auch Informationen, die der Betroffene dem Staat selbst mitgeteilt hat, noch von Art. 8 EMRK geschützt sind. Hierbei handelt es sich einerseits um die Freiwilligkeit der Preisgabe der Information und andererseits um die spätere Verwendung und ihre Vorhersehbarkeit aus Sicht des Datensubjekts.[303]

Das erste Kriterium lässt sich noch recht leicht dem Recht auf Geheimhaltung personenbezogener Daten vor dem Staat zuordnen. Schließlich verschafft sich der Staat durch den Zwang zur Preisgabe einer Information letztendlich Zugang zu ihr. Das Recht auf Geheimhaltung personenbezogener Daten vor dem Staat umfasst somit das Recht, nicht zur Preisgabe entsprechender Informationen gezwungen zu werden. Dies zeigt sich auch in früheren Entscheidungen der Kommission, die obligatorische Volkszählungen als Eingriffe in Art. 8 EMRK einstufte.[304] Im Fall *Wasmuth* stellte der EGMR fest, dass die Verpflichtung der Angabe der Religionszugehörigkeit auf der Lohnsteuerkarte einen Eingriff in Art. 8 EMRK darstelle.[305]

Das zweite Kriterium, die spätere Verwendung der Information und ihre Vorhersehbarkeit, hingegen bedarf näherer Betrachtung. Immerhin hat der Staat in diesen Fällen die Information bereits erlangt. Das Recht auf Geheimhaltung personenbezogener Daten vor dem Staat greift hier daher nicht. Es gilt somit zu untersuchen, welche Rechte des Datensubjekts an seinen nicht öffentlichen, aber dem Staat bereits bekannten,

---

[302] EGMR, 3.4.2007, 62617/00 (Copland gegen Vereinigtes Königreich) Rz. 42.

[303] EGMR, 14.12.2006, 5433/02 (Shabanov u. Tren gegen Russland) Rz. 46.

[304] EKMR, 6.10.1982, 9702/82 (X gegen Vereinigtes Königreich); EKMR, 26.6.1992 (Anderberg gegen Schweden); siehe auch *Siemen*, Datenschutz, 85.

[305] EGMR, 17.2.2011, 12884/03 (Wasmuth gegen Deutschland) Rz. 74.

personenbezogenen Daten vom EGMR aus Art. 8 EMRK abgeleitet werden. Hierbei kann es sich einerseits um ein Recht auf Geheimhaltung vor der Öffentlichkeit handeln, andererseits muss jedoch auch der Schutz öffentlicher personenbezogener Daten näher betrachtet werden.

bb. Recht auf Geheimhaltung personenbezogener Daten vor der Öffentlichkeit

Der EGMR betont in seiner Rechtsprechung regelmäßig die besondere Bedeutung der Vertraulichkeit medizinischer Daten. Er hielt im Fall *Z. gegen Finnland* fest, dass der Schutz personenbezogener Daten und nicht zuletzt medizinischer Daten von fundamentaler Bedeutung für die Gewährung des Rechts auf Achtung des Privat- und Familienlebens nach Art. 8 EMRK sei. Der Staat müsse dafür Sorge tragen, dass medizinische Daten nicht veröffentlicht werden. In diesem Fall waren medizinische Daten von einer Klinik an ein Gericht weitergegeben worden, wo sie in öffentlichen Verfahren verwendet wurden.[306]

Die Daten waren dem Krankenhaus, das dem Staat zuzuordnen ist, bereits bekannt. Die Beschwerdeführerin hatte sie freiwillig preisgegeben. Der Sachverhalt ist jedoch vom oben erwähnten Fall *Shabanov u. Tren* zu unterscheiden, da die Offenlegung der Informationen im öffentlichen Gerichtsverfahren außerhalb der Kontrolle der Beschwerdeführerin lag und nicht freiwillig erfolgte.[307] Aufgrund dieses Unterschieds stellte der EGMR einen Eingriff in Art. 8 EMRK fest. Es besteht also ein Recht auf Vertraulichkeit der medizinischen Daten, das über das Recht auf Geheimhaltung vor dem Staat hinausgeht. Der Betroffene hat ein Recht darauf, dass personenbezogene Informationen nicht ohne sein Einverständnis der Öffentlichkeit zugänglich gemacht werden.[308] Der Staat darf ihm bereits bekannte Daten nicht weiter verbreiten. Dies gilt insbesondere auch für die Weitergabe von personenbezogenen Da-

---

[306] EGMR, 25.2.1997, 22009/93 (Z. gegen Finnland) Rz. 96; siehe auch EGMR, 17.10.2008, 20511/03 (I. gegen Finnland) Rz. 38; EGMR, 6.6.2013, 1585/09 (Avilkina u.a. gegen Russland) Rz. 30, 45, vgl. auch EGMR 2.10.2012, 7259/03 (Mitkus gegen Lettland) Rz. 124; EGMR, 17.1.2012, 20376/05 (Varapnickaitė-Mažylienė gegen Litauen) Rz. 44.

[307] EGMR, 14.12.2006, 5433/02 (Shabanov u. Tren gegen Russland) Rz. 45.

[308] Vgl. EGMR, 9.10.2014, 37873/04 (Konovalova gegen Russland) Rz. 39 m.w.N.

ten an den Arbeitgeber.[309] Es wird ein Recht auf Geheimhaltung, nicht nur gegenüber dem Staat, sondern auch gegenüber der Öffentlichkeit gewährt.

Medizinische Daten sind allerdings als sensible Daten i.S.v. Art. 6 der Datenschutzkonvention zu qualifizieren, da es sich um personenbezogene Daten, welche die Gesundheit betreffen, handelt.[310] Es kann daher an dieser Stelle lediglich festgehalten werden, dass der EGMR ein Recht auf Geheimhaltung der sensiblen Daten i.S.v. Art. 6 der Datenschutzkonvention vor der Öffentlichkeit aus Art. 8 EMRK ableitet. Zu prüfen bleibt, ob dieses Recht sich auch auf normale, nicht sensible, personenbezogene Daten erstreckt.

In einer Reihe von Fällen stellte der EGMR fest, dass die Veröffentlichung von Aufnahmen, die von den Beschwerdeführern im Polizeirevier gemacht wurden, Eingriffe in Art. 8 EMRK darstellen.[311] Hieraus kann abgeleitet werden, dass der Grundrechtsberechtigte das Recht hat, dass seine personenbezogenen Daten nicht an die Öffentlichkeit weitergegeben werden, wenn staatliche Stellen von ihnen Kenntnis haben. Dies gilt für sensible Daten und für normale personenbezogene Daten.

Das Recht auf Geheimhaltung vor der Öffentlichkeit beinhaltet auch das Recht, nicht vom Staat gezwungen zu werden, bestimmte Informationen offenzulegen. In einer Reihe von Fällen, die Verpflichtungen zur Veröffentlichung von Informationen zum Gegenstand hatten, erklärte der EGMR Art. 8 EMRK für anwendbar. Hierbei handelte es sich teils um medizinische Informationen,[312] teils um die verpflichtende Bekanntgabe einer Vorstrafe an zukünftige Arbeitgeber,[313] teils waren Informationen über die finanzielle Lage einer Person betroffen.[314] Die Verpflichtung zur Veröffentlichung von Informationen stellt somit,

---

[309] EGMR, 15.4.2014, 50073/07 (Radu gegen Moldawien) Rz. 27.

[310] EGMR, 4.12.2008 (GK), 30562/04 und 30566/04 (S. und Marper gegen Vereinigtes Königreich) Rz. 66; EGMR, 13.12.2012, 24029/07 (M.M. gegen Vereinigtes Königreich) 188.

[311] EGMR, 17.7.2003, 63737/00 (Perry gegen Vereinigtes Königreich) Rz. 38; EGMR, 12.12.2013, 20383/04 (Khmel gegen Russland) Rz. 41.

[312] EGMR, 25.3.1992, 13343/87, (B. gegen Frankreich) Rz. 59 ff.

[313] EGMR, 13.12.2012, 24029/07 (M.M. gegen Vereinigtes Königreich) Rz. 189.

[314] EGMR, 25.10.2005, 2428/05 (Wypych gegen Polen).

auch im Internet, einen Eingriff in die Rechte des Art. 8 EMRK dar und bedarf einer Rechtfertigung, wie die Veröffentlichung durch den Staat selbst.[315]

Das Recht auf Privatleben nach Art. 8 EMRK beinhaltet folglich das Recht, seine personenbezogenen Informationen nicht nur vor dem Staat, sondern auch vor der Öffentlichkeit geheim zu halten.[316] Dieses Recht umfasst einerseits das Recht, dass staatliche Stellen die ihnen bekannten personenbezogenen Daten nicht veröffentlichen. Andererseits ist es auch ein Abwehrrecht gegen Verpflichtungen zur Offenlegung von personenbezogenen Informationen.[317]

Das Recht auf Geheimhaltung personenbezogener Daten, sei es vor dem Staat oder vor der Öffentlichkeit, besteht nur hinsichtlich Informationen die der Öffentlichkeit noch nicht bekannt sind. Es bleibt zu untersuchen, ob auch bereits öffentlich zugängliche personenbezogene Daten vom Recht auf Privatleben nach Art. 8 EMRK geschützt sind. Das zweite Kriterium, das der EGMR im Fall *Shabanov u. Tren* aufstellte, die Verwendung einer Information und ihre Vorhersehbarkeit, kann schließlich auch auf öffentlich zugängliche Daten angewendet werden. Immerhin handelte es sich in diesem Fall um öffentlich zugängliche Daten, da der Beschwerdeführer sie freiwillig in einer öffentlichen Verhandlung preisgegeben hatte.[318] Es gilt somit zu überprüfen, welcher Schutz den Betroffenen vor der Verwendung ihrer personenbezogenen Daten durch den Staat zukommt, wenn diese bereits öffentlich zugänglich sind.

b. Sonstiger Schutz personenbezogener Daten

An den nicht-öffentlichen personenbezogenen Daten, hat der Einzelne – wie schon gezeigt wurde – gewisse Rechte, die garantieren, dass die entsprechenden Informationen auch weiterhin für den Staat und die Öffentlichkeit unzugänglich bleiben. Über diese Geheimhaltungsan-

---

[315] *Uerpmann-Wittzack*, German Law Journal 2010, 1252.

[316] Vgl. hierzu auch EuGH, 20.5.2003, C-465/00 (Österreichischer Rundfunk) Rz. 71; EuGH, 9.11.2010, C-92/09 u. C-93/09 (Schecke und Eifert) Rz. 58.

[317] *Pätzold* in Karpenstein/Mayer, EMRK, Art. 8 Rz. 33; *Marauhn/Thorn* in Dörr/Grote/Marauhn, EMRK/GG^2, Rz. 30.

[318] EGMR, 14.12.2006, 5433/02 (Shabanov u. Tren gegen Russland) Rz. 45.

sprüche hinaus gesteht der EGMR jedoch weiteren Schutz personenbezogener Daten zu.

Der Staat ist in der Verwendung der personenbezogenen Daten einer Person selbst dann noch eingeschränkt, wenn er sie rechtmäßig erlangt hat. Es wurde bereits gezeigt, dass das Datensubjekt ein Recht darauf hat, dass seine nicht-öffentlichen personenbezogenen Daten nicht von staatlichen Stellen veröffentlicht werden. In einer ganzen Reihe von Urteilen stellte der EGMR darüber hinaus fest, dass auch öffentliche Informationen in den Schutzbereich von Art. 8 EMRK fallen können.[319] Dies führte der Gerichtshof auch im Fall *Uzun* aus. Er stellte Folgendes fest:

> „Es gibt eine Reihe von Elementen, die bei der Entscheidung relevant sind, ob das Privatleben einer Person von Maßnahmen außerhalb ihrer Wohnung betroffen ist. Da es Fälle gibt, in denen sich die Leute wissentlich oder absichtlich Aktivitäten zuwenden, die aufgenommen werden könnten oder über die berichtet werden könnte, stellt die begründete Erwartung hinsichtlich der Privatsphäre einen wichtigen, aber nicht notwendigerweise entscheidenden Faktor dar. Eine Person, die die Straße hinunter geht ist unvermeidbar sichtbar für jedes Mitglied der Öffentlichkeit, das auch anwesend ist. Die Überwachung der gleichen öffentlichen Szene mit technischen Mitteln (beispielsweise ein Wachmann, der über ein geschlossenes Kameraüberwachungssystem zuschaut) habe ähnlichen Charakter. Das Privatleben kann jedoch betroffen sein, wenn eine systematische oder dauerhafte Aufzeichnung von solchem Material aus der öffentlichen Sphäre angelegt wird.“[320]

---

[319] Siehe z.B. EGMR, 4.5.2000, 28341/95 (Rotaru gegen Rumänien) Rz. 43; EGMR, 28.1.2003, 44647/98 (Peck gegen Vereinigtes Königreich) Rz. 58-59.

[320] EGMR, 2.9.2010, 35623/05 (Uzun gegen Deutschland) Rz. 44: „There are a number of elements relevant to a consideration of whether a person's private life is concerned by measures effected outside a person's home or private premises. Since there are occasions when people knowingly or intentionally involve themselves in activities which are or may be recorded or reported in a public manner, a person's reasonable expectations as to privacy may be a significant, although not necessarily conclusive, factor (…). A person walking along the street will inevitably be visible to any member of the public who is also present. Monitoring by technological means of the same public scene (for example, a security guard viewing through closed-circuit television) is of a similar character (…). Private-life considerations may arise, however, once any systematic or

Eine Überwachung, auch mittels technischer Mittel, misst der EGMR also zunächst anhand des *„reasonable expectation of privacy"*-Tests. Wenn die Person nicht davon ausgehen kann, dass sie sich in einem privaten Raum befindet, dann ist auch das Überwachen mittels Videokamera als solches noch kein Eingriff.[321] Der Gerichtshof überprüft somit als erstes, ob in das Recht auf Privatsphäre – bzw. das Recht auf Geheimhaltung personenbezogener Daten vor dem Staat – eingegriffen wurde. Ist das nicht der Fall, kann dennoch ein Eingriff in Art. 8 EMRK vorliegen, nämlich dann, wenn systematische oder permanente Aufzeichnungen der öffentlich zugänglichen Informationen gemacht wurden.[322]

An späterer Stelle nannte der EGMR die Kriterien, die bei der Beurteilung, ob öffentliche Informationen in den Anwendungsbereich des Art. 8 EMRK fallen, zu berücksichtigen sind:

> „Weitere Elemente, die der Gerichtshof in diesem Zusammenhang berücksichtigt hat, beinhalten die Frage, ob eine Sammlung von Daten über eine bestimmte Person vorgenommen wurde, ob personenbezogene Daten verarbeitet oder verwendet wurden oder ob das fragliche Material auf eine Weise veröffentlich wurde, die in der Art oder im Ausmaß über das normalerweise Vorhersehbare hinausgeht."[323]

Er nennt somit drei mögliche Verwendungen von öffentlichen personenbezogenen Daten, die jeweils für sich Eingriffe in Art. 8 EMRK

---

permanent record comes into existence of such material from the public domain."

[321] Siehe aber VG Berlin, 5.7.2010, 1 K 905/09, das einen Eingriff in das Recht auf informationelle Selbstbestimmung in der Videoüberwachung – auch ohne Aufzeichnung – erkennt; s. auch *Bausch*, Videoüberwachung, 25 ff.; *Kutscha/Thomé*, Grundrechtsschutz, 29 f.

[322] Siehe auch EGMR, 25.9.2001, 44787/98 (P.G. und J.H. gegen Vereinigtes Königreich) Rz. 57; EGMR, 28.1.2003, 44647/98 (Peck gegen Vereinigtes Königreich) Rz. 58 f; EGMR, 17.7.2003, 63737/00 (Perry gegen Vereinigtes Königreich) Rz. 38.

[323] EGMR, 2.9.2010, 35623/05 (Uzun gegen Deutschland) Rz. 45: „Further elements which the Court has taken into account in this respect include the question whether there has been compilation of data on a particular individual, whether there has been processing or use of personal data or whether there has been publication of the material concerned in a manner or degree beyond that normally foreseeable."

darstellen: Die Sammlung von mehreren Daten über eine bestimmte Person, die Verarbeitung personenbezogener Daten und – parallel zum Recht auf Geheimhaltung vor der Öffentlichkeit – die unvorhersehbare Weiterveröffentlichung. Hier wird deutlich, dass der EGMR in seiner Rechtsprechung, zumindest in den letzten Jahren, eine einheitliche Linie verfolgt. Schließlich sind alle drei *Uzun*-Kriterien letztendlich Formen der Verwendung von personenbezogener Daten und ihrer Vorhersehbarkeit für das Datensubjekt. Diese Kriterien sind folglich Spezifizierungen des zweiten Kriteriums im Fall *Shabanov u. Tren.*

aa. Der Schutz vor Datensammlungen

Wie bereits erwähnt, nennt der EGMR im Fall *Uzun* als erstes Kriterium die Sammlung von Daten über eine bestimmte Person. Der französische Wortlaut des Urteils („*la Cour a pris en considération à cet égard si des informations avaient été recueillies sur une personne bien précise*") könnte zwar dahingehend interpretiert werden, dass der EGMR hier auf die Erhebung der Daten abstellt und es sich um ein Problem der Geheimhaltung von personenbezogenen Daten handelt. Bei genauerer Betrachtung erweist es sich jedoch als überzeugender, hierin ein Verbot der systematischen Sammlung von Informationen über eine Person zu sehen – unabhängig von der Form der Erhebung.

Zunächst zeigt schon die Formulierung der Begründung in der englischen Fassung diese Tendenz. Unter dem englischen Wort „*compilation*" ist schließlich eine Sammlung oder Zusammenstellung zu verstehen. Zudem stützt sich der EGMR in den folgenden Ausführungen im Fall *Uzun* auf seine frühere Rechtsprechung zur Speicherung von Daten in Datenbanken durch Sicherheitsbehörden.[324] Er hebt besonders hervor, dass es nicht darauf ankommt, dass geheime Überwachungsmaßnahmen eingesetzt wurden. Hierbei verweist er unter anderem auf die Fälle *Rotaru* und *Peck*, in denen der EGMR ausdrücklich feststellte, dass auch öffentliche Informationen in den Anwendungsbereich des Art. 8 EMRK fallen, wenn sie von staatlichen Organen systematisch gesammelt und gespeichert werden.[325] Auch im Fall *Leander* hatte er lediglich festgestellt, dass Speichern von Daten mit Bezug zum Privatle-

[324] EGMR, 2.9.2010, 35623/05 (Uzun gegen Deutschland) Rz. 46.

[325] EGMR, 4.5.2000, 28341/95 (Rotaru gegen Rumänien) Rz. 43 f.; EGMR, 28.1.2003, 44647/98 (Peck gegen Vereinigtes Königreich) Rz. 59.

ben in einer geheimen Datenbank einen Eingriff in Art. 8 EMRK darstellt, ohne näher darauf einzugehen, woher die Daten kamen.[326]

Die Sammlung von rechtmäßig erworbenen personenbezogenen Daten über eine bestimmte Person stellt somit das grundrechtlich relevante Verhalten des Staats dar. Hierbei ist das bloße Speichern in einer Datenbank hinreichend. Dies stellte der EGMR im Fall *Amann* fest,[327] auf den er ebenfalls im Fall *Uzun* hinwies. Er betonte insbesondere, dass es sich nicht um sensible Daten handelte und dass die Daten niemals abgerufen wurden.[328] Auch im Fall *Uzun* lag eine Sammlung von personenbezogenen Daten über eine bestimmte Person vor, die einen Eingriff in Art. 8 EMRK darstellte. Die Behörden hatten den Beschwerdeführer über drei Monate hinweg mittels GPS überwacht und systematisch Daten über seine Aufenthaltsorte und Bewegungen im öffentlichen Raum gesammelt.[329]

Es kann an dieser Stelle festgehalten werden, dass eine systematische Sammlung von personenbezogenen Daten einer Person in einer Datenbank einen Eingriff in deren aus Art. 8 EMRK folgenden Rechte darstellt.[330] Das Recht auf Privatleben beinhaltet somit ein Verbot, personenbezogene Daten – ob öffentlich zugänglich oder nicht – systematisch zu sammeln und zu speichern. Es bietet Schutz vor der Anhäufung von Daten, die in ihrer Gesamtheit durch Profilbildung Informationen über das Datensubjekt liefern können.[331] Hierbei kommt es nicht darauf an, ob die personenbezogenen Daten jemals abgerufen oder weiterverarbeitet wurden.

---

[326] EGMR, 26.3.1987, 9248/81 (Leander gegen Schweden) Rz. 48.

[327] EGMR, 16.2.2000, 27798/95 (Amann gegen Schweiz) Rz. 65 ff.

[328] EGMR, 2.9.2010, 35623/05 (Uzun gegen Deutschland) Rz. 46.

[329] EGMR, 2.9.2010, 35623/05 (Uzun gegen Deutschland) Rz. 51.

[330] Vgl. hierzu Zweiter Teil, A. II. 1.

[331] Siehe zum Verbot von Persönlichkeitsprofilen durch das allgemeine Persönlichkeitsrecht Art. 2 I i.V.m. Art. 1 I GG BVerfG, 16.07.1969, 1 BvL 19/63 (Mikrozensus); BVerfG, 15.12.1983, 1 BvR 209, 269, 362, 420, 440, 484/83 (Volkszählung); im Überblick *Polenz* in Kilian/Heussen, Computerrecht, Rz. 18 ff. (29. Erg.Lfg. 2011).

bb. Der Schutz vor Verarbeitung und Verwendung personenbezogener Daten durch den Staat

Das Recht auf Privatleben nach Art. 8 EMRK kann jedoch auch betroffen sein, wenn keine Sammlung mehrerer Daten über eine bestimmte Person existiert. Dies ist dann der Fall, wenn einzelne personenbezogene Daten verarbeitet oder anders verwendet werden.

Bereits 1994 sah die EKMR im Fall *Friedl* einen Eingriff in Art. 8 Abs. 1 EMRK in der behördeninternen Weiterverarbeitung von Daten, die insbesondere der Identifizierung des Beschwerdeführers diente.[332] Im Fall *P.G. u. J.H.* stellte der Gerichtshof fest, dass die Aufnahme einer Stimmprobe während eines Verhörs einen Eingriff in Art. 8 EMRK darstelle. Es war eine dauerhafte Aufnahme gemacht worden, die in Verbindung mit anderen personenbezogenen Daten für die Identifizierung des Beschwerdeführers relevant war. Dies, so stellte der EGMR fest, müsse als Verarbeitung von personenbezogenen Daten betrachtet werden. Folglich liege ein Eingriff vor.[333] Im Fall *Perry* stellte der Gerichtshof Gleiches für die Videoaufnahmen fest, die im Polizeirevier vom Beschwerdeführer gemacht wurden und anschließend zu seiner Identifizierung verwendet wurden.[334] Im Fall *S. u. Marper* wendete der EGMR diese Rechtsprechung auch auf Fingerabdrücke an, die, wie das eigene Bild oder Stimmproben, externe Identifikationsmerkmale in sich tragen.[335]

Doch nicht nur dann, wenn die Verarbeitung der Identifizierung einer Person dient, stellt sie einen Eingriff in Art. 8 EMRK dar. Im Fall *Uzun* stellte der EGMR, nachdem er sich auf seine Ausführungen in den Fällen *P.G. u. J.H.* und *Perry* berufen hatte, ebenfalls einen Eingriff in die aus Art. 8 EMRK folgenden Rechte fest. Er betonte, dass die über den Beschwerdeführer mittels GPS-Überwachung gesammelten Daten nicht nur gespeichert worden waren, sondern auch dazu verwendet worden waren, ein Bewegungsprofil des Beschwerdeführers zu erstellen und

---

[332] EKMR (Report), 19.5.1994, 15225/89 (Friedl gegen Österreich); *Siemen*, Datenschutz, 104 ff.

[333] EGMR, 25.9.2001, 44787/98 (P.G. und J.H. gegen Vereinigtes Königreich) Rz. 59 ff.

[334] EGMR, 17.7.2003, 63737/00 (Perry gegen Vereinigtes Königreich) Rz. 40 ff.

[335] EGMR, 4.12.2008 (GK), 30562/04 und 30566/04 (S. u. Marper gegen Vereinigtes Königreich) Rz. 81, 84.

zusätzliche Beweise an den Plätzen, an denen er gewesen war, zu sammeln, die später gegen ihn verwendet wurden.[336]

Die Verarbeitung und Verwendung (*„processing and use“*) von personenbezogenen Daten stellt für sich, unabhängig von der zuvor erfolgten Sammlung, einen Eingriff in Art. 8 EMRK dar. Hierbei kommt es nicht auf die Mengen der gesammelten personenbezogenen Daten an. Der EGMR bedient sich scheinbar wieder der Terminologie der Datenschutzkonvention. Nach Art. 1 der Datenschutzkonvention ist es ihr Zweck,

> „im Hoheitsgebiet jeder Vertragspartei für jedermann ungeachtet seiner Staatsangehörigkeit oder seines Wohnorts sicherzustellen, daß seine Rechte und Grundfreiheiten, insbesondere sein Recht auf einen Persönlichkeitsbereich, bei der automatischen Verarbeitung personenbezogener Daten geschützt werden („Datenschutz“).“

In der englischen Version ist von *„automatic processing of personal data“* die Rede. Laut Art. 2c der Konvention sind unter „automatischer Verarbeitung“ das Speichern von Daten, das Durchführen logischer und/oder rechnerischer Operationen mit diesen Daten, das Verändern, Löschen, Wiedergewinnen oder Bekanntgeben von Daten zu verstehen, wenn diese Tätigkeiten ganz oder teilweise mit Hilfe automatisierter Verfahren durchgeführt werden.

Es fällt allerdings auf, dass der EGMR die Beschränkung auf automatische Verarbeitungen nicht übernimmt. Er verwendet den Ausdruck *„processing and use“* und nicht, wie die Datenschutzkonvention, *„automatic processing“*.[337] Er sah im Fall *Uzun* auch in der Sammlung weiterer Beweise an den Orten, an denen sich der Beschwerdeführer aufgehalten hatte, eine Verwendung der personenbezogenen Daten. Im Fall *F.J. u. E.B.* stellte er fest, dass die Aufbewahrung personenbezogener Daten in Akten aus Papier einen Eingriff in das Recht auf Privatleben darstelle.[338] Das Merkmal „automatisch“ wird in der Rechtsprechung des EGMR auf Ebene der Rechtfertigung ausschlaggebend, wo der Gerichtshof besondere Schutzmaßnahmen verlangt, wenn perso-

---

[336] EGMR, 2.9.2010, 35623/05 (Uzun gegen Deutschland) Rz. 51.

[337] EGMR, 2.9.2010, 35623/05 (Uzun gegen Deutschland) Rz. 45.

[338] EGMR, 25.3.2014, 2362/08 u. 26271/08 (F.J. u. E.B. gegen Österreich) Rz. 71 f.

nenbezogene Daten automatisch verarbeitet werden.[339] Er leitet also aus dem Recht auf Privatleben nach Art. 8 EMRK ein Recht ab, dass dem Einzelnen Schutz vor jeder Form von Verwendung und Verarbeitung seiner personenbezogenen Daten durch den Staat gewährt und folgt damit im Ergebnis sowohl dem deutschen Verfassungsrecht[340] als auch der DatenschutzRL der EU, die in Erwägungsgrund 27 ausdrücklich klarstellt, dass Datenschutz sowohl für automatisierte als auch für nicht automatisierte Verarbeitungen gelten muss.[341]

cc. Das Recht auf vertrauliche Behandlung personenbezogener Daten durch staatliche Stellen

Einen Unterfall der Verwendung personenbezogener Daten stellt die Bekanntgabe derselben dar. Der EGMR hebt somit mit seinem letzten Kriterium im Fall *Uzun* noch einmal eine besondere Form der Verwendung hervor. Er schränkt hierbei den Schutzbereich des Art. 8 EMRK wieder ein, indem er den Schutz vor Veröffentlichung personenbezogener Daten von der begründeten Erwartung des Datensubjekts abhängig macht.

Bereits 1987 sah der EGMR im Fall *Leander* den Eingriff in Art. 8 EMRK nicht nur in der Speicherung von Daten mit Bezug zum Privatleben in einer geheimen Datenbank, sondern auch in der Weitergabe dieser Daten.[342] Im Fall *M.S.* stellte der Gerichtshof ausdrücklich fest, dass die Weitergabe von personenbezogenen Daten von einer staatlichen Stelle an eine andere auch dann einen Eingriff in Art. 8 EMRK

---

[339] EGMR, 4.12.2008 (GK), 30562/04 und 30566/04 (S. und Marper gegen Vereinigtes Königreich) Rz. 103; EGMR, 17.12.2009, 16428/05 (Gardel gegen Frankreich) Rz. 62; EGMR, 25.3.2014, 2362/08 u. 26271/08 (FJ. u. EB. gegen Österreich) Rz. 77; siehe hierzu ausführlich Dritter Teil, A. I. 2. a. bb.

[340] Zum Recht auf informationelle Selbstbestimmung, das ebenfalls auch manuell registrierte Daten erfasst *Di Fabio* in Maunz/Dürig, Art. 2 Rz. 176 m.w.N.

[341] Richtlinie 95/46/EG des Europäischen Parlaments und des Rates vom 24. Oktober 1995 zum Schutz natürlicher Personen bei der Verarbeitung personenbezogener Daten und zum freien Datenverkehr, Abl L 1995/281, 31 idF 2003/284.

[342] EGMR, 26.3.1987, 9248/81 (Leander gegen Schweden) Rz. 48.

darstellt, wenn die Daten weiterhin vertraulich bleiben.[343] Auch im Fall *Weber u. Saravia* betonte der EGMR, dass die Weitergabe personenbezogener Daten und die Verarbeitung dieser separate Eingriffe in die aus Art. 8 EMRK folgenden Rechte darstellen.[344] Im Fall *Peck* bezog sich der Gerichtshof auf seine Rechtsprechung im Fall *Z. gegen Finnland*, ohne besonders auf die Rolle der medizinischen Daten hinzuweisen. Wo es im Fall *Z. gegen Finnland* noch hieß *„the protection of personal data, not least medical data, is of fundamental importance“*,[345] führte der EGMR im Fall *Peck* nur mehr aus, dass *„the protection of personal data was of fundamental importance to a person's enjoyment of his or her right to respect for private life“*.[346] Im Anschluss stellte er fest, dass die Veröffentlichung von Bildmaterial über den Beschwerdeführer einen Eingriff in Art. 8 EMRK darstelle, obwohl der Beschwerdeführer nicht geltend gemacht hatte, dass die Aufnahme und Speicherung der Bilder einen Eingriff in seine Rechte darstelle. Er betonte hierbei insbesondere, dass der Beschwerdeführer das Ausmaß, in dem sein Verhalten der Öffentlichkeit durch die Veröffentlichung der Aufnahmen zugänglich gemacht wurde, unmöglich hätte vorhersehen können.[347]

Die Nähe zur Rechtsprechung des Gerichtshofs zur Privatsphäre ist auffällig. Der EGMR hält fest, dass die Veröffentlichung von Material, das an einem öffentlichen Platz aufgenommen wurde, dann in den Anwendungsbereich des Art. 8 EMRK fällt, wenn die Art oder das Ausmaß unvorhersehbar war.[348] Im Ergebnis wird also das Konzept der *„reasonable expectation“* über die Privatsphäre hinaus, auf die Vertraulichkeit der Informationen über Verhalten, das explizit nicht mehr von der *„reasonable expectation of privacy“* gedeckt war, erstreckt. Es lassen

---

[343] EGMR, 27.8.1997, 20837/92 (M.S. gegen Schweden) Rz. 35; vgl. auch *Pätzold* in Karpenstein/Mayer, EMRK, Art. 8 Rz. 30.

[344] EGMR, 29.6.2006, 54934/00 (Weber u. Saravia gegen Deutschland) Rz. 79

[345] EGMR, 25.2.1997, 22009/93 (Z. gegen Finnland) Rz. 96.

[346] EGMR, 28.1.2003, 44647/98 (Peck gegen Vereinigtes Königreich) Rz. 78.

[347] EGMR, 28.1.2003, 44647/98 (Peck gegen Vereinigtes Königreich) Rz. 60, 78 ff., vgl. auch EGMR, 2.9.2010, 35623/05 (Uzun gegen Deutschland), Rz. 48 letzter Satz.

[348] EGMR, 2.9.2010, 35623/05 (Uzun gegen Deutschland), Rz. 48 letzter Satz: „the publication of material obtained in public places in a manner or degree beyond that normally foreseeable may also bring recorded data or material within the scope of Article 8 § 1“.

sich Ansätze der Zweckbindung erkennen. Die Daten dürfen nur für die dem Datensubjekt bekannten Zwecke verwendet werden. Sensible Daten, und insbesondere medizinische Daten, sind vom Staat hingegen unabhängig von der Erwartung des Datensubjekts vertraulich zu behandeln. Dies zeigt sich in den Ausführungen des EGMR im Fall *Z. gegen Finnland*, wo er die Bedeutung der Aufrechterhaltung des Vertrauens in den Berufsstand der Ärzte und das Gesundheitssystem als Ganzes betont.[349]

Es kann an dieser Stelle festgestellt werden, dass das Recht auf vertrauliche Behandlung personenbezogener Daten auch an bereits öffentlich zugänglichen Informationen besteht. Schließlich waren die Daten im Fall *Peck* klar öffentlich zugängliche Informationen; der Beschwerdeführer war immerhin auf offener Straße gefilmt worden.[350] Dennoch stellte die Weiterverbreitung des Bildmaterials durch staatliche Stellen einen Eingriff in Art. 8 EMRK dar, wenn das Datensubjekt nicht damit rechnen musste.[351] Dieses Recht ist eng verbunden mit dem Recht auf Geheimhaltung personenbezogener Daten vor der Öffentlichkeit. Es umfasst letzteres, geht aber im Schutzumfang noch darüber hinaus. Zusätzlich zur Gewährleistung der Geheimhaltung vor der Öffentlichkeit, bietet es auch Schutz vor Weiterverbreitung bereits öffentlicher Daten und ein Verbot der Weitergabe personenbezogener Daten zwischen den staatlichen Stellen. Es bindet die Verarbeitung von Daten durch staatliche Stellen somit an die Zwecke, für die sie erhoben wurden.

[349] EGMR, 25.2.1997, 22009/93 (Z. gegen Finnland) Rz. 96.

[350] So auch VwGH, 28.5.2013, 2011/17/0066 (Echtzeitüberwachung); siehe aber VG Berlin, 5.7.2010, 1 K 905/09, das einen Eingriff in das Recht auf informationelle Selbstbestimmung in der Videoüberwachung – auch ohne Aufzeichnung – erkennt; siehe auch *Bausch*, Videoüberwachung, 25 ff.; *Kutscha/Thomé*, Grundrechtsschutz, 29 f.; zu Art. 50a Abs. 1 DSG siehe *Pürgy* in Raschauer N., Datenschutzrecht, 112.

[351] EGMR, 28.1.2003, 44647/98 (Peck gegen Vereinigtes Königreich) Rz. 60, 78 ff.; vgl. auch EGMR, 17.7.2003, 63737/00 (Perry gegen Vereinigtes Königreich) Rz. 38; EGMR, 2.9.2010, 35623/05 (Uzun gegen Deutschland), Rz. 48 letzter Satz; EGMR, 12.12.2013, 20383/04 (Khmel gegen Russland) Rz. 41.

c. Kein eigenständiges Recht auf Zugang zu den vom Staat gespeicherten Daten

In der Literatur wird die Verweigerung des Zugangs zu den vom Staat gespeicherten Informationen teils als Eingriff in Art. 8 EMRK gesehen.[352] Dies setzt voraus, dass es ein allgemeines Recht auf Zugang zu den vom Staat gespeicherten Daten gibt. Das Recht auf Zugang zu den vom Staat gespeicherten Daten, verbunden mit Berichtigungs- und Löschungsansprüchen sowie verfahrensrechtlichen Garantien ist auch in Art. 8 der Datenschutzkonvention, in Art. 12 der DatenschutzRL sowie in den nationalen Bestimmungen, genannt seien hier insbesondere § 6 BDSG und §§ 26 ff. des DSG 2000, zu finden. Es muss daher geprüft werden, ob aus Art. 8 EMRK ein allgemeines Recht auf Zugang zu den vom Staat gespeicherten Daten besteht.

Im Fall *Leander* stellte der EGMR klar, dass die Speicherung der personenbezogenen Daten in Verbindung mit der Weigerung, dem Beschwerdeführer Zugang zu ihnen zu verschaffen, einen Eingriff in das Recht auf Achtung des Privatlebens nach Art. 8 EMRK darstellt.[353] Die Weigerung des Zugangs stellt demnach keinen eigenständigen Eingriff dar, sondern ist in Verbindung mit der Speicherung zu sehen.[354] Dies lässt sich auch aus späteren Urteilen des EGMR ablesen. So verwies der Gerichtshof im Fall *Segerstedt-Wiberg* bei der Feststellung eines Eingriffs durch die Weigerung der Behörden, der Beschwerdeführerin volle Information über die gespeicherten Daten zukommen zu lassen, ausdrücklich auf jene Absätze des Urteils, in denen er feststellte, dass die Speicherung der Daten, von deren Speicherung die Beschwerdeführer Kenntnis erlangt hatten, einen Eingriff darstellte.[355] Auch hier stellt der Eingriff eine Kombination aus Speicherung und Verweigerung des Zugangs dar. Anderenfalls wäre es schwer zu begründen, weshalb hier nicht ein Unterlassen des Staats statt einem aktiven Tun grundrechtlich zu problematisieren ist.[356]

---

352 *Siemen*, Datenschutz, 133 ff.; siehe auch *van Dijk/van Hoof/van Rijn/Zwaak*, ECHR[4], 666 ff.

353 EGMR, 26.3.1987, 9248/81 (Leander gegen Schweden) Rz. 48.

354 *Siemen*, Datenschutz, 182.

355 EGMR, 6.6.2006, 62332/00 (Segerstedt-Wiberg gegen Schweden) Rz. 99.

356 Vgl. *Siemen*, Datenschutz, 187 zum Fall EKMR, 5.4.1996, 25099/94 (Martin gegen Schweiz).

Das Unterlassen der Gewährung des Zugangs zu Information durch den Staat stand 1989 im Fall *Gaskin* im Mittelpunkt. Hier stellte der EGMR fest, dass die Weigerung der Behörden, dem Beschwerdeführer Zugang zu den Daten über seine frühe Kindheit, die er in Heimen und Pflegefamilien verbracht hatte, zu gewähren, keinen Eingriff, wie er im Fall *Leander* vorlag, darstelle, sondern zu prüfen sei, ob eine positive Verpflichtung nicht eingehalten worden sei.[357] Den Fall *Gaskin*, wie es *Siemen* tut,[358] in die Untersuchung der Frage hinzuzuziehen, ob die Verweigerung des Zugangs zu Informationen allgemein einen Eingriff in das Recht auf Achtung des Privatlebens darstellt, ist insofern irreführend, als der Fall *Gaskin* das Recht auf Kenntnis der eigenen Identität betrifft und keine allgemeinen datenschutzrechtlichen Aussagen hieraus abgeleitet werden können. Dies betonte der EGMR selbst und weist ausdrücklich darauf hin, dass aus seinen Ausführungen keine Schlussfolgerungen über ein allgemeines Recht auf Zugang zu Informationen gezogen werden könnten.[359] Auch in späteren Urteilen, verweist der Gerichtshof auf den Fall *Gaskin*, wenn er betont, dass das Recht auf Achtung des Privatlebens es fordere, dass jeder in der Lage sei, Details über seine Identität als Mensch zu erlangen und dass die Berechtigung, solche Informationen zu erhalten, von großer Bedeutung für die Persönlichkeitsentwicklung einer Person sei.[360]

Der EGMR erkennt daher kein allgemeines Recht des Zugangs zu den vom Staat gespeicherten Daten nach Art. 8 EMRK an. Die Verweigerung dieses Zugangs ist vielmehr stets in Verbindung mit der Speicherung zu sehen. Hier intensiviert sie den Eingriff, was sich auf Ebene der Rechtfertigung auswirkt.

d. Das Recht auf informationelle Selbstbestimmung nach Art. 8 EMRK

Wie soeben gezeigt wurde, bietet Art. 8 EMRK, auch wenn er kein allgemeines Recht auf Zugang zu den vom Staat gespeicherten Daten gewährt, dem Einzelnen Schutz gegen die unbegrenzte Erhebung, Speicherung, Verwendung und Weitergabe seiner persönlichen Daten. Der

---

[357] EGMR, 7.7.1989, 10454/83 (Gaskin gegen Vereinigtes Königreich) Rz. 41.

[358] *Siemen*, Datenschutz, 182 ff.

[359] EGMR, 7.7.1989, 10454/83 (Gaskin gegen Vereinigtes Königreich) Rz. 37.

[360] EGMR, 20.12.2007, 23890/02 (Phinikaridou gegen Zypern) Rz. 45, vgl. auch EGMR, 13.2.2003; 42326/98 (Odièvre gegen Frankreich) Rz. 40 ff.

Betroffene hat Geheimhaltungsansprüche sowie Rechte, die seine Daten darüber hinaus schützen. Es kann daher ohne weiteres von einem Recht auf Datenschutz nach Art. 8 EMRK gesprochen werden.[361] Offen bleibt an dieser Stelle noch, ob dieses Recht als „Recht auf informationelle Selbstbestimmung“[362] bezeichnet werden kann. Dies ist in der Literatur umstritten. Während einige Autoren, von einem Recht auf informationelle Selbstbestimmung nach Art. 8 EMRK ausgehen,[363] streiten andere dies ab:

Paeffgen kommt beispielsweise zu dem Schluss, es gebe ein Recht auf informationelle Selbstbestimmung nach Art. 8 EMRK nur insoweit, als es um die Abwehr von staatlichen Eingriffen geht und gegenüber Informationsvorgängen, die einen besonders engen Bezug zum privaten oder familiären Lebensbereich der betroffenen Personen haben. Er verweist hierzu auf *Wildhaber.*[364] *Berka* geht davon aus, dass nur Daten mit besonders engem Bezug zum Privatleben in den Schutzbereich des Art. 8 EMRK fallen, und lehnt die Ableitung eines Rechts auf informationelle Selbstbestimmung aus Art. 8 EMRK mit der Begründung ab, der EGMR habe im Fall *S. u. Marper* den Eingriff durch die Speicherung von DNA-Profilen, von zellularem Material und von Fingerabdrücken nur aufgrund der Gefahren für die Integrität der Person festgestellt.[365] Hierbei unterscheidet er nicht zwischen den Ausführungen des EGMR zu den DNA-Profilen und jenen zu Fingerabdrücken.

Der EGMR differenzierte im Fall *S. u. Marper* jedoch ausdrücklich zwischen DNA-Profilen und Zellproben auf der einen Seite und Fingerabdrücken auf der anderen Seite. Während er die besonderen Gefahren, die mit der Speicherung von DNA-Profilen und Zellproben einhergehen, betont, stellt er explizit fest, dass Fingerabdrücke weniger Informationen enthalten als Zellmaterial. Anschließend verweist er hin-

---

[361] *Grabenwarter*, ECHR, Art. 8 Rz. 10; *Siemen*, Datenschutz, 129; *Uerpmann-Wittzack/Jankowska-Gilberg*, MMR 2008, 86.

[362] Vgl. BVerfG, 15.12.1983, 1 BvR 209, 269, 362, 420, 440, 484/83 (Volkszählung); VfGH, 27.6.2014, G 47/2012-49 u.a. (Vorratsdatenspeicherung).

[363] *Ennöckl* in FS Machacek/Matscher, 95; *Grabenwarter/Pabel*, EMRK[5], § 22 Rz. 40; *Schmahl*, JZ 2014, 227; vgl. auch *Hoffmann-Riem*, AöR 1998, 519; noch zurückhaltend *Siemen*, Datenschutz, 132 ff.

[364] *Paeffgen*, SK-StPO Band X, Art. 8 Rz. 44 m.H.a. *Wildhaber* in Pabel/Schmahl, IK, Art. 8 Rz. 336.

[365] *Berka*, Das Grundrecht auf Datenschutz, 72.

sichtlich der Fingerabdrücke auf seine Rechtsprechung bezüglich des Rechts am eigenen Bild sowie am eigenen Wort und kommt in der Folge zu dem Ergebnis, dass ein Eingriff vorliegt. Entscheidend für das Vorliegen eines Eingriffs sind das fehlende Einverständnis und die mögliche Identifizierung der Beschwerdeführer.[366] Es stimmt zwar, dass man aus den Ausführungen zu den DNA-Profilen und Zellproben aufgrund der besonders sensiblen Natur der betroffenen Informationen noch kein allgemeines Recht auf informationelle Selbstbestimmung ableiten könnte. Das Recht auf informationelle Selbstbestimmung dient jedoch gerade der freien Persönlichkeitsentwicklung und soll sie vor andernfalls drohenden Gefahren schützen.[367] Die Rückführung des Eingriffs in Art. 8 EMRK auf Gefahren für die persönliche Integrität einer Person durch den Gerichtshof kann also keineswegs als Argument gegen die Herleitung eines Rechts auf informationelle Selbstbestimmung verwendet werden.

Aus den Ausführungen des EGMR zu den Fingerabdrücken, die zwar die Identifizierung einer Person ermöglichen, darüber hinaus jedoch keinerlei Informationen enthalten, lässt sich jedoch ein solches Recht ableiten. Schließlich räumt er dem Beschwerdeführer durch den Verweis auf die Rechtsprechung zum Recht am eigenen Bild das Recht ein, die Verwendung dieser personenbezogenen Daten zu kontrollieren und eine Veröffentlichung gegebenenfalls zu verweigern.[368] Zudem betont der EGMR, dass die Speicherung der Daten ohne die Zustimmung der Beschwerdeführer einen Eingriff darstelle. Die fehlende Zustimmung der Beschwerdeführer ist Voraussetzung für das Vorliegen eines Eingriffs. Gerade hierin liegt jedoch ein Merkmal, das für ein Recht auf informationelle Selbstbestimmung spricht. Schließlich ist das Institut der Einwilligung der Prototyp eines Instruments der Selbstbestimmung.[369]

---

[366] EGMR, 4.12.2008 (GK), 30562/04 und 30566/04 (S. u. Marper gegen Vereinigtes Königreich) Rz. 70 ff.

[367] Siehe zum GG BVerfG, 15.12.1983, 1 BvR 209, 269, 362, 420, 440, 484/83 (Volkszählung) Rz. 155.

[368] EGMR, 4.12.2008 (GK), 30562/04 und 30566/04 (S. u. Marper gegen Vereinigtes Königreich) Rz. 84; zum Recht am eigenen Bild EGMR, 7.2.2012, 40660/08 und 60641/08 (von Hannover gegen Deutschland (Nr 2)) Rz. 96; siehe auch EGMR, 19.9.2013, 8772/10 (von Hannover gegen Deutschland (Nr. 3)) Rz. 41; siehe auch EGMR, 12.12.2013, 20383/04 (Khmel gegen Russland) Rz. 40.

[369] *Hoffmann-Riem*, JZ 2014, 54.

Im Folgenden soll das Element der Selbstbestimmung als Teil des Datenschutzes nach Art. 8 EMRK näher analysiert werden. Hierbei wird die Frage nach dem Erfordernis der Einwilligung durch das Datensubjekt gestellt. Es wird untersucht, inwiefern dem Einzelnen die Möglichkeit eingeräumt wird, selbst zu bestimmen, was mit seinen personenbezogenen Daten geschieht, ob ihm also eine Befugnis eingeräumt wird, grundsätzlich selbst über die Preisgabe und Verwendung seiner Daten zu bestimmen.[370]

Im Fall *Shabanov u. Tren* hielt der Gerichtshof fest, dass es relevant ist, ob die Preisgabe einer Information freiwillig erfolgte.[371] Werden die Daten freiwillig preisgegeben, so kann in der Folge das Recht auf Geheimhaltung vor dem Staat nicht mehr geltend gemacht werden. Das Recht auf Geheimhaltung personenbezogener Daten vor dem Staat beinhaltet somit das Recht, Daten dem Staat preiszugeben, wenn man dies möchte. Das Datensubjekt kann bestimmen, welche Daten geheim bleiben sollen und welche nicht.

Elemente der Selbstbestimmung äußern sich zudem klar in der Rechtsprechung des EGMR zum Bildnisschutz. Hier führte er in seiner jüngeren Rechtsprechung aus, dass das Recht am eigenen Bild das Recht des Einzelnen, die Verwendung dieses Bildes zu kontrollieren, umfasst. Dies beinhaltet auch die Möglichkeit, eine Veröffentlichung zu verweigern.[372] Im Jahr 2008 hatte der EGMR im Fall *S. u. Marper* festgestellt, dass der Ansatz, den er hinsichtlich des Bildnisschutzes verfolgt, auch auf Fingerabdrücke anzuwenden ist. Hier hatte der Gerichtshof bereits einen Eingriff in Art. 8 EMRK in der Tatsache gesehen, dass der Betroffene nicht über die Preisgabe und Speicherung von Informationen über seine Identität bestimmen konnte. Problematisch war für den EGMR die Speicherung dieser Information ohne die Einwilligung des Betroffenen.[373] Er stellt somit wiederum auf das Einverständnis des Da-

---

[370] Vgl. zur informationellen Selbstbestimmung nach dem GG BVerfG, 15.12.1983, 1 BvR 209, 269, 362, 420, 440, 484/83 (Volkszählung).

[371] EGMR, 14.12.2006, 5433/02 (Shabanov u. Tren gegen Russland) Rz. 46.

[372] EGMR, 7.2.2012, 40660/08 und 60641/08 (von Hannover gegen Deutschland (Nr 2)) Rz. 96; siehe auch EGMR, 19.9.2013, 8772/10 (von Hannover gegen Deutschland (Nr. 3)) Rz. 41; siehe auch EGMR, 12.12.2013, 20383/04 (Khmel gegen Russland) Rz. 40.

[373] EGMR, 4.12.2008 (GK), 30562/04 und 30566/04 (S. u. Marper gegen Vereinigtes Königreich) Rz. 84.

tensubjekts ab. Die Bezugnahme auf die Fälle *Friedl* und *P.G. u. J.H.* zeigt, dass es hierbei nicht um die bloße Erhebung der Daten, sondern um deren weitere Verwendung, insbesondere zur Identifizierung des Betroffenen, geht. Dem Datensubjekt kommt folglich aus Art. 8 EMRK das Recht zu, nicht nur über die Preisgabe seiner personenbezogenen Daten, sondern auch über deren weitere Verwendung einschließlich der Speicherung zu bestimmen.

Vor diesem Hintergrund kann der „*reasonable expectation*"-Test als Form der konkludenten Zustimmung verstanden werden. Die Frage nach der „*reasonable expectation*" des Datensubjekts ist gleichzeitig jene, ob eine konkludente Zustimmung gegeben wurde. Begibt sich der Betroffene freiwillig in eine Situation, in der ihm klar sein müsste, dass der Staat oder die Öffentlichkeit bestimmte Informationen über ihn erlangt und diese verwenden, verarbeiten oder weiterverbreiten könnte, so gibt er im Ergebnis sein Einverständnis.[374] Dies gilt nicht uneingeschränkt. Der Staat darf die ihm zur Verfügung stehenden Informationen nur in dem Umfang verarbeiten und auch weitergeben – sei es an die Öffentlichkeit oder auch nur an andere staatliche Stellen – in dem das Datensubjekt damit rechnen musste. Die konkludente Zustimmung findet an dieser Stelle ihre Grenze. Dem Staat wurde nicht die freie Verfügung über die Daten eingeräumt. Vielmehr wurde zu bestimmten Formen der Datenverarbeitung bzw. Veröffentlichung das Einverständnis des Datensubjekts gegeben. Handelt der selbstbestimmte Grundrechtsberechtigte in dem Wissen, dass er die Kontrolle über seine Daten verliert, so stimmt er jedoch dem Kontrollverlust durch seine Handlungen in dem Moment zu, in dem er sie dennoch preisgibt. Die Einschränkungen der Möglichkeiten zur Selbstbestimmung, die sich aus fehlender Transparenz und mangelnden Kontrollmöglichkeiten ergeben, stellen zwar die Wirksamkeit eines Rechts auf informationelle Selbstbestimmung in Frage,[375] sprechen aber nicht gegen das Vorliegen eines solches Rechts. Zusammenfassend kann daher an dieser Stelle festgehalten werden, dass der EGMR aus Art. 8 EMRK ein Recht des Einzelnen ableitet, über die Preisgabe und Verwendung seiner Daten zu bestimmen.

---

[374] So auch *Nettesheim* in Grabenwarter, Enzyklopädie, Rz. 62 Fn. 110, der allerdings noch weitergeht und Daten über das Verhalten einer Person im öffentlichen Raum als öffentliche Güter bezeichnet.

[375] Vgl. *Hoffmann-Riem*, JZ 2014, 54.

Art. 8 EMRK räumt somit dem Datensubjekt das Recht ein, über seine personenbezogenen Daten zu entscheiden, und nicht, wie in der Literatur teils angenommen wird[376], einen bloßen Achtungsanspruch. Mit seinen Entscheidungen in Fällen wie *S. u. Marper* sowie *Uzun*, aber auch *Shabanov u. Tren* stärkt der EGMR die Rolle der Autonomie, bei der Auslegung von Art. 8 EMRK.[377] Der im Bereich des Bildnisschutzes entwickelte Grundsatz, dass jeder über die Verwendung und insbesondere die Veröffentlichung seines Bildes bestimmen darf, wird vom EGMR generell auf personenbezogene Daten umgelegt.

Art. 8 EMRK beinhaltet ein Recht auf informationelle Selbstbestimmung. Der EGMR hat dies zwar nicht ausdrücklich festgestellt, eine nähere Betrachtung der Rechtslage einschließlich der bereits vorhandenen Judikatur im Bereich des Schutzes personenbezogener Daten, zeigt jedoch, dass hiervon ausgegangen werden kann.

Diese Vorgehensweise ist für den EGMR nicht untypisch. Er arbeitet gerade hinsichtlich des Art. 8 EMRK mit einem weiten Schutzbereich, den er nur fallbezogen konkretisiert, anstatt ausdrücklich Spezialgrundrechte zu schaffen, wie es beispielsweise das BVerfG tut.[378] Die hier dargelegte Ausdifferenzierung auf Ebene des Schutzbereichs hin zu einem Recht auf informationelle Selbstbestimmung kann in Zukunft insbesondere bei der Rechtfertigung von Eingriffen äußerste Relevanz gewinnen.[379]

e. Das Recht auf Gewährleistung der Vertraulichkeit und Integrität informationstechnischer Systeme nach Art. 8 EMRK

Die in der Darstellung der Grenzen des Schutzes der Privatsphäre im Internet bereits aufgezeigte Schutzlücke für den Schutz der Persönlichkeitsrechte im Internet nach Art. 8 EMRK wird jedoch auch durch die Ableitung eines Rechts auf informationelle Selbstbestimmung aus dem Recht auf Privatleben nach Art. 8 EMRK nicht vollständig geschlossen.

---

376 *Albers*, Informationelle Selbstbestimmung, 297; *Paeffgen*, SK-StPo Band X, Art. 8 Rz. 14.

377 Zum Beginn dieses Prozesses siehe *Siemen*, Datenschutz, 63 ff.

378 *Uerpmann-Wittzack* in Uerpmann-Wittzack, Computergrundrecht, 102 ff.

379 So auch *Marauhn/Thorn* in Dörr/Grote/Marauhn, EMRK/GG², Rz. 24.

Die Einwilligung, so führt *Hoffmann-Riem* aus, ist zwar Prototyp der Selbstbestimmung, sie wende sich aber aufgrund fehlender Transparenz und mangelndens Know-hows der Nutzer gegen die Idee der Selbstbestimmung.[380] Er stellt einen strukturellen Verlust informationeller Autonomie fest, der auf mangelnder Fachkenntnis der Nutzer sowie unzumutbaren Funktionseinbußen bei Selbstschutz beruhe.[381] Auf diese Entwicklung weist das BVerfG in seinen Ausführungen in seiner Entscheidung zur Online-Durchsuchung hin. Hier stellte es fest, dass das Recht auf informationelle Selbstbestimmung den Persönlichkeitsgefährdungen nicht ausreichend Rechnung trage, die dadurch entstehen,

> „dass der Einzelne zu seiner Persönlichkeitsentwicklung auf die Nutzung informationstechnischer Systeme angewiesen ist und dabei dem System persönliche Daten anvertraut oder schon allein durch dessen Nutzung zwangsläufig liefert."[382]

Im Gegensatz zum Recht auf informationelle Selbstbestimmung hängt das Recht auf Gewährleistung der Vertraulichkeit und Integrität informationstechnischer Systeme weit weniger vom fallbezogenen Einverständnis des Datensubjekts ab. Es wird die Vertraulichkeit eines Systems gewährleistet,[383] „dem der Grundrechtsträger sich anvertraut, ohne dass von ihm erwartet wird, es selbst beherrschen zu können."[384] Im oben dargestellten System der Rechtsprechung des EGMR heißt dies, dass zugestanden wird, dass die Eingabe in ein (eigengenutztes) informationstechnisches System nicht als konkludente Zustimmung zu werten ist. Sie erfolgt nicht freiwillig, da faktische Gegebenheiten einen Zwang erzeugen. Eine Einwilligung ist nur wirksam, wenn sie ohne Zwang erfolgte und der Einwilligende die Reichweite seines Grundrechtsverzichts zu überblicken vermag.[385] Dies zeigt sich deutlich im Fall *Shabanov u. Tren*, in dem der EGMR betonte, dass Informationen, die der Betroffene dem Staat selbst mitgeteilt hat, nur dann nicht mehr von Art. 8 EMRK geschützt sind, wenn dies freiwillig erfolgte und die

---

[380] *Hoffmann-Riem*, JZ 2014, 54.

[381] *Hoffmann-Riem*, JZ 2008, 1013.

[382] BVerfG, 27.2.2008, 1 BvR 370/07 (Online-Durchsuchung) Rz. 200.

[383] *Bäcker* in Uerpmann-Wittzack, Computergrundrecht, 9; *Murswiek* in Sachs, GG[7], Art. 2 Rz. 73d.

[384] *Hoffmann-Riem*, JZ 2008, 1013.

[385] Vgl. *Di Fabio* in Maunz/Dürig, Art. 2 Rz. 229.

spätere Verwendung vorhersehbar war.[386] Genau genommen ist das Recht auf Gewährleistung der Vertraulichkeit und Integrität informationstechnischer Systeme somit eine Klarstellung, wie das Recht auf Geheimhaltung vor dem Staat und insbesondere das Kriterium der freiwilligen Preisgabe in einer besonderen Gruppe von Fällen auszulegen ist.

Auch der EGMR zeigt in seiner Rechtsprechung teils Tendenzen, die Vertraulichkeit und Integrität eines Systems aufgrund einer gewissen Zwangslage des Nutzers und gesamtgesellschaftlichen Interessen an der Nutzung unabhängig von den Erwartungen der Nutzer zu gewährleisten. So erkennt er die besondere Bedeutung der Vertraulichkeit und Integrität des Gesundheitssystems. Im Fall *Z. gegen Finnland* führte der Gerichtshof Folgendes aus:

> „Es ist äußerst wichtig, nicht nur das Gefühl der Privatsphäre eines Patienten zu achten, sondern auch sein oder ihr Vertrauen in den Berufsstand der Ärzte und in das Gesundheitssystem generell zu wahren. Ohne diesen Schutz könnten jene die medizinische Hilfe brauchen davon abgehalten werden, private und intime Informationen preiszugeben, die für eine angemessene Behandlung notwendig sind und sogar gänzlich davon medizinische Hilfe zu suchen, wodurch ihre eigene Gesundheit und, bei ansteckenden Krankheiten, auch jene der Gesellschaft gefährdet würde."[387]

Weitere Ansätze zur Gewährleistung der Vertraulichkeit eines Systems finden sich in der Rechtsprechung des EGMR zum Tatbestand der Korrespondenz und hier insbesondere hinsichtlich der Korrespondenz von Gefangenen[388] und zum Tatbestand der Wohnung. Auch hier erkennt der EGMR die besondere Bedeutung der Vertraulichkeit und Integrität eines Systems an und gewährleistet diese unabhängig von den Erwartungen des Betroffenen. Die Vertraulichkeit der Geschehnisse in einer

[386] EGMR, 14.12.2006, 5433/02 (Shabanov u. Tren gegen Russland) Rz. 46.

[387] EGMR, 25.2.1997, 22009/93 (Z. gegen Finnland) Rz. 96: „It is crucial not only to respect the sense of privacy of a patient but also to preserve his or her confidence in the medical profession and in the health services in general. Without such protection, those in need of medical assistance may be deterred from revealing such information of a personal and intimate nature as may be necessary in order to receive appropriate treatment and, even, from seeking such assistance, thereby endangering their own health and, in the case of transmissible diseases, that of the community".

[388] *Jacobs/White/Ovey*, ECHR[6], 406 ff; *Reid*, ECHR[4], II-512; siehe oben Erster Teil, C. I. 2. b.

Wohnung und der Korrespondenz werden unabhängig von Erwartungen gewährt. Zwar können auch in einem eigengenutzten informationstechnischen System gespeicherte elektronische Daten im Schutzbereich des Art. 8 EMRK liegen.[389] Das informationstechnische System selbst ist jedoch noch nicht geschützt. Geschützt wird vor dem Zugriff auf die Daten.[390]

Zu diesem Zeitpunkt kann noch nicht von einem Recht auf Gewährleistung der Vertraulichkeit und Integrität informationstechnischer Systeme als Ausprägung des Rechts auf Achtung des Privat- und Familienlebens nach Art. 8 EMRK gesprochen werden. *Uerpmann-Wittzack* weist aber völlig zu Recht darauf hin, dass man kaum daran zweifeln könne, dass der heimliche Zugriff auf privat oder auch geschäftlich genutzte Computer einen Eingriff in Art. 8 EMRK darstelle.[391] Welchem Schutzgut bzw. welchen Schutzgütern der Gerichtshof die Vertraulichkeit und Integrität eigengenutzter informationstechnischer Systeme zuordnet, bleibt jedoch abzuwarten. Bisher finden sich Ansatzpunkte für einen solchen Schutz primär hinsichtlich des Schutzguts der Korrespondenz.

E. Zwischenergebnis

Als Zwischenergebnis kann zusammenfassend festgehalten werden, dass alle vier Tatbestände des Art. 8 EMRK grundsätzlich auch für den Schutz der Persönlichkeitsrechte im Internet relevant sind. Während das Schutzgut der Familie und jenes der Wohnung jedoch nur sehr eingeschränkte Bedeutung haben, entfalten das Schutzgut der Korrespondenz und vor allem auch jenes des Privatlebens enorme Relevanz in diesem Bereich.

---

[389] EGMR, 16.10.2007, 74336/01 (Wieser and Bicos Beteiligungen GmbH gegen Österreich) Rz. 45 und EGMR, 14.3.2013, 24117/08 (Bernh Larsen Holding AS u.a. gegen Norwegen) Rz. 105; siehe auch oben Erster Teil, C. II.

[390] Siehe zu Unterschied zwischen Systemschutz und Schutz der Daten *Hoffmann-Riem*, JZ 2008, 1016; *Murswiek* in Sachs, GG[7], Art. 2 Rz. 73d; *Schwabenbauer*, Grundrechtseingriffe, 134; a.A. *Eifert*, NVwZ 2008, 522.

[391] *Uerpmann-Wittzack* in Uerpmann-Wittzack, Computergrundrecht, 101 f.

Das Recht auf Achtung der Korrespondenz ist auch auf die Individualkommunikation im Internet anzuwenden und gewährleistet hier die Vertraulichkeit der nicht öffentlichen Kommunikation. Darüber hinaus bietet das Recht auf Privatleben umfangreichen Schutz. Die Privatsphäre kann zwar im öffentlichen Raum des Internets keinen umfassenden Schutz der Persönlichkeitsrechte gewähren. Hier bietet jedoch das Recht auf persönliche und soziale Identität und aus diesem folgend insbesondere das Recht auf Selbstdarstellung oft Abhilfe. Dennoch bliebe vorerst eine Schutzlücke, da kein Schutz vor systematischer Sammlung und Weiterverwendung gewährleistet wird. Außerdem sind vom Schutz der Identität nicht alle personenbezogenen Daten erfasst. Es war daher zu untersuchen, ob aus Art. 8 EMRK ein Recht auf Datenschutz abgeleitet werden kann und welche Form dieses annimmt.

Schutzgut des Rechts auf Datenschutz nach Art. 8 EMRK sind personenbezogene Daten, also alle Daten über eine bestimmte oder bestimmbare Person. Im Internet können dies insbesondere die IP-Adressen sein, die jede Handlung im Netz begleiten. Der Gewährleistungsumfang des Rechts auf Datenschutz nach Art. 8 EMRK enthält zwar kein Recht auf Gewährleistung der Vertraulichkeit und Integrität informationstechnischer Systeme, es entspricht aber einem Recht auf informationelle Selbstbestimmung. Dem Grundrechtsberechtigten wird ein umfangreiches Recht, über die Preisgabe und Verwendung der eigenen personenbezogenen Daten zu bestimmen, eingeräumt. Dies tut der EGMR nicht explizit. Statt den Schutzbereich klar abzugrenzen, überprüft er lediglich anhand der Art der Information, der Umstände ihrer Erhebung und Speicherung und der Art ihrer Verwendung, ob ein Eingriff vorliegt.[392]

[392] EKMR (Report), 19.5.1994, 15225/89 (Friedl gegen Österreich) Rz. 49 ff.; EGMR, 28.1.2003, 44647/98 (Peck gegen Vereinigtes Königreich) Rz. 59; EGMR, 4.12.2008 (GK), 30562/04 und 30566/04 (S. u. Marper gegen Vereinigtes Königreich) Rz. 67; EGMR, 18.11.2011, 16188/07 (Khellili gegen Schweiz) Rz. 55; siehe hierzu ausführlich *Siemen*, Datenschutz, 120 ff.

Zweiter Teil
Staatliche Eingriffe in die Persönlichkeitsrechte im Internet

Nachdem die für den Schutz der Persönlichkeitsrechte im Internet relevanten Schutzgüter systematisch aufgearbeitet wurden, soll nun untersucht werden, wann staatliches Handeln im Internet in die aus Art. 8 EMRK folgenden Rechte eingreift. Da die EMRK die Mitgliedstaaten verpflichtet, nicht jedoch private Akteure, ist Art. 8 EMRK primär ein Abwehrrecht, das dem Einzelnen Schutz vor ungewollten Eingriffen durch den Staat gewährt.[1] Im Folgenden werden die Eingriffe durch den Staat, also jene Fälle in denen die Achtung des Privatlebens es verlangt, dass der Staat bestimmtes Handeln unterlässt, betrachtet. Die positiven Verpflichtungen und insbesondere die Schutzpflichten sollen nicht Gegenstand dieser Arbeit sein.

Auch im Bereich des Schutzes der Persönlichkeitsrechte im Internet durch Art. 8 EMRK kann von einer primär abwehrrechtlichen Funktion des Rechts ausgegangen werden. Die abwehrrechtliche Seite der Gewährleistung, also das zu problematisierende staatliche Handeln, wird an dieser Stelle näher betrachtet. Nicht jedes potentiell relevante Handeln des Staats führt jedoch zum Vorliegen eines Eingriffs in die Rechte des Art. 8 EMRK. Einerseits muss sowohl in quantitativer als auch in qualitativer Hinsicht eine gewisse Eingriffsschwere vorliegen.[2] Andererseits kann auch eine freiwillige Zustimmungserklärung – ob konkludent oder explizit – des Datensubjekts dazu führen, dass der Staat zwar Handlungen gesetzt hat, die potentiell einen Eingriff darstellen, jedoch kein Eingriff vorliegt.[3] Im Anschluss an die Aufarbeitung der verschiedenen Arten staatlichen Handelns im Internet werden da-

1 EGMR, 23.7.1968, 1474/62 (Belgischer Sprachenfall) Rz. 7; EGMR, 13.6.1979, 6833/74 (Marckx gegen Belgien) Rz. 31; *Grabenwarter/Pabel*, EMRK[5], § 22 Rz. 1.

2 *Marauhn/Thorn* in Dörr/Grote/Marauhn, EMRK/GG[2], Rz. 71; *Villiger*, EMRK[2], Art. 8 Rz. 555; *Wildhaber/Breitenmoser* in Pabel/Schmahl, IK, Art. 8 Rz. 61 ff.

3 *Wiederin* in Korinek/Holoubek, Art. 8 EMRK Rz. 10.

her auch diese Voraussetzungen für das Vorliegen eines Eingriffs auf ihre Besonderheiten im Internet hin untersucht.

A. Staatliches Handeln im Internet

Da das Internet, als Netzwerk zwischen mehreren Computern, im Großen und Ganzen nur aus Informationen, die zwischen diesen Rechnern ausgetauscht werden, besteht,[4] ist davon auszugehen, dass jedem staatlichen Handeln im Internet eine Datenerhebung oder -verwendung zugrunde liegt. Potentielle Eingriffe werden daher in ihrer Eigenschaft als primär informationstechnische Handlungen betrachtet. Wo mehrere Schutzgüter vom informationstechnischen Handeln des Staats betroffen sind, soll dies aufgezeigt werden. Im Vordergrund steht jedoch stets der Umgang mit den personenbezogenen Daten.

Bei der Darstellung des staatlichen Handelns im Internet ist eine umfassende Darstellung aller möglicher Handlungen und Gefährdungslagen kaum möglich. Daher wird das staatliche Handeln im Internet in Fallgruppen gegliedert. Besonderheiten im Internet sollen anhand ausgewählter Beispiele verdeutlicht werden. In der einschlägigen Literatur zu Art. 8 EMRK zeigt sich bei der Einteilung von Eingriffen durch informationstechnisches staatliches Handeln ein recht uneinheitliches Bild. Teils werden rein kasuistische Aufzählungen vorgenommen.[5] Teils werden die in der Datenschutzkonvention genannten Verarbeitungsformen aufgezählt.[6] Wo Gruppen gebildet werden, finden sich im Wesentlichen zwei Ansätze, ein zwei- und ein dreigliedriger. Die einen unterteilen das für Art. 8 EMRK relevante informationstechnische Handeln des Staats in zwei Gruppen: jene Handlungen, die auf die Gewinnung von Informationen gerichtet sind, und jene, welche die spätere Speicherung und Verwendung betreffen.[7] Bei anderen tritt eine dritte

---

[4] Vgl. *Mayer*, NJW 1996, 1783; *Sieber* in Hoeren/Sieber/Holznagel, Multimedia-Recht, Teil 1 Rz. 1 ff.; *Weidner-Braun*, Privatsphäre und informationelle Selbstbestimmung, 45 ff.

[5] *Pätzold* in Karpenstein/Mayer, EMRK, Art. 8 Rz. 77; *Marauhn/Thorn* in Grote/Marauhn, EMRK/GG^2, Rz. 73.

[6] *Schweizer*, DuD 2009, 466.

[7] *Grabenwarter/Pabel*, EMRK^5, § 22 Rz. 27; *Jacobs/White/Ovey*, ECHR^6, 377.

Gruppe, die Verweigerung des Zugangs zu den vom Staat gespeicherten Informationen, hinzu.[8] Nachdem die Fälle der Gewinnung von Informationen sowie des Aufbewahrens und Verwendens der Informationen betrachtet wurden, gilt es daher im Anschluss zu klären, ob auch die Verweigerung des Zugangs zu Informationen einen eigenständigen Eingriff darstellen kann.

I. Gewinnung von Informationen

Die erste Gruppe des informationstechnischen Handelns durch den Staat ist jene der Gewinnung von Informationen. Hier verschafft sich der Staat Zugang zu personenbezogenen Daten. Geheimhaltungsansprüche sind betroffen. Der Versuch einer vollständigen Auflistung der technischen Möglichkeiten zur Gewinnung von Informationen durch den Staat im Internet ist, wie bereits erwähnt, wenig erfolgversprechend. Selbst wenn es gelingen sollte, schreitet die technische Entwicklung so schnell voran, dass eine solche Auflistung in kürzester Zeit veraltet wäre. Um dennoch eine Übersicht des denkbaren Handelns in diesem Bereich zu geben, soll unter Berücksichtigung der Funktionsweise des Internets herausgearbeitet werden, an welchen Stellen der Datenübermittlung ein Eingriff durch den Staat grundsätzlich denkbar ist. Hiernach sollen Gruppen gebildet werden, die dann rechtlich eingeordnet werden.

Dem Staat bieten sich je nach Übermittlungsphase unterschiedliche Möglichkeiten des Zugriffs auf die von ihm begehrten Informationen.[9] Zunächst kann während des Übermittlungsvorgangs selbst auf die Datenströme zugegriffen werden. Des Weiteren kann ein Zugriff auch auf das informationstechnische System, z.B. den privaten PC oder das heimische WLAN, des Datensubjekts erfolgen. Außerdem besteht die Möglichkeit, auf die Daten zuzugreifen, während Dritte über sie verfü-

---

[8] *Siemen*, Datenschutz, 133 ff.; *Harris/O'Boyle/Warbrick*, ECHR[3], 555 ff.; siehe auch *van Dijk/van Hoof/van Rijn/Zwaak*, ECHR[4], 666 ff., der allerdings in die vier Gruppen Erfassung, Zugang, Offenlegung vertraulicher Informationen und Überwachung unterteilt.

[9] Siehe zur Unterscheidung der Eingriffe und betroffenen Rechte nach Übermittlungsphase BVerfG, 27.2.2008, 1 BvR 370/07 (Online-Durchsuchung) Rz. 184 f.; BVerfG, 16.6.2009, 2 BvR 902/06 (Beschlagnahme von E-Mails) Rz. 43 ff., hierzu kritisch *Kutscha/Thomé*, Grundrechtsschutz, 33.

gen. So können beispielsweise die Provider dazu verpflichtet werden, Informationen herauszugeben. Als letzte denkbare Möglichkeit muss noch der Zugriff auf öffentlich zugängliche Informationen, wie sie z.B. auf einer Homepage zu finden sind, genannt werden.

1. Zugriff auf im Internet frei verfügbare personenbezogene Daten

Ein Beispiel für die Sammlung öffentlich zugänglicher Informationen im Internet ist die Recherche eines Polizisten auf der Homepage eines Verdächtigen. Hier findet er frei zugängliche Informationen. Das Datensubjekt hat die personenbezogenen Daten selbst der Öffentlichkeit zur Verfügung gestellt. Wie bereits gezeigt wurde, genießen zwar auch öffentlich zugängliche Informationen noch den Schutz von Art. 8 EMRK. Dieser ist allerdings eingeschränkt.

Im Fall *Rotaru* wurde vom EGMR ausgeführt, dass öffentlich zugängliche personenbezogene Daten Schutz vor systematischer Sammlung und Speicherung, vor Verarbeitung und Verwendung und vor Veröffentlichung in für das Datensubjekt nicht vorhersehbarem Ausmaß genießen.[10] Alle drei Gruppen sind Formen der Verwendung und Speicherung von Daten.[11] Die Erlangung der Informationen selbst stellt angesichts der Tatsache, dass diese bereits öffentlich sind, keinen Eingriff dar. Die bloße Gewinnung von Informationen aus im Internet frei verfügbaren Quellen durch staatliche Organe kann daher nicht als Eingriff in die dem Datensubjekt aus Art. 8 EMRK zustehenden Rechte bezeichnet werden.

Hier zeigt sich wiederum das Element der Selbstbestimmung. Freiwillig online gestellte personenbezogene Daten sind mit der Zustimmung des Datensubjekts für jedermann zugänglich gemacht worden. Ihre Erhebung kann daher kein Eingriff in das vom Grundsatz der Selbstbestimmung geprägte Recht auf freie Entfaltung der Persönlichkeit sein. Interessanter stellen sich jene Erhebungsformen dar, bei denen der Staat auf Informationen zugreift, die nicht oder noch nicht frei verfügbar sein sollen, beispielsweise weil sie sich noch im Übermittlungsvorgang befinden.

---

[10] EGMR, 4.5.2000, 28341/95 (Rotaru gegen Rumänien) Rz. 43 f.; siehe EGMR, 28.1.2003, 44647/98 (Peck gegen Vereinigtes Königreich) Rz. 59; auch EGMR, 2.9.2010, 35623/05 (Uzun gegen Deutschland) Rz. 46.

[11] Siehe hierzu Zweiter Teil, A. II.

2. *Zugriff auf Informationen während der Datenübertragung*

Als Beispiel für das Abfangen von Datenströmen während des Übermittlungsvorgangs, also das Überwachen der Leitungen, durch den Staat kann das vom britischen Geheimdienst verwendete Programm TEMPORA genannt werden.[12] Dieses Programm fängt Datenströme ab. Es greift direkt auf die transatlantischen Glasfaserverbindungen zu, die Knotenpunkte des Internets darstellen.[13] Es ermöglicht den Zugriff auf Verbindungsdaten, die Inhalte von E-Mails, *Facebook*-Einträge und *website histories.*[14]

Diese Vorgänge können einerseits in das Recht auf Achtung des Privatlebens in der Ausgestaltung eines Rechts auf Geheimhaltung personenbezogener Daten durch den Staat eingreifen. Andererseits liegt auch ein Eingriff in das Recht auf Achtung der Korrespondenz nahe.

a. Eingriff in das Recht auf Achtung des Privatlebens

Zum Schutz vor dem Zugriff auf Informationen während des Übermittlungsvorgangs durch den Staat kommt unter dem Tatbestand des Privatlebens das Recht auf Geheimhaltung personenbezogener Daten in Frage. Das Recht auf Geheimhaltung personenbezogener Daten vor dem Staat greift jedoch mangels Vertraulichkeit nicht bei bereits öffentlichen Informationen. Ein punktueller Zugriff durch den Staat auf einzelne öffentlich zugängliche personenbezogene Daten, die hinterher nicht weiter verwendet werden, stellt daher noch keinen Eingriff dar. Anders stellt sich die Situation dar, wenn die Daten während des Übermittlungsvorgangs systematisch gesammelt und gespeichert werden. Hier gewinnt der Staat Informationen durch Profilbildung. Erst durch die Zusammensetzung verschiedener Daten wird die maximale Informationsgewinnung erreicht. Es wird demnach in das Recht auf Achtung des Privatlebens nach Art. 8 EMRK in der Ausprägung des Rechts auf Schutz vor Datensammlungen eingegriffen, wenn der Staat systematisch personenbezogene Daten während des Übermittlungsvor-

---

[12] Siehe EGMR, 7.1.2014, 58170/13 (Big Brother Watch u.a. gegen Vereinigtes Königreich) – communicated case.

[13] Zur Bedeutung dieser Knotenpunkte und den dazugehörigen Hauptverbindungsleitungen, sogenannter „*backbones*" siehe oben Erster Teil, C. I. 2. a.

[14] Siehe EGMR, 7.1.2014, 58170/13 (Big Brother Watch u.a. gegen Vereinigtes Königreich) – communicated case.

gangs abfängt und diese in einer Datenbank speichert. Hier soll jedoch nur die Erhebung der Daten beurteilt werden. Diese stellt nur für private, nicht-öffentliche Daten einen Eingriff dar.

b. Eingriff in das Recht auf Achtung der Korrespondenz

Das Recht auf Achtung der Korrespondenz schützt die Vertraulichkeit des Übermittlungsvorgangs. Sowohl Daten, die den Inhalt einer Nachricht betreffen, als auch reine Kommunikationsverbindungsdaten sind vom Recht auf Achtung der Korrespondenz nach Art. 8 EMRK erfasst.[15] Ein Zugriff auf die entsprechenden Daten während des Übermittlungsvorgangs durch staatliche Stellen stellt daher jedenfalls einen zu rechtfertigenden Eingriff in das Recht auf Achtung der Korrespondenz dar. Dies gilt auch dann, wenn die Übermittlung von privaten Dritten, wie eben Providern, vorgenommen wird.[16]

Vom Recht auf Achtung der Korrespondenz ist zwar nur die Individualkommunikation erfasst und nicht jeder Datenaustausch, der über das Internet erfolgt. Die Datenströme im Internet bestehen allerdings aus vielen einzelnen IP-Pakten. Erst durch die Zusammensetzung aller Pakete am Ziel kann ein Datagramm erstellt werden, das der nächsten Schicht, der Transportschicht, zur Weiterverarbeitung überreicht werden kann.[17] Es ist während des Übermittlungsvorgangs also technisch nicht möglich zwischen Datenströmen, die Individualkommunikation übertragen, und anderen Datenströmen zu unterscheiden.[18] Auch das BVerfG weist in seinem 2010 zur Vorratsdatenspeicherung ergangenen Urteil darauf hin, dass eine Unterscheidung zwischen Massen- und Individualkommunikation ohne „eine der Schutzfunktion des Grundrechts zuwiderlaufende Anknüpfung an den Inhalt der jeweils übermit-

---

[15] EGMR, 2.8.1984, 8691/79 (Malone gegen Vereinigtes Königreich) Rz. 84; siehe oben Erster Teil, C.

[16] *Breitenmoser*, Privatsphäre, 308; *Grabenwarter/Pabel*, EMRK[5], § 22 Rz. 24; *Frowein/Peukert*, EMRK[3], Art. 8 Rz. 48; *Uerpmann-Wittzack* in Ehlers, Europäische Grundrechte, § 3 I 1 Rz. 14; *Wiederin* in Korinek/Holoubek, Art. 8 EMRK Rz. 120.

[17] *Tanenbaum/Wetherall*, Computernetzwerke[5], 502; zu den verschiedenen Phasen der Datenübermittlung im Internet nach dem TCP/IP-Schichtmodell siehe vorne Erster Teil, C. I. 2. a.

[18] Vgl. auch *Buermeyer*, HRRS 2007, 155.

telten Information nicht möglich ist". Es erweitert in der Folge den Schutzbereich des Art. 10 GG auch auf Daten, die den Internetzugang betreffen.[19]

In ähnlichen Fällen hat der EGMR einen Eingriff in das Recht auf Achtung der Korrespondenz festgestellt, ohne einen konkreten Nachweis zu verlangen, dass Korrespondenz zumindest auch betroffen war. Zu diesem Ergebnis kam er insbesondere auch hinsichtlich elektronisch gespeicherter Daten. So stellte der Gerichtshof in den Fällen *Bernh Larsen Holding AS u.a.* und *Wieser und Bicos Beteiligungen GmbH* fest, dass die Beschlagnahme von elektronischen Daten einen Eingriff in das Recht auf Achtung der Korrespondenz darstelle.[20]

Wenn nun nach der Rechtsprechung des EGMR der Zugriff auf gespeicherte elektronische Daten aufgrund der Tatsache, dass nicht auszuschließen ist, dass auch bereits angekommene und aufbewahrte Individualkommunikation dabei sein könnte, einen Eingriff in das Recht auf Achtung der Korrespondenz darstellt, so gilt dies umso mehr während des Übermittlungsvorgangs. Immerhin gewährleistet das Recht auf Achtung der Korrespondenz primär die Vertraulichkeit des Übermittlungsvorgangs.[21] Staatliche Zugriffe auf Informationen im Internet während des Übermittlungsvorgangs stellen somit einen Eingriff in das Recht auf Korrespondenz dar, auch wenn die Informationen nicht als Korrespondenz einzustufen sind.

3. Zugriff auf Informationen in einem eigengenutzten informationstechnischen System

Die dritte Gruppe des staatlichen Handelns im Internet mit dem Ziel der Gewinnung von Informationen durch den Staat stellen Zugriffe auf personenbezogene Daten dar, die sich in einem eigengenutzten informationstechnischen System befinden. Der Begriff des informations-

---

[19] BVerfG, 2.3.2010, 1 BvR 256/08, 263/08, 586/08 (Vorratsdatenspeicherung) Rz. 192.

[20] EGMR, 16.10.2007, 74336/01 (Wieser and Bicos Beteiligungen GmbH gegen Österreich) Rz. 45; EGMR, 14.3.2013, 24117/08 (Bernh Larsen Holding AS u.a. gegen Norwegen) Rz. 105 siehe ausführlich oben Erster Teil, C. II.

[21] *Kugelmann*, EuGRZ 2003, 23 f.; *Marauhn/Thorn* in Grote/Marauhn, EMRK/GG^2, Rz. 62; *Uerpmann-Wittzack* in Ehlers, Europäische Grundrechte, 84; *Uerpmann-Wittzack/Jankowska-Gilberg*, MMR 2008, 87.

technischen Systems, wie er hier verstanden wird, ist dem deutschen Verfassungsrecht entliehen. Er ist im Hinblick auf die Geschwindigkeit des technischen Fortschritts weit zu verstehen und umfasst jedes hinreichend komplexe elektronische System, mit dem Informationen verarbeitet werden. Auf einen räumlichen Zusammenhang kommt es gerade nicht an. Beispiele für informationstechnische Systeme sind Computer und Smartphones sowie Netzwerke, wie beispielsweise LANs und Intranets, aber auch gewisse Speichermedien, wie USB-Sticks, sobald sie an ein informationstechnisches System angeschlossen werden. Auch ein Server ist ein informationstechnisches System. Ein solches informationstechnisches System ist eigengenutzt, wenn der Nutzer selbstbestimmt über das System verfügen kann. Dies kann auch bei extern gespeicherten Datenbeständen der Fall sein.[22]

Neben der Beschlagnahme ganzer informationstechnischer Systeme sowie physischer Durchsuchungen vor Ort, bietet sich für den Staat eine Reihe von Möglichkeiten, über das Internet auf ein informationstechnisches System zuzugreifen, um Zugang zu Informationen zu erlangen. Im Vergleich zum Zugriff während des Übermittlungsvorgangs ist hierbei insbesondere von Vorteil, dass der Einsatz von Verschlüsselungssoftware durch den Nutzer ein deutlich kleineres Problem für die Ermittlungen darstellt.[23] Der Staat kann einerseits Sicherheitslücken ausnützen und so direkt Zugriff auf ein informationstechnisches System erhalten. Andererseits kann ein Schadprogramm installiert werden.[24] Die Möglichkeiten des Zugriffs auf Informationen mittels solcher Schadprogramme, sogenannter „Trojanischer Pferde" sind mannigfach. Neben Daten-Spiegelungen und Daten-Monitoring[25] sind insbesondere *key-logging*, also das Mitschneiden von Tastatureingaben, das Mitschneiden von Internettelefonie, das Aktivieren von Mikrofonen und Kameras und sogar die Fernsteuerung eines Rechners zu nennen.[26] Während das deutsche Recht mit dem Recht auf Gewährleistung der

---

22 Zur Definition des Begriffs *Bäcker* in Uerpmann-Wittzack, Computergrundrecht, 10 f.; *Pohl*, DuD 2007, 684.

23 *Buermeyer*, HRRS 2007, 160.

24 Siehe *Gercke*, CR 2007, 246; *Pohl*, DuD 2007, 686.

25 Zum Unterschied siehe *Buermeyer*, HRRS 2007, 160; *Schwabenbauer*, Grundrechtseingriffe, 72; *Zerbes*, ÖJZ 2008, 838.

26 Siehe *Buermeyer*, HRRS 2007, 160 ff., *Federrath* in Uerpmann-Wittzack, Computergrundrecht, 54 ff., *Huber*, NVwZ 2007, 881.

Vertraulichkeit und Integrität informationstechnischer Systeme einen „systembezogenen Funktionsschutz“[27] bietet, bei dem die Infiltration des informationstechnischen Systems bereits den Eingriff darstellt,[28] muss ein Eingriff in die Rechte nach Art. 8 EMRK mangels Vorliegen einer solchen Gewährleistung[29] jeweils im Einzelfall geprüft werden.

a. Eingriff in das Recht auf Achtung der Wohnung

Zu unterscheiden sind jene Fälle, bei denen tatsächlich auf Inhalte, die im informationstechnischen System gespeichert sind, zugegriffen wird und jene, in denen der Zugriff auf das informationstechnische System lediglich der Instrumentalisierung desselben zur Überwachung seines Umfelds dient. In letzteren Fällen liegt dann ein Eingriff in das Recht auf Achtung der Wohnung vor, wenn auch die Überwachung mit anderen Mitteln einen Eingriff dargestellt hätte. Auf die Art des gewählten technischen Hilfsmittels kann es hier nicht ankommen. So bleibt beispielsweise das Abhören der Vorgänge in einer Wohnung, wie es bei der akustischen Wohnraumüberwachung üblich ist, ein Eingriff in das Recht auf Achtung der Wohnung, auch wenn dies mittels eines mit Hilfe von Schadsoftware aktivierten Mikrofones des eigenen Laptops geschieht.[30] Das Abhören einer Wohnung stellt schließlich als nicht körperliche Nutzungsbeeinträchtigung einen Eingriff in das Recht auf Achtung der Wohnung nach Art. 8 EMRK dar.[31]

Durch das Einschleusen einer Spionagesoftware, wie beispielsweise den berühmt gewordene „Bundestrojaner“, in ein informationstechnisches System kann jedoch auch dessen Inhalt von staatlichen Behörden ausgeforscht werden.[32] Im Unterschied zur Wohnraumüberwachung wer-

---

[27] *Hoffmann-Riem*, JZ 2008, 1013.

[28] *Hoffmann-Riem*, JZ 2008, 1016; *Murswiek* in Sachs, GG[7], Art. 2 Rz. 73d; *Schwabenbauer*, Grundrechtseingriffe, 134; a.A. *Eifert*, NVwZ 2008, 522.

[29] Siehe hierzu vorne Erster Teil, D. IV. 2. e.

[30] *Polenz* in Kilian/Heussen, Computerrecht, Rz. 50 (29. Erg.Lfg. 2011); *Uerpmann-Wittzack* in Ehlers, Europäische Grundrechte, § 3 I 1 Rz. 13.

[31] *Harris/O'Boyle/Warbrick*, ECHR[3], 555; *Pätzold* in Karpenstein/Mayer, EMRK Art. 8 Rz. 86; *Uerpmann-Wittzack* in Ehlers, Europäische Grundrechte, § 3 I 1 Rz. 13; vgl. auch *Grabenwarter/Pabel*, EMRK[5], § 22 Rz. 30.

[32] *Schwabenbauer*, Grundrechtseingriffe, 72.

den also nicht Informationen aus dem Umfeld des informationstechnischen Systems gesammelt, sondern aus diesem selbst. Gleiches ist, wie erwähnt, auch durch die Ausnützung von Sicherheitslücken möglich. Die Auswirkungen bleiben jedoch – unabhängig von der gewählten Methode – gleich. Es gilt, wie beim Zugriff auf die Informationen während des Übermittlungsvorgangs, das Vorliegen eines Eingriffs in das Recht auf Achtung des Privatlebens und das Recht auf Achtung der Korrespondenz zu prüfen.

b. Eingriff in das Recht auf Achtung der Korrespondenz

Wie bereits gezeigt wurde, umfasst das Recht auf Achtung der Korrespondenz auch den Schutz von in elektronischer Form gespeicherter Korrespondenz. Dieser Schutz wird nicht nur während des Übermittlungsvorgangs gewährt, sondern auch für vom Empfänger gespeicherte Korrespondenz in Form elektronischer Daten. Der EGMR unterscheidet hierbei nicht zwischen Daten, die auf dem eigenen Computer gespeichert werden, und solchen, die auf einem externen Server gespeichert werden.[33] Die in elektronischer Form gespeicherte Korrespondenz genießt daher auch jenseits des Übermittlungsvorgangs Schutz, solange sie in einem eigengenutzten informationstechnischen System[34] gespeichert wird. Ein Zugriff auf diese Daten stellt einen Eingriff in das Recht auf Achtung der Korrespondenz dar.

Dieser Schutz geht so weit, dass auch alle anderen Daten, die zusammen mit der Korrespondenz gespeichert wurden, mitgeschützt werden. Es muss daher nicht im Einzelfall zwischen Daten die Korrespondenz darstellen und anderen unterschieden werden, solange Korrespondenz zumindest auch betroffen war.[35] Ein Zugriff stellt jedenfalls einen Ein-

---

[33] EGMR, 16.10.2007, 74336/01 (Wieser and Bicos Beteiligungen GmbH gegen Österreich) Rz. 45; EGMR, 14.3.2013, 24117/08 (Bernh Larsen Holding AS u.a. gegen Norwegen) Rz. 105; siehe hierzu ausführlich vorne Erster Teil, C. II.

[34] Zur Einordnung netzbasierter Anwendungsprogramme als eigengenutztes informationstechnisches System siehe *Bäcker* in Uerpmann-Wittzack, Computergrundrecht, 13.

[35] EGMR, 16.10.2007, 74336/01 (Wieser and Bicos Beteiligungen GmbH gegen Österreich) Rz. 45; EGMR, 14.3.2013, 24117/08 (Bernh Larsen Holding AS u.a. gegen Norwegen) Rz. 105; siehe hierzu ausführlich vorne Erster Teil, C. II.

griff dar, auch für jene Daten die keine Korrespondenz sind und daher nicht in den Schutzbereich des Rechts auf Achtung der Korrespondenz fallen.

Offen bleibt bisher, wie der EGMR vorgehen wird, wenn Datenbestände betroffen sind, die ganz klar keine Korrespondenz enthalten. Hier kann ein Eingriff in das Recht auf Korrespondenz nicht mehr festgestellt werden, ohne dessen Anwendungsbereich maßlos zu überdehnen. In diesen Fällen bleibt jedenfalls zu prüfen, ob der Zugriff auf Informationen, die auf eigengenutzten informationstechnischen Systemen gespeichert sind, einen Eingriff in das Recht auf Achtung des Privatlebens darstellt.

c. Eingriff in das Recht auf Achtung des Privatlebens

Das Recht auf Achtung des Privatlebens kommt auch hier in seiner Ausprägung des Rechts auf Geheimhaltung vor dem Staat zur Anwendung. Es muss daher zwischen öffentlichen und nicht öffentlichen personenbezogenen Daten unterschieden werden, da nur letztere einem Geheimhaltungsanspruch unterliegen.[36]

Es besteht eine „*reasonable expectation*", dass die Daten, die in den heimischen Computer eingegeben werden, vertraulich sind, solange der Nutzer keinen Zugang zu ihnen eingeräumt hat. Personenbezogene Daten, die auf einem eigengenutzten informationstechnischem System gespeichert sind, sind daher in der Regel nicht-öffentliche Daten.[37] Ein Zugriff auf diese Daten stellt einen Eingriff in das Recht auf informationelle Selbstbestimmung nach Art. 8 EMRK dar. Darüber hinaus ist auch das Recht auf Privatsphäre einschlägig, weshalb auch der Zugriff auf nicht-personenbezogene Daten, die in dem informationstechnischen System gespeichert sind, einen Eingriff in das Recht auf Achtung des Privatlebens nach Art. 8 EMRK darstellt. Schwierigkeiten können sich dann ergeben, wenn der Nutzer Programme installiert, die dem Hersteller bestimmte Zugangsrechte einräumen. Dies ist insbesondere im Bereich der *Apps* häufig der Fall. Es gilt stets im Einzelfall zu klären, ob eine wirksame Einverständniserklärung des Datensubjekts vorliegt.[38]

---

[36] Siehe hierzu oben Erster Teil, D. IV. 2.

[37] Vgl. oben Erster Teil, D. II. 2.

[38] Siehe hierzu Zweiter Teil, B. II.

Wie bereits gezeigt wurde, prüft der EGMR jedoch entsprechende Fälle nicht am Maßstab des Rechts auf Achtung des Privatlebens, sondern an jenem auf Achtung der Korrespondenz. Diese weite Auslegung des Schutzes durch das Recht auf Achtung der Korrespondenz kann jedoch, wie bereits gezeigt wurde, den Schutz der in einem eigengenutzten informationstechnischen System gespeicherten personenbezogenen Daten durch das Recht auf Achtung des Privatlebens nicht ersetzen.

4. Erlangung von Informationen von Dritten

Neben Zugriff auf im Internet frei verfügbare personenbezogene Daten, dem direkten Zugriff auf ein eigengenutztes Informationssystem des Datensubjekts und dem Zugriff während des Übermittlungsvorgangs gibt es noch einen vierten Anknüpfungspunkt zur Erlangung von Information. Der Staat kann sich Zugang zu Informationen verschaffen, die sich in der Verfügungsmacht von Dritten befinden. Dies kann in verschiedenen Konstellationen der Fall sein. Einerseits kann das Datensubjekt dem Dateninhaber die Daten selbst gegeben haben. Beispiele hierfür sind die E-Mail, die versandt wird und im Anschluss beim Empfänger bleibt, oder die im Rahmen des Online-Shoppings bekanntgegebene Kreditkartennummer. Andererseits fällt aber auch regelmäßig bei den technischen Abläufen im Internet eine Fülle von Daten an. Dies geschieht in der Regel nicht beim Nutzer, also beim Datensubjekt, sondern beim Dienstanbieter.[39] Ein Beispiel für solche Dienstanbieter sind die Provider von E-Mail-Diensten. Besonders hervorzuheben ist *Google*, das mit einer Reihe von Angeboten in zahlreichen Bereichen Daten sammeln kann. Das unglaubliche Volumen der so bei Dritten gesammelten Datenmengen ist in letzter Zeit regelmäßiger Gegenstand von Berichten.[40] Mit den sogenannten „Big Data Analysen" können auch enorme Datenmengen, die nur in unstrukturierter Form vorliegen, ausgewertet werden.[41] Es wundert daher nicht, dass der Zugriff auf diese Daten für den Staat insbesondere im Rahmen der Verbrechensbe-

---

[39] Zur besonderen Rolle der Online-Intermediäre im Internet siehe *Karavas*, Digitale Grundrechte, 103 ff.

[40] Siehe z.B. http://www.faz.net/aktuell/feuilleton/medien/big-data-was-google-wirklich-weiss-13276871.html (31.5.2015).

[41] Siehe z.B. http://www.bmbf.de/de/23429.php (31.5.2015).

kämpfung von großem Interesse ist.[42] Es muss daher untersucht werden, inwiefern ein Zugriff auf bei Dritten gespeicherte Daten durch den Staat auch ein Eingriff in die aus Art. 8 EMRK folgenden Rechte des Datensubjekts sein kann.

Der EGMR stellte im Fall *Uzun* einen Eingriff in die Rechte des Beschwerdeführers fest, obwohl der GPS-Sender nicht beim Betroffenen selbst, sondern am Wagen seines Komplizen angebracht war. Er begründete dies damit, dass die Überwachungsmaßnahme auf die Sammlung von Informationen auch über den Beschwerdeführer gerichtet war.[43] Er verwies hierbei insbesondere auf sein Urteil im Fall *Lambert*, in dem er zu dem Ergebnis kam, dass es für das Vorliegen eines Eingriffs in das Recht auf Achtung des Privatlebens des Beschwerdeführers nicht relevant sei, dass die Leitung seines Gesprächspartners und nicht das Telefongerät des Beschwerdeführers abgehört wurde.[44] Der direkte Zugriff des Staats stellt somit jedenfalls auch einen Eingriff in die Rechte des Datensubjekts dar, wenn der Zugriff bei Dritten erfolgt.[45] Ein Zugriff auf Informationen bei Providern oder anderen Nutzern stellt folglich immer dann einen Eingriff in die Rechte des Datensubjekts dar, wenn der Zugriff direkt beim Datensubjekt auch einen Eingriff dargestellt hätte.

Gleiches muss gelten, wenn der Staat den Dritten zur Herausgabe der Daten verpflichtet. Schließlich unterscheiden sich die Maßnahmen im Ergebnis kaum. Auch die EKMR sah bereits im Jahr 1989 einen Eingriff in die aus Art. 8 EMRK folgenden Rechte einer Beschwerdeführe-

---

[42] Siehe z.B. Art. 1 Abs. 1 der inzwischen für ungültig erklärten Vorratsdatenspeicherungsrichtlinie, wo es heißt: „Mit dieser Richtlinie sollen die Vorschriften der Mitgliedstaaten über die Pflichten von Anbietern öffentlich zugänglicher elektronischer Kommunikationsdienste oder Betreibern eines öffentlichen Kommunikationsnetzes im Zusammenhang mit der Vorratsspeicherung bestimmter Daten, die von ihnen erzeugt oder verarbeitet werden, harmonisiert werden, um sicherzustellen, dass die Daten zum Zwecke der Ermittlung, Feststellung und Verfolgung von schweren Straftaten, wie sie von jedem Mitgliedstaat in seinem nationalen Recht bestimmt werden, zur Verfügung stehen."

[43] EGMR, 2.9.2010, 35623/05 (Uzun gegen Deutschland) Rz. 49, siehe auch EGMR, 25.6.2013, 18540/04 (Valentino Acatrinei gegen Rumänien) Rz. 53.

[44] EGMR, 24.8.1998, 23618/94 (Lambert gegen Frankreich), Rz. 21, siehe auch *Grabenwarter/Pabel*, EMRK[5], § 22 Rz. 31.

[45] So auch *Berka*, Das Grundrecht auf Datenschutz, 59.

rin in der Verpflichtung eines Telefonanbieters, den Steuerbehörden Name und Adresse der Beschwerdeführerin mitzuteilen.[46]

Im Fall *Malone* kam der EGMR zu dem Schluss, dass die auf Nachfrage der Behörden erfolgte freiwillige Weitergabe von durch den Telekommunikationsanbieter mittels „*Metering*“[47] erfassten Kommunikationsverbindungsdaten an die Polizei einen Eingriff darstelle.[48] Der Zugriff von staatlichen Behörden auf Kommunikationsdaten, die bei einem Kommunikationsdienstanbieter, wie beispielsweise einem E-Mail-Service-Provider, im Rahmen der Übermittlung der Nachrichten schon aus technischen Gründen anfallen, stellt folglich selbst dann einen Eingriff in die Rechte des Betroffenen dar, wenn der Kommunikationsdienstanbieter die Daten freiwillig herausgibt. Wenn dies für die Kommunikationsverbindungsdaten gilt, muss es *a minori ad maius* auch für die den Inhalt der Nachricht betreffenden Daten gelten.

Hierbei handelt es sich allerdings um einen Sonderfall. Der Staat erhält die Daten vom Kommunikationsdienstanbieter, auf den das Datensubjekt zur Übermittlung der Nachricht angewiesen ist. Das Recht auf Achtung der Korrespondenz ist dann nicht mehr betroffen, wenn der Empfänger die Informationen freiwillig weitergibt. Es kann jedoch in diesen Fällen das Recht auf Achtung des Privatlebens zur Anwendung kommen.[49] Allerdings ist hier der Schutz vor Verwendung und Verarbeitung von Daten oder das Recht auf vertrauliche Behandlung der Daten durch den Staat einschlägig. Erlangt der Staat Daten, indem ihm Dritte, die berechtigterweise über die Daten verfügen und nicht als Kommunikationsdienstanbieter einzustufen sind, diese zur Verfügung stellen, so stellt dies keinen Eingriff in das Recht auf Geheimhaltung personenbezogener Daten vor dem Staat dar, solange der Staat nicht maßgeblich an der Informationsbeschaffung beteiligt ist.[50]

---

[46] EKMR, 2.5.1989, 12662/87 (R.V. gegen Niederlande).

[47] Zum Begriff des „*Metering*“ siehe EGMR, 2.8.1984, 8691/79 (Malone gegen Vereinigtes Königreich) Rz. 56.

[48] EGMR, 2.8.1984, 8691/79 (Malone gegen Vereinigtes Königreich) Rz. 84.

[49] *Marauhn/Thorn* in Dörr/Grote/Marauhn, EMRK/GG^2, Rz. 61; EKMR, 13.7.1970, 3788/68 (X gegen Schweden).

[50] Siehe zum Abhören eines Telefonats durch staatliche Stellen auf Initiative des Kommunikationspartners *Paeffgen*, SK-StPO Band X, Art. 8 Rz. 41 c; EGMR, 23.11.1993, 14838/89 (A gegen Frankreich) Rz. 36; EGMR, 28.4.2003, 39339/98 (M.M. gegen Niederlande) Rz. 38 f.

5. Besonderheiten bei geheimen Überwachungsmaßnahmen

Während bei der Erlangung von Informationen von Dritten durch eine Verpflichtung zur Herausgabe zumindest der Dritte über die staatlichen Handlungen informiert ist, können andere Informationsbeschaffungsmaßnahmen des Staats gänzlich unbemerkt vonstatten gehen. Außerdem merkt das Datensubjekt meist auch dann nichts von den staatlichen Überwachungsmaßnahmen, wenn ein Dritter informiert und involviert ist. Der EGMR berücksichtigt in seiner Rechtsprechung die sich aus der fehlenden Transparenz ergebenden besonderen Gefahren und Probleme des Betroffenen bei geheimen Überwachungen.

Probleme bei der Gewährung von Schutz vor geheimen Maßnahmen entstehen, da dem Grundrechtsberechtigten kein Weg offensteht, zu erfahren, ob er von den geheimen Maßnahmen betroffen ist oder nicht. Nur durch die unmittelbare Heranziehung der gesetzlichen Grundlage, kann den Rechten des Betroffenen Rechnung getragen werden. Andernfalls könnte der Grundrechtberechtigte nämlich nicht substantiiert und schlüssig vortragen, dass die geheimen Überwachungsmaßnahmen seine Rechte verletzen.[51] Im Fall *Klass* führte der EGMR aus, dass er akzeptiere, dass eine Person unter bestimmten Umständen behaupten könne, ein Opfer einer Verletzung durch die bloße Existenz einer geheimen Maßnahme oder von gesetzlichen Bestimmungen, die solche Maßnahmen erlaubt, zu sein, ohne behaupten zu müssen, dass diese Maßnahmen tatsächlich auf ihn angewendet wurden. Die relevanten Umstände müssten im Einzelfall im Einklang mit der Konvention und den Rechten, deren Verletzung behauptet wurde, der Einstufung der Maßnahme als geheim und der Verbindung zwischen dem Beschwerdeführer und der Maßnahme beurteilt werden.[52] Die Existenz der gesetzlichen Ermächtigung staatlicher Organe zur Durchführung solcher Maßnahmen ist ausreichend für die Zulässigkeit der Individualbeschwerde nach Art. 34 EMRK.

In der Folge sieht der EGMR in ständiger Rechtsprechung einen Eingriff in die Rechte des Art. 8 EMRK durch geheime Überwachungsmaßnahmen nicht erst als gegeben an, wenn diese Maßnahmen tatsächlich durchgeführt wurden, sondern bereits durch die bloße Existenz einer Gesetzgebung die eine geheime Überwachung grundsätzlich zu-

---

51 Siehe zur Opfereigenschaft *Grabenwarter/Pabel*, EMRK[5], § 13 Rz. 16.

52 EGMR, 6.9.1978, 5029/71 (Klass u.a. gegen Deutschland) Rz. 33 ff.

lässt.[53] Der Eingriff, so führte der EGMR teilweise aus, liege in der Angst vor willkürlicher Überwachung, die durch die Existenz der gesetzlichen Grundlage in Verbindung mit dem Fehlen geeigneter Schutzmaßnahmen bei jenen, die dem Risiko ausgesetzt sind, von solchen Maßnahmen betroffen zu sein, hervorgerufen wird.[54]

Allerdings prüft der Gerichtshof nicht im Einzelfall, ob eine begründete Angst, betroffen zu sein, vorliegt. Wenn der Beschwerdeführer geltend macht, er sei tatsächlich überwacht worden, muss er dies zwar mit hinreichender Wahrscheinlichkeit („*reasonable likelihood*") nachweisen.[55] Hierdurch wird die *Klass*-Rechtsprechung jedoch nicht eingeschränkt.[56] Die Gesetzeslage als solche stellt in dieser besonderen Konstellation unabhängig von einer konkreten potentiellen Betroffenheit einen Eingriff dar, wenn sie nur grundsätzlich auf den Betroffenen anwendbar ist. Dies zeigt sich klar im Fall *Kennedy*, in dem der EGMR mit ausführlicher Begründung zwar zu dem Schluss kommt, dass nicht mit hinreichender Wahrscheinlichkeit nachgewiesen wurde, dass der Beschwerdeführer tatsächlich abgehört wurde, aber dennoch einen Eingriff in Art. 8 EMRK feststellt. Nur so kann nach Ansicht des Gerichtshofs sichergestellt werden, dass geheime Überwachungsmaßnahmen nicht unanfechtbar sind.[57]

Auffällig ist, dass der Gerichtshof das Fehlen ausreichender Schutzmaßnahmen vor willkürlicher Sammlung und Speicherung von Daten

---

[53] EGMR, 6.9.1978, 5029/71 (Klass u.a. gegen Deutschland) Rz. 41; EGMR, 2.8.1984, 8691/79 (Malone gegen Vereinigtes Königreich) Rz. 64; EGMR, 29.6.2006, 54934/00 (Weber u. Saravia gegen Deutschland) Rz. 77 ff.; EGMR, 28.6.2007, 62540/00 (Association for European Integration and Human Rights and Ekimdzhiev) Rz. 69; EGMR, 1.7.2008, 58243/00 (Liberty u.a. gegen Vereinigtes Königreich), Rz. 57; EGMR, 10.2.2009, 25198/02 (Iordachi u.a. gegen Moldawien) Rz. 34; EGMR, 18.5.2010, 26839/05 (Kennedy gegen Vereinigtes Königreich) Rz. 119 ff.; EGMR, 23.10.2012, 22373/04 (Hadzhiev gegen Bulgarien) Rz. 44; siehe auch *Grabenwarter/Pabel*, EMRK[5], § 22 Rz. 27.

[54] EGMR, 10.2.2009, 25198/02 (Iordachi u.a. gegen Moldawien) Rz. 34; EGMR, 24.5.2011, 33810/07 u. 18817/08 (Association „21 December 1989" u.a. gegen Rumänien) Rz. 114.

[55] EGMR, 25.6.1997, 20605/92 (Halford gegen Vereinigtes Königreich) Rz. 48.

[56] So aber *Siemen*, Datenschutz 137 f.; *Schmahl*, JZ 2014, 228.

[57] EGMR, 18.5.2010, 26839/05 (Kennedy gegen Vereinigtes Königreich) Rz. 119 ff.; siehe auch *Reid*, ECHR[4], II-685.

teils nicht im Zusammenhang des Vorliegens eines Eingriffs prüft, sondern erst im Rahmen der Rechtfertigungsprüfung nach Art. 8 Abs. 2 EMRK, bei der Frage der gesetzlichen Grundlage.[58] Der Gerichtshof widerspricht sich hier selbst. Während er in einigen Fällen betont, dass der Eingriff in der Angst vor willkürlicher Überwachung liege, die durch die Existenz der gesetzlichen Grundlage in Verbindung mit dem Fehlen geeigneter Schutzmaßnahmen bei jenen, die dem Risiko ausgesetzt sind, von solchen Maßnahmen betroffen zu sein, hervorgerufen wird,[59] stellt in anderen Fällen die Existenz der gesetzlichen Ermächtigung zu geheimen Datensammlungen und Speicherungen bereits einen Eingriff dar, nicht erst die Schaffung einer Gefährdungslage durch mangelnde Schutzvorkehrungen.[60] Es stellt sich die Frage, inwiefern der Einzelne durch diese abstrakte Ermächtigung konkret beschwert wird.

Die Opfereigenschaft eines Beschwerdeführers kann nicht nur auf staatlichem Tun, sondern auch auf staatlichem Unterlassen beruhen.[61] Die zu beantwortende Frage ist also, ob die abstrakte Gefährdung, welche die unmittelbare Betroffenheit begründet, erst durch die Existenz der gesetzlichen Ermächtigung hervorgerufen wird oder ob sie bereits existiert und durch die gesetzliche Grundlage nur konkretisiert wird. Der EGMR geht offensichtlich von ersterem aus. In der Folge sieht er in der bloßen Existenz schon einen Eingriff. Die Schaffung der Gefährdungslage durch den Gesetzgeber steht im Fokus. Eventuell ergriffene Schutzmaßnahmen werden erst im Rahmen der Rechtfertigung berücksichtigt.

Betrachtet man die nationale Rechtsordnung als Ganzes, kommt man zum zweiten Ergebnis. Denn nur wenn eine oder mehrere andere Bestimmungen oder auch Grundprinzipien einer Rechtsordnung ein Legalitätsprinzip, wie es in Art. 18 Abs. 1 B-VG steht, oder einen Grundsatz der Gesetzmäßigkeit der Verwaltung und der Justiz, wie er in Art. 20 Abs. 3 GG verankert ist, vorsehen und somit verhindern, dass

---

[58] EGMR, 24.5.2011, 33810/07 u. 18817/08 (Association „21 December 1989" u.a. gegen Rumänien) Rz. 114 ff.

[59] EGMR, 10.2.2009, 25198/02 (Iordachi u.a. gegen Moldawien) Rz. 34; EGMR, 24.5.2011, 33810/07 u. 18817/08 (Association „21 December 1989" u.a. gegen Rumänien) Rz. 114.

[60] So ausdrücklich z.B. EGMR, 28.6.2007, 62540/00 (Association for European Integration and Human Rights and Ekimdzhiev) Rz. 69.

[61] *Grabenwarter/Pabel*, EMRK[5], § 13 Rz. 16.

die Behörden ohne explizite Ermächtigung aktiv werden können, kann die Ermächtigung als aktives Tun gesehen werden. Fehlt es an einer Gesetzesbindung staatlichen Handelns, so wird die Gefährdung des Betroffenen durch das Unterlassen des Staats, geeignete Beschränkungen vorzusehen, hervorgerufen. Letztendlich handelt es sich um ein Problem der grundrechtskonformen Ausgestaltung der Rechtsordnung. Es liegt also eine positive Verpflichtung des Staats vor. Die im Einzelfall zu beantwortende Frage lautet: Bietet die nationale Rechtsordnung dem Beschwerdeführer hinreichenden Schutz vor von ihm mangels Kenntnis nicht kontrollierbaren geheimen Überwachungsmaßnahmen durch staatliche Stellen?

Diese Frage müsste stets für den konkreten Fall beantwortet werden. Die Existenz einer positiven Verpflichtung wird vom EGMR nämlich mit nicht gerechtfertigtem Unterlassen gleichgesetzt, die Abwägungsentscheidung wird vorgezogen.[62] Die gesetzliche Grundlage wird, wenn man von einer positiven Verpflichtung zur grundrechtskonformen Ausgestaltung der Rechtsordnung ausgeht, im Lichte der Gefährdung des Betroffenen im Einzelfall und nicht anhand genereller Kriterien auf der Ebene der gesetzlichen Grundlage durch die Bewertung der Qualität derselben bewertet.[63] Statt der gesetzlichen Grundlage stehen ihre Auswirkungen auf den Grundrechtsberechtigten wieder im Vordergrund. Die Qualität der gesetzlichen Grundlage und insbesondere die vorgesehenen Schutzmaßnahmen sind bei der Bestimmung der konkreten Gefährdung im Einzelfall zu berücksichtigen, nicht bei der Rechtfertigung.

6. *Zusammenfassung*

Zusammenfassend kann festgehalten werden, dass der Zugriff auf noch nicht öffentliche personenbezogene Daten durch den Staat regelmäßig einen Eingriff in die aus Art. 8 EMRK folgenden Rechte des Datensubjekts darstellt. Greift der Staat während des Übertragungsvorgangs auf die Daten zu, so ist das Recht auf Achtung des Privatlebens und das Recht auf Achtung der Korrespondenz zu prüfen. Zugriffe auf ein eigengenutztes informationstechnisches System können zudem Eingriffe

---

[62] EGMR, 24.2.1998, 21439/93 (Botta gegen Italien) Rz. 33; EGMR, 13.11.2007, 31358/03 (Muscio gegen Italien).

[63] Vgl. hierzu unten Dritter Teil, A. I.

in das Recht auf Achtung der Wohnung darstellen, wenn der Zugriff auf das informationstechnische System lediglich der Instrumentalisierung desselben zur Überwachung seines Umfelds dient.

Bei geheimen Überwachungsmaßnahmen sieht der EGMR den Eingriff in die Rechte aller potentiell Betroffenen bereits in der Existenz der gesetzlichen Ermächtigung. Passender wäre es, von einer positiven Verpflichtung, die nationale Rechtsordnung so auszugestalten, dass sie Schutz vor willkürlichen, geheimen Überwachungsmaßnahmen durch staatliche Stellen bietet, auszugehen.

II. Aufbewahren und Verwenden von personenbezogenen Daten

Es wurde bereits gezeigt, dass neben dem Gewinnen von Informationen durch den Staat auch das Aufbewahren und Verwenden personenbezogener Daten durch staatliche Stellen in das Recht auf Privat- und Familienleben nach Art. 8 EMRK eingreifen können.[64] Im Fall *Uzun* nannte der EGMR drei Gruppen von Eingriffen in das Recht auf Achtung des Privatlebens, die als Aufbewahrung oder Verwendung von Daten zu sehen sind: Datensammlungen („*compilation*"), das Verarbeiten von Daten („*processing or use*") und das Weiterveröffentlichen in nicht vorhersehbarem Ausmaß.[65] Die Bedeutung dieser drei Gruppen im Internet soll im Folgenden anhand von Beispielen gezeigt werden. Auch hier wird eine abschließende Aufzählung aller technischen Möglichkeiten des Staats jedoch nicht möglich sein.

1. Datensammlung

Wie bereits bei der Untersuchung der Schutzgüter dargelegt wurde, stellt die systematische Sammlung und Speicherung von öffentlichen und von nicht öffentlichen personenbezogenen Daten über eine Person einen Eingriff in deren Recht auf Achtung des Privatlebens dar.[66] Der

---

64 Siehe oben Erster Teil, D. IV. 2. b.

65 EGMR, 2.9.2010, 35623/05 (Uzun gegen Deutschland) Rz. 45 ff.

66 EGMR, 16.2.2000 (GK), 27798/95, (Amann gegen Schweiz) Rz. 65 f.; EGMR, 4.5.2000, 28341/95 (Rotaru gegen Rumänien) Rz. 43 f.; EGMR, 25.9.2001, 44787/98 (P.G. und J.H. gegen Vereinigtes Königreich) Rz. 57; EGMR, 28.1.2003, 44647/98 (Peck gegen Vereinigtes Königreich) Rz. 59;

oben erwähnte Fall der Recherche eines Polizisten auf der Homepage eines Verdächtigen kann hierunter subsumiert werden, wenn der Polizist Aufzeichnungen über die auf der Homepage gesammelten Daten führt.

Auch eine Vorratsdatenspeicherung stellt einen Eingriff in das Recht auf Achtung des Privatlebens dar.[67] Eine Analyse oder das Lesen einzelner E-Mails ist nicht nötig.[68] Die Tatsache, dass nicht über eine einzige Person, sondern über alle Informationen gesammelt werden, steht dem Vorliegen eines Eingriffs im Einzelfall nicht entgegen. Schließlich kann die Häufung von Grundrechtseingriffen nicht das Vorliegen eines Eingriffs beeinflussen. Entgegenstehen könnte dem Vorliegen eines Eingriffs jedoch das Argument, dass die Vorratsdaten nicht systematisch gesammelt und gespeichert würden, da schließlich sowohl der Vorgang der Sammlung als auch die Speicherung nicht zu einer Sortierung der Daten führe. Dem wäre wohl zuzustimmen, wenn es sich um eine manuelle Datenverarbeitung handeln würde. Immerhin ist der Unterschied zwischen einer systematischen Sammlung und Speicherung und einer unsystematischen aus Sicht des Grundrechtsberechtigten insbesondere die Zugänglichkeit der Daten nach bestimmten Kriterien.[69] Während bei einer manuell geführten Datensammlung der gezielte Zugriff auf bestimmte personenbezogenen Daten bei fehlender systematischer Strukturierung der Sammlung je nach ihrer Größe stark erschwert oder sogar nahezu unmöglich ist, kann eine elektronische Datensammlung auch in unstrukturierter Form stets nach bestimmten Suchkriterien durchdrungen werden.[70] Elektronische Datensammlungen sind daher immer systematische Datensammlungen, weshalb die Vorratsda-

---

EGMR, 17.7.2003, 63737/00 (Perry gegen Vereinigtes Königreich) Rz. 38; EGMR, 2.9.2010, 35623/05 (Uzun gegen Deutschland) Rz. 46.

67 *Meyer-Ladewig*, EMRK³, 42; *Uerpmann-Wittzack/Jankowska-Gilberg*, MMR 2008, 87; *Uerpmann-Wittzack*, German Law Journal 2010, 1252; vgl. auch EuGH, 8.4.2014, C-293/12 und C-594/1 (Digital Rights Ireland und Seitlinger u.a.) Rz. 33 f.; VfGH, 27.6.2014, G 47/2012-49 u.a. (Vorratsdatenspeicherung) Rz. 163.

68 *Uerpmann-Wittzack/Jankowska-Gilberg*, MMR 2008, 87.

69 Vgl. auch Art. 2 lit. c der Richtlinie 95/46/EG des Europäischen Parlaments und des Rates vom 24. Oktober 1995 zum Schutz natürlicher Personen bei der Verarbeitung personenbezogener Daten und zum freien Datenverkehr, Abl L 1995/281, 31 i.d.F. 2003/284 sowie Erwägungsgrund 27.

70 http://www.bmbf.de/de/23429.php (31.5.2015).

tenspeicherung jedenfalls als systematische Sammlung und Speicherung personenbezogener Daten i.S.d. *Uzun*-Rechtsprechung des EGMR zu sehen ist.

Im Internet bietet vor allem auch der der Einsatz von *Cookies*[71] die Möglichkeit, detaillierte Benutzerprofile zu erstellen.[72] Hierbei handelt es sich jedoch primär um ein Instrument privater Dritter – und insbesondere großer Unternehmen, wie beispielsweise *Amazon* – um Kundenprofile zu erstellen und diese zu Marketingzwecken zu nutzen.[73] Nichtdestotrotz können sich bei entsprechender Kooperation dieser Unternehmen mit staatlichen Stellen auch Situationen ergeben, in denen der Staat sich die Nutzung der *Cookies* zurechnen lassen muss. Allerdings wird dies mit Blick auf die Rechtsprechung des EGMR zum Abhören von Telefonen nur dann der Fall sein, wenn der Staat maßgeblich an der Datensammlung beteiligt ist.[74] Hiervon ist jedenfalls auszugehen, wenn der Staat den Dritten zur Sammlung der Daten per Gesetz verpflichtet.[75]

2. *Verarbeitung personenbezogener Daten*

Neben der Datensammlung sieht der EGMR, wie erwähnt, auch das Verarbeiten von personenbezogenen Daten als Eingriff in das Recht auf Achtung des Privatlebens nach Art. 8 EMRK. Unter „Verarbeitung" ist mit Blick auf Art. 2 der Datenschutzkonvention und das Unionsrecht „das Speichern von Daten, das Durchführen logischer und/oder rechnerischer Operationen mit diesen Daten, das Verändern, Löschen, Wie-

---

[71] Zur Definition und Funktionsweise von *Cookies* siehe vorne Erster Teil, D. IV. 1. a. cc.

[72] *Arning/Haag* in Heidrich/Forgó/Feldmann, Heise Online-Recht, Rz. 76 (2. Erg.Lfg. 2011).

[73] *Arning/Haag* in Heidrich/Forgó/Feldmann, Heise Online-Recht, Rz. 76 (2. Erg.Lfg. 2011); *Kurose/Ross*, Computernetzwerke[4], 135 ff.

[74] Siehe zum Abhören eines Telefonats durch staatliche Stellen auf Initiative des Kommunikationspartners *Paeffgen*, SK-StPO Band X, Art. 8 Rz. 41 c; EGMR, 23.11.1993, 14838/89 (A gegen Frankreich) Rz. 36; EGMR, 28.4.2003, 39339/98 (M.M. gegen Niederlande) Rz. 38 f.

[75] Vgl. VfGH, 27.6.2014, G 47/2012-49 u.a. (Vorratsdatenspeicherung) Rz. 160.

dergewinnen oder Bekanntgeben von Daten" zu verstehen.[76] Ob diese Vorgänge automatisch oder manuell erfolgen ist nicht relevant.[77]

Zu beachten ist allerdings, dass auch hier eine gewisse Eingriffsschwere vorliegen muss.[78] Die besondere Bedeutung einer solchen Eingriffsschwelle für die Gewährleistung eines effektiven und praktisch umsetzbaren Schutzes der Persönlichkeitsrechte im Internet nach Art. 8 EMRK zeigt sich deutlich am Beispiel des Speicherns personenbezogener Daten als Form der Datenverarbeitung i.S.d. Rechtsprechung des EGMR. Gäbe es eine solche Eingriffsschwelle nicht, so würde jede Aktivität eines staatlichen Organs im Internet einen zu rechtfertigenden Eingriff darstellen, der insbesondere auch einer gesetzlichen Grundlage bedürfte.[79] Schließlich werden selbst beim bloßen Browsen im Internet Daten am Arbeitsspeicher des Rechners abgelegt. Hierin mag eine urheberrechtliche Vervielfältigung liegen,[80] eine grundrechtlich relevante Verarbeitung personenbezogener Daten durch den Staat liegt jedoch hinsichtlich der kurzen Dauer der Speicherung nicht vor.

3. Weitergabe und Veröffentlichung personenbezogener Daten

Eine besondere Form der Verwendung von personenbezogenen Daten ist ihre Weitergabe oder Veröffentlichung. Während die Weitergabe die Information einem oder mehreren bestimmten Empfängern zugänglich macht, führt eine Veröffentlichung zur allgemeinen Zugänglichkeit durch die breite Öffentlichkeit. Es muss zwischen einer einfachen Weitergabe oder Veröffentlichung und einer Weitergabe oder Veröffentlichung, die eine Rufschädigung darstellt oder sonst negative Auswirkungen auf die Schutzgüter des Art. 8 EMRK und insbesondere die persönliche Integrität des Betroffenen hat, unterschieden werden.

---

[76] Vgl. auch *Schweizer*, DuD 2009, 466.

[77] Vgl. vorne Erster Teil, D. IV. 2. b. aa.

[78] Siehe allgemein zu Art. 8 EMRK unten Zweiter Teil, B. I. sowie *Marauhn/Thorn* in Dörr/Grote/Marauhn, EMRK/GG^2, Rz. 71; *Villiger*, EMRK^2, Art. 8 Rz. 555.

[79] Siehe hierzu Dritter Teil, A. I.

[80] Zu § 16 des deutschen UrhG *S. Ernst* in Hoeren/Sieber/Holznagel, Multimedia-Recht, Teil 7.1 Rz. 57.

So stellte der EGMR in seiner Entscheidung im Fall *Wypych* fest, dass die Verpflichtung, detaillierte Informationen über die eigene finanzielle Lage zu veröffentlichen, einen zu rechtfertigenden Eingriff in Art. 8 EMRK darstelle, ohne weitere Auswirkungen auf das Privatleben des Beschwerdeführers zu prüfen.[81] Im Fall *Căşuneanu* hingegen prüfte er zunächst, ob der Beschwerdeführer durch die Weitergabe von Informationen an die Presse durch staatliche Organe einen Schaden erlitten hat. Er stellte fest, dass der Beschwerdeführer in einem ungünstigen Licht dargestellt wurde und kam in der Folge zu dem Schluss, dass ein Eingriff in das Recht auf einen guten Ruf vorliegt.[82]

Das staatliche Informationshandeln greift daher sowohl in das Recht auf einen guten Ruf, das der psychischen Integrität zuzuordnen ist, als auch in das Recht auf informationelle Selbstbestimmung ein. Der Eingriff in das speziellere Recht auf einen guten Ruf geht daher dem Eingriff in das Recht auf Achtung des Privatlebens in seiner Ausprägung des Rechts auf informationelle Selbstbestimmung vor. Diese Einteilung ist insbesondere auf Ebene der Rechtfertigung ausschlaggebend, da Eingriffe in das Recht auf einen guten Ruf schwerer zu rechtfertigen sind. Die Unterscheidung zwischen einer Rufschädigung durch staatliche Organe und einer bloßen Weitergabe von Informationen ist außerdem von Bedeutung, da letzterer davon abhängt, ob der Beschwerdeführer begründeterweise nicht mit einer Veröffentlichung in diesem Ausmaß gerechnet hat.[83] Ein Eingriff in das Recht auf einen guten Ruf kann jedoch auch bei einer zu erwartenden Veröffentlichung gegeben sein, wenn nur die Rufschädigung nicht vorhersehbare Konsequenz der eigenen Handlungen des Geschädigten war.[84]

---

[81] EGMR, 25.10.2005, 2428/05 (Wypych gegen Polen).

[82] EGMR, 16.4.2013, 22018/10 (Căşuneanu gegen Rumänien) Rz. 82 ff.; die Verhältnismäßigkeit des Eingriffs überprüft der EGMR allerdings nicht mehr. Statt der richtigen Annahme, dass der Eingriff bereits in der Weitergabe der Information an die Presse durch ein staatliches Organ liegt, weiterhin zu folgen, wechselt er seine Herangehensweise und überprüft, ob der Staat seine Schutzpflichten erfüllt, siehe hierzu unten Dritter Teil, B. III. 2.

[83] Siehe ausführlich Erster Teil, D. IV. 2. b. cc.; EGMR, 28.1.2003, 44647/98 (Peck gegen Vereinigtes Königreich) Rz. 62.

[84] Siehe ausführlich Erster Teil, D. I. 1.; EGMR, 16.10.2008, 39627/05 u. 39631/05 (Taliadouou u. Stylianou gegen Zypern) Rz. 56; EGMR, 16.10.2008, 39058/05 (Kyriakides gegen Zypern) Rz. 52.

Ein Eingriff in das Recht auf einen guten Ruf kann daher auch durch staatliches Informationshandeln, das keine Bekanntgabe von nichtöffentlichen Informationen über das Datensubjekt darstellt, erfolgen. Ein Beispiel hierfür sind Warnungen oder Empfehlungen des Staats, durch die individuelle Entscheidungen und Verhaltensweisen, nicht durch Befehl und Zwang, sondern mittels Information beeinflusst werden sollen, wenn es sich um personenbezogene Äußerungen handelt.[85] Solche Warnungen finden sich in letzter Zeit vor allem auch auf den entsprechenden Internetseiten der staatlichen Stellen. Zudem rückt auch die staatliche Aktivität in sozialen Medien zunehmend in den Fokus der grundrechtlichen Diskussion.[86] Staatliches Informationshandeln kann neben Geheimhaltungsansprüchen und dem guten Ruf auch eine Reihe anderer Aspekte des Art. 8 EMRK betreffen. Beispielweise können auch Auswirkungen auf die freie Berufsausübung als Eingriff in das Recht auf Achtung des Privat- und Familienlebens gesehen werden.[87] Ein Beispiel hierfür sind vom Staat im Internet veröffentlichten Negativ-Listen, die dem Verbraucherschutz dienen. Eine solche Liste lag im Fall der Pankower „Ekelliste" vor. Hier hatten staatliche Stellen die negativen Ergebnisse von Lebensmittelkontrollen, einschließlich des Namens der kontrollierten Gaststätte, ihrer Adresse und eine Beschreibung der beanstandeten Mängel unter Angabe des Datums der Kontrolle und einer möglichen Nachkontrolle, im Internet veröffentlicht.[88]

---

[85] Vgl. hierzu *Schmidt*, Staatliches Informationshandeln, 29 ff.; *Schoch*, NVwZ 2011, 193 ff.

[86] Siehe hierzu etwa VfGH, 6.3.2014, B1035/2013 (Facebook).

[87] Zum Schutz der Berufsausübung durch Art. 8 EMRK siehe EGMR, 27.7.2004, 55480/00 und 59330/00 (Sidabras u. Džiautas gegen Litauen) Rz. 44; EGMR, 7.4.2005, 70665/01 u. 74345/01 (Rainys u. Gasparavičius gegen Litauen) Rz. 35 f.; EGMR, 28.5.2009, 26713/05 (Bigaeva gegen Griechenland) Rz. 22 ff.; *Grabenwarter/Pabel*, EMRK[5], § 22 Rz. 14; *Meyer-Ladewig*, EMRK[3], Art. 8 Rz. 31; zu möglichen Eingriffen in die Berufsausübungsfreiheit durch staatliches Informationshandeln siehe *Becker/Blackstein*, NJW 2011, 491; *Schmidt*, Staatliches Informationshandeln, 29 ff.

[88] Siehe hierzu *Becker/Blackstein*, NJW 2011, 490 f.

III. Die Verweigerung des Zugangs zu vom Staat gespeicherten Informationen

Neben den Eingriffen durch Zugriff auf oder Verwendung von personenbezogenen Daten, wird in der Literatur teils eine dritte Gruppe von informationstechnischen Eingriffen in das Recht auf Achtung des Privatlebens genannt: die Verweigerung des Zugangs zu den vom Staat gespeicherten Informationen.[89] Wie bereits dargelegt wurde, gewährleistet Art. 8 EMRK jedoch kein eigenständiges Recht auf Zugang zu vom Staat gespeicherten Informationen.[90] Die Verweigerung dieses Zugangs kann daher keinen eigenständigen Eingriff darstellen, sondern ist stets in Verbindung mit der Speicherung zu sehen. Die Intensität dieses Eingriffs wird durch die Verweigerung des Zugangs zu den Informationen erhöht.

B. Überschreiten der Eingriffsschwelle und fehlende Einwilligung als Voraussetzung für die Qualifikation staatlichen Handelns im Internet als Eingriff

Nicht jedes staatliche Handeln im Internet führt auch tatsächlich zum Vorliegen eines Eingriffs. Einerseits muss sowohl in quantitativer als auch in qualitativer Hinsicht eine gewisse Eingriffsschwere vorliegen.[91] Andererseits kann auch eine freiwillige Zustimmungserklärung – ob konkludent oder explizit – des Datensubjekts dazu führen, dass obwohl der Staat eine Handlung gesetzt hat, die potentiell einen Eingriff darstellen könnte, kein Eingriff vorliegt.[92]

---

[89] *Siemen*, Datenschutz, 133 ff.; siehe auch *van Dijk/van Hoof/van Rijn/Zwaak*, ECHR[4], 666 ff., der allerdings in die vier Gruppen Erfassung, Zugang, Offenlegung vertraulicher Informationen und Überwachung unterteilt.

[90] Siehe oben Erster Teil, D. IV. 2. c.

[91] *Marauhn/Thorn* in Dörr/Grote/Marauhn, EMRK/GG[2], Rz. 71; *Villiger*, EMRK[2], Art. 8 Rz. 555; *Wildhaber/Breitenmoser* in Pabel/Schmahl, IK, Art. 8 Rz. 61 ff.

[92] *Wiederin* in Korinek/Holoubek, Art. 8 EMRK Rz. 10.

I. Das Überschreiten der „Eingriffsschwelle“

Mit Blick auf die Offenheit des Schutzbereichs von Art. 8 EMRK wird in der Literatur vertreten, dass es des Nachweises einer gewissen Eingriffsschwere[93] bedürfe.[94] Die Offenheit des Schutzbereichs zeigt sich gerade im Bereich des Persönlichkeitsschutzes im Internet sehr deutlich: Jedes staatliche Handeln im Internet, egal ob es auf die Gewinnung, die Verwendung oder, als Unterfall letzterer, die Weitergabe oder Veröffentlichung von Informationen gerichtet ist, kann, wenn personenbezogene Daten betroffen sind, die Eingriffsschwelle überschritten ist und das Datensubjekt nicht eingewilligt hat, einen Eingriff darstellen. Besonders die Speicherung, als Verarbeitung von personenbezogenen Daten, kann nicht in jedem Fall als Eingriff in die Rechte des Datensubjekts nach Art. 8 EMRK betrachtet werden, ohne das gesamte staatliche Handeln im Internet einer Rechtfertigung nach Art. 8 Abs. 2 EMRK zu unterwerfen.

Das Vorliegen einer solchen Eingriffsschwelle ist im Bereich des Art. 8 EMRK nichts Neues. Insbesondere bei Fällen die den guten Ruf betreffen, findet sich diese Vorgehensweise des EGMR ebenfalls.[95] Art. 8 EMRK schützt eben nicht jede beliebige Tätigkeit, weshalb nur bei entsprechend einschlägigen Auswirkungen auf die Persönlichkeit des Grundrechtsberechtigten auch tatsächlich ein Eingriff vorliegt.[96]

Ob staatliches informationstechnisches Handeln im Internet die Eingriffsschwelle überschreitet hängt von der Eingriffsintensität ab. Diese wird, wie an späterer Stelle gezeigt werden wird, anhand dreier Kriterien – der Art der Daten, der Intensität des Handelns und der Anzahl

---

[93] Zu den Kriterien, nach denen sich die Eingriffsschwere von informationstechnischen Eingriffen bestimmt siehe unten Dritter Teil, A. I. 2. a.

[94] *Marauhn/Thorn* in Dörr/Grote/Marauhn, EMRK/GG^2, Rz. 71; *Villiger*, EMRK^2, Art. 8 Rz. 555; *Wildhaber/Breitenmoser* in Pabel/Schmahl, IK, Art. 8 Rz. 61 ff.

[95] EGMR, 28.4.2009, 39311/05 (Karakó gegen Ungarn) Rz. 23; EGMR, 14.1.2014, 22231/05 (Lavric gegen Rumänien) Rz. 31 m. w. N.

[96] Siehe hierzu *Grabenwarter/Pabel*, EMRK5, § 22 Rz. 6 m.H.a. EGMR, 24.11.2009, 16072/06 u. 27809/08 (Friend u. Countryside Alliance u.a. gegen Vereinigtes Königreich) Rz. 43.

der betroffenen Leute sowie deren Status – im Rahmen eines „beweglichen Systems" i.S.v. *Wilburg* bestimmt.[97]

II. Fehlendes Einverständnis des Datensubjekts

Neben dem Vorliegen einer gewissen Eingriffsschwere ist die Zustimmung des Datensubjekts als Grundrechtsberechtigtem ein entscheidender Faktor bei der Bestimmung, ob staatliches Handeln im Internet einen Eingriff in Art. 8 EMRK darstellt. Die Möglichkeit des Grundrechtsverzichts steht ganz generell, auch bei anderen Grundrechten, zur Verfügung.[98] Die Einwilligung des Datensubjekts spielt im Datenschutzrecht jedoch eine besonders tragende Rolle.[99] In Art. 1 § 1 Abs. 2 des DSG 2000 wird ausdrücklich die Möglichkeit der Beschränkungen des Anspruchs auf Geheimhaltung mit Zustimmung des Datensubjekts erwähnt. § 4 des deutschen BDSG sieht ebenfalls vor, dass die Erhebung, Verarbeitung und Nutzung personenbezogener Daten mit der Zustimmung des Betroffenen zulässig sind. Auch die DatenschutzRL der EU hebt gleich an mehreren Stellen die Bedeutung der Einwilligung des Datensubjekts hervor. In der Datenschutzkonvention findet sich allerdings keine besondere Erwähnung der Zustimmung des Betroffenen.

Der EGMR stellt in seiner Rechtsprechung maßgeblich darauf ab, ob einer Datenerhebung oder -verarbeitung zugestimmt wurde. In einigen Fällen berücksichtigt er die Möglichkeit der Einholung einer Einwilligung des Datensubjekts im Rahmen der Rechtfertigungsprüfung bei der Frage, ob auch ein gelinderes Mittel gewählt hätte werden können.[100] In der Regel prüft er jedoch das Fehlen oder Vorliegen einer Einwilligung auf Ebene des Eingriffs. Liegt eine Datenerhebung oder -verwendung ohne Einwilligung des Betroffenen vor, so stellt dies einen Eingriff

---

97 Siehe hierzu ausführlich unten Dritter Teil, A. I. 2. a.

98 *Grabenwarter/Pabel*, EMRK^5, § 18 Rz. 32; *Marauhn/Merhof* in Dörr/Grote/Marauhn, EMRK/GG^2, Rz. 67 ff.

99 *Spindler*, GRUR Beilage 2014, 102 m.w.N.

100 EGMR, 28.1.2003, 44647/98 (Peck gegen Vereinigtes Königreich) Rz. 77 ff.; siehe auch EGMR, 6.6.2013, 1585/09 (Avilkina u.a. gegen Russland) Rz. 43 ff.

dar.[101] Bei geheimen Maßnahmen erwähnt er die Einwilligung zwar nicht ausdrücklich. Mangels Wissens des Betroffenen scheidet diese jedoch von vornherein aus.[102] Eltern können für ihre minderjährigen Kinder eine Einwilligung erteilen.[103] Die Beweislast hinsichtlich dieser Frage liegt beim Staat, der nachdem nachgewiesen wurde, dass eine Datenerhebung oder -verwendung von staatlicher Seite vorgenommen wurde, beweisen muss, dass der Betroffene dieser zugestimmt hat, um zu vermeiden, dass sein Vorgehen an den Rechtfertigungsgründen des Art. 8 Abs. 2 EMRK gemessen wird.[104] Wird die Einwilligung jedoch nachgewiesen oder vom Betroffenen gar nicht in Frage gestellt, so stellt die staatliche informationstechnische Maßnahme auch keinen Eingriff dar. Dies zeigt sich beispielsweise in den Fällen zu Sicherheitslücken bei der Aufbewahrung medizinischer Daten. In diesen Fällen wurde die Zulässigkeit des Speicherns und Verwendens der Daten durch das Krankenhaus nicht in Frage gestellt. Die mangelnden Sicherungsmaßnahmen wurden daher vom EGMR als Nicht-Erfüllung einer positiven Verpflichtung gesehen und nicht in Verbindung mit der Speicherung als Eingriff.[105]

Eine Einwilligung zur Datenerhebung und -verwendung ist jedoch in den Augen des EGMR nur dann wirksam, wenn sie freiwillig gegeben wurde.[106] Im Bereich der medizinischen Eingriffe hat der EGMR das Instrument des *„informed consent"* entwickelt, bei dem den staatlichen

---

[101] EGMR, 25.2.1997, 22009/93 (Z. gegen Finnland) Rz. 96; EGMR, 27.8.1997, 20837/92 (M.S. gegen Schweden) Rz. 35; EGMR, 6.6.2006, 62332/00 (Segerstedt-Wiberg gegen Schweden) Rz. 79; EGMR, 4.12.2008 (GK), 30562/04 und 30566/04 (S. und Marper gegen Vereinigtes Königreich) Rz. 84; EGMR 2.10.2012, 7259/03 (Mitkus gegen Lettland) Rz. 135; EGMR, 13.12.2012, 24029/07 (M.M. gegen Vereinigtes Königreich) Rz. 189; EGMR, 6.6.2013, 1585/09 (Avilkina u.a. gegen Russland) Rz. 32.

[102] Vgl. EGMR, 3.4.2007, 62617/00 (Copland gegen Vereinigtes Königreich) Rz. 44.

[103] EGMR, 18.4.2013, 7075/10 (Ageyevy gegen Russland) Rz. 175.

[104] EGMR, 12.12.2013, 20383/04 (Khmel gegen Russland) Rz. 42.

[105] EGMR, 17.7.2008, 20511/03 (I. gegen Finnland) Rz. 37; EGMR, 16.4.2013, 22018/10 (Căşuneanu gegen Rumänien) Rz. 80 ff; EGMR, 10.6.2014, 22015/10 (Voicu gegen Rumänien) Rz. 86; siehe hierzu näher Dritter Teil, B. III. 2.

[106] EGMR, 13.12.2012, 24029/07 (M.M. gegen Vereinigtes Königreich) Rz. 189.

Stellen ausführliche Informationspflichten zukommen, bevor eine Einwilligung wirksam ist.[107] Welche spezifischen Anforderungen an eine wirksame datenschutzrechtliche Zustimmungserklärung gestellt werden, ist, wie sich im einfachen nationalen Datenschutzrecht zeigt, nicht immer leicht zu bestimmen.[108] Die Frage nach der Wirksamkeit einer Einwilligung zur Datenerhebung und -verwendung im Internet birgt zusätzlich zahlreiche Schwierigkeiten. Beginnend bei der Identifikation des Nutzers und der Feststellung, ob er volljährig und zurechnungsfähig ist, ergeben sich eine ganze Reihe von Problemen. Die Komplexität der Fragestellung zeigt sich deutlich in den Bemühungen, der Art-29-Datenschutzgruppe einen Leitfaden für die Einholung der Zustimmung zu Cookies zu geben.[109] Hierbei handelt es sich nur um eine von vielen verschiedenen Konstellationen, in denen eine Einwilligungserklärung im Internet denkbar ist.

Genaueres bleibt stets im Einzelfall zu beurteilen. Es kann jedoch an dieser Stelle festgehalten werden, dass gerade dann, wenn staatliche Stellen Daten erheben und verwenden, besonders hohe Anforderungen an die Qualität der Einwilligung des Datensubjekts zu stellen sind. Der Grundrechtsschutz würde ansonsten von vornherein ausgeschlossen, weshalb die Annahme einer Einwilligung weitreichende Konsequenzen für die Interessen des Betroffenen hat. Verneint man jedoch das Vorliegen einer wirksamen Einwilligung, so bleibt noch immer die Möglichkeit, dass der Eingriff nach Art. 8 Abs. 2 EMRK gerechtfertigt ist.

---

[107] EGMR, 8.11.2011, 18968/07 (V.C. gegen Slowakei) Rz. 108 ff.

[108] Siehe hierzu z. B. *Knyrim*, Datenschutzrechtliche Zustimmungserklärungen richtig formulieren und platzieren, in Knyrim/Leitner/Perner/Riss, Aktuelles AGB-Recht, 133 ff. m.w.N.

[109] Siehe hierzu im Überblick *Pachinger*, jusIT 2014/35, 68 ff.

Dritter Teil
Rechtfertigung von Eingriffen in die Persönlichkeitsrechte im Internet

Eingriffe in die Persönlichkeitsrechte des Art. 8 EMRK können gemäß Art. 8 Abs. 2 EMRK gerechtfertigt sein,

> „soweit der Eingriff gesetzlich vorgesehen und in einer demokratischen Gesellschaft notwendig ist für die nationale oder öffentliche Sicherheit, für das wirtschaftliche Wohl des Landes, zur Aufrechterhaltung der Ordnung, zur Verhütung von Straftaten, zum Schutz der Gesundheit oder der Moral oder zum Schutz der Rechte und Freiheiten anderer."

Eingriffe müssen demnach auf einer gesetzlichen Grundlage beruhen, eines der in Art. 8 Abs. 2 EMRK genannten legitimen Ziele verfolgen und zur Verfolgung dieses Ziels notwendig sein.[1]

Diese drei Kriterien werden im Folgenden überblicksartig dargestellt. Eine detaillierte Erläuterung zu allen von Art. 8 EMRK erfassten Schutzgütern und den möglicherweise auch über das Internet stattfindenden Eingriffen würde den Rahmen dieser Arbeit sprengen. Dies gilt insbesondere für die Verhältnismäßigkeitsprüfung im Rahmen des Kriteriums der Notwendigkeit in einer demokratischen Gesellschaft. Es soll daher der Fokus auf die Besonderheiten, die sich hinsichtlich der Rechtfertigung informationstechnischer Eingriffe ergeben gelegt werden.[2] Daher wird die Rechtfertigung der Eingriffe wieder anhand von Gruppen informationstechnischer Eingriffe betrachtet. Informationstechnische Eingriffe treten in der Regel nicht isoliert auf. Meistens können nämlich der Zugriff auf die Daten und ihre anschließende Verarbeitung nicht getrennt werden. Es wird daher die oben vorgenommene

---

[1] Siehe zu den Schrankenregelungen des Art. 8 EMRK allgemein *Grabenwarter/Pabel*, EMRK[5], § 18 Rz. 7 ff. und § 22 Rz. 32 ff.; *Marauhn/Thorn* in Dörr/Grote/Marauhn, EMRK/GG[2], Rz. 79 ff.; *Pätzold* in Karpenstein/Mayer, EMRK, Art. 8 Rz. 90 ff.; siehe auch *van Dijk/van Hoof/van Rijn/Zwaak*, ECHR[4], 333 ff.

[2] Vgl. zur grundlegenden Bedeutung informationstechnischer Eingriffe im Internet oben Zweiter Teil, A.

Einteilung der Eingriffe nicht unverändert übernommen. Vielmehr werden zwei neue Gruppen gebildet.

Im Zentrum der grundrechtlichen Bewertung des staatlichen Handelns steht die Frage, was mit den Daten geschieht, während sie sich in der Verfügungsgewalt staatlicher Organe befinden. Die Verfügungsgewalt über die Daten und somit ihr Speichern ist daher der ausschlaggebende Anknüpfungspunkt. Die Auswirkungen auf die Rechte des Datensubjekts können jedoch durch die Art der Erlangung oder Weiterverwendung intensiviert werden.[3] In einem ersten Schritt soll daher die Rechtfertigung von Eingriffen durch die Ermittlung, Speicherung und Verarbeitung von personenbezogenen Daten durch staatliche Stellen als Ganzes untersucht werden.

Einen Sonderfall der Verwendung personenbezogener Daten bildet ihre Weitergabe und Veröffentlichung. Hier wird anderen staatlichen Stellen, einzelnen Dritten oder sogar der breiten Öffentlichkeit Verfügungsgewalt über die Daten eingeräumt. Die Rechtfertigung von Weitergabe und Veröffentlichung von personenbezogenen Daten wird daher im Anschluss gesondert betrachtet.

A. Rechtfertigung von Eingriffen durch Ermittlung, Speicherung und Verarbeitung von personenbezogenen Daten

Wie bereits erwähnt, werden die Anforderungen an die Rechtfertigung von Eingriffen durch Ermittlung, Speicherung und Verwendung von personenbezogenen Daten nun anhand der in Art. 8 Abs. 2 EMRK normierten Kriterien dargestellt. Es gilt also zu klären, wann diese Eingriffe auf einer gesetzlichen Grundlage beruhen, eines der in Art. 8 Abs. 2 EMRK genannten legitimen Ziele verfolgen und zur Verfolgung dieses Ziels notwendig sind.

Im Fall *S. u. Marper* erwähnt der EGMR, wie auch schon im Fall *Z. gegen Finnland*, Art. 9 der Datenschutzkonvention.[4] In diesem wird aus-

---

[3] Siehe hierzu unten Dritter Teil, A.I. 2. a.

[4] EGMR, 25.2.1997, 22009/93 (Z. gegen Finnland) Rz. 96; EGMR, 4.12.2008 (GK), 30562/04 und 30566/04 (S. u. Marper gegen Vereinigtes Königreich) Rz. 104.

geführt, dass eine Abweichung von den Artikeln 5, 6 und 8 der Datenschutzkonvention zulässig ist, wenn sie durch das Recht der Vertragspartei vorgesehen und in einer demokratischen Gesellschaft eine notwendige Maßnahme ist zum Schutz der Sicherheit des Staats, der öffentlichen Sicherheit sowie der Währungsinteressen des Staats oder zur Bekämpfung von Straftaten oder zum Schutz des Betroffenen oder der Rechte und Freiheiten Dritter. Zudem kann die Ausübung der Rechte nach Art. 8 lit. b, c und d durch Gesetz für automatisierte Dateien/Datensammlungen mit personenbezogenen Daten eingeschränkt werden, die Zwecken der Statistik oder der wissenschaftlichen Forschung dienen, wenn offensichtlich keine Gefahr besteht, dass der Persönlichkeitsbereich der Betroffenen beeinträchtigt wird. Der normative Gehalt dieses Verweises bleibt jedoch fragwürdig. Schließlich entspricht Art. 9 der Datenschutzkonvention weitestgehend den in Art. 8 Abs. 2 EMRK vorgesehenen Schranken.[5] Im Folgenden wird daher nicht näher auf diesen Verweis eingegangen, sondern die Rechtfertigung nach Art. 8 Abs. 2 EMRK betrachtet, so wie es auch der EGMR in den beiden oben erwähnten Fällen tut.

I. Gesetzliche Grundlage

Jeder Eingriff in ein Recht des Art. 8 EMRK durch ein staatliches Organ muss auf einer gesetzlichen Grundlage beruhen. Neben der Existenz einer gesetzlichen Grundlage bedarf es hierzu auch einer gewissen Qualität derselben. Der EGMR stellt insbesondere an die Zugänglichkeit und die Vorhersehbarkeit der gesetzlichen Grundlage bestimmte Mindestanforderungen.[6] Besonderheiten ergeben sich im Bereich der Korrespondenz, wo der EGMR spezifische Anforderungen hinsichtlich der Regelungsdichte und des Regelungsinhalts des Gesetzes formuliert hat.[7] Aber auch andere informationstechnische Eingriffe müssen auf einer besonders präzisen gesetzlichen Grundlage beruhen.

Das Kriterium der gesetzlichen Grundlage wird zweigeteilt untersucht. Zunächst sollen die formellen Anforderungen an die von Art. 8 Abs. 2 EMRK geforderte gesetzliche Grundlage eruiert werden. Anschließend

---

[5] *Siemen*, Datenschutz 139 f.

[6] *Wiederin* in Korinek/Holoubek, Art. 8 EMRK, Rz. 16 ff.

[7] *Marauhn/Thorn* in Dörr/Grote/Marauhn, EMRK/GG^2, Rz. 82.

werden die materiellen Anforderungen an den Inhalt einer solchen gesetzlichen Grundlage herausgearbeitet.

1. Formelle Anforderungen

Die Bestimmungen der EMRK haben eine autonome Bedeutung.[8] Der Begriff des Gesetzes ist daher autonom auszulegen.[9] Die Bezeichnung einer Rechtsvorschrift oder sonstigen Grundlage staatlichen Handelns als Gesetz auf innerstaatlicher Ebene ist nicht ausschlaggebend.[10] Es wird ein materieller Gesetzesbegriff zugrunde gelegt.[11] Auch Weisungen und andere administrative Übungen können ein Gesetz i.S.d. Art. 8 Abs. 2 EMRK darstellen,[12] ebenso wie Richterrecht.[13] Darüber hinaus kann internationales Recht als gesetzliche Grundlage dienen, wenn es im betroffenen Mitgliedstaat unmittelbar anwendbar ist.[14] EU-Richtlinien, und insbesondere die DatenschutzRL, können daher grundsätzlich nicht gesetzliche Grundlage i.S.d. Art. 8 Abs. 2 EMRK sein. Die entsprechenden nationalen Umsetzungsbestimmungen sind hier heran-

---

[8] Grabenwarter/Pabel, EMRK[5], § 5 Rz. 8 ff.; *Harris/O'Boyle/Warbrick*, ECHR[3], 19.

[9] *Siemen*, Datenschutz, 140; *Wildhaber* in Pabel/Schmahl, IK, Art. 8 Rz. 528.

[10] *Grabenwarter/Pabel*, EMRK[5], § 18 Rz. 8; *Siemen*, Datenschutz, 141; EGMR, 26.4.1979, 6538/74, Rz. 47 ff.; EGMR, 6.11.2008, 58911/00 (Leela Förderkreis e.V. gegen Deutschland) Rz. 89.

[11] EGMR, 3.7.2012, 30457/06 (Robathin gegen Österreich) Rz. 40; *Grabenwarter/Pabel*, EMRK[5], § 18 Rz. 8; *Matscher* in FS Loebenstein, 111 f.

[12] *Reid*, ECHR[4], 779.

[13] EGMR, 6.11.2008, 58911/00 (Leela Förderkreis e.V. gegen Deutschland) Rz. 89.

[14] EGMR, 29.6.2006, 54934/00 (Weber u. Saravia gegen Deutschland) Rz. 87 m.w.N.

zuziehen.[15] Die Richtlinien selbst können nur dann gesetzliche Grundlage sein, wenn sie unmittelbar anwendbar sind.[16]

Formelle Anforderungen sind lediglich die Rückführbarkeit der Eingriffsgrundlage auf ein vom Parlament beschlossenes Gesetz[17] sowie die Zugänglichkeit der gesetzlichen Grundlage.[18] Unveröffentlichte, also der Öffentlichkeit nicht zugängliche, Regelungen egal welcher Form können kein Gesetz in diesem Sinne sein.[19] Die Verfügbarkeit über das Internet ist ausreichend zur Erfüllung des Kriteriums der Zugänglichkeit.[20]

2. *Anforderungen an den Inhalt des Gesetzes*

Die gesetzliche Grundlage muss nicht nur formellen Anforderungen genügen, sie muss auch hinreichend bestimmt sein.[21] Die Folgen für den Rechtsunterworfenen müssen vorhersehbar sein. Darüber hinaus muss sie den Grundsatz der Rechtsstaatlichkeit beachten und hinreichenden Schutz vor staatlicher Willkür bieten.[22] Zwar räumt der EGMR ein, dass dies nicht bedeuten kann, dass den auslegenden staatli-

---

15 Zur DatenschutzRL: EGMR, 14.2.2012, 7094/06 (Romet gegen Niederlande) Rz. 39; allgemein: EGMR, 21.1.2011(GK), 30696/09 (M.S.S. gegen Belgien u. Griechenland) Rz. 250.

16 Vgl. zur unmittelbaren Anwendbarkeit von EU-Richtlinien statt vieler *Nettesheim* in Grabitz/Hilf/Nettesheim, Recht der EU, Art. 288 AEUV Rz. 137 ff. (54. Erg.Lfg. 2014).

17 *Frowein/Peukert*, EMRK[3], Vorbemerkungen zu Art. 8-11 Rz. 2; *Grabenwarter/Pabel*, EMRK[5], § 18 Rz. 9.

18 EGMR, 25.3.1983, 5947/72 (Silver gegen Vereinigtes Königreich) Rz. 86; *Grabenwarter/Pabel*, EMRK[5], § 18 Rz. 8; *Reid*, ECHR[4], 779.

19 *Siemen*, Datenschutz, 145; EGMR, 26.3.1987, 9248/81 (Leander gegen Schweden) 53. EGMR, 26.2.1997, 27237/95 (Govell gegen Vereinigtes Königreich) Rz. 61 ff.; EGMR, 21.6.2011, 30194/09 (Shimovolos gegen Russland) Rz. 69.

20 EGMR, 18.5.2010, 26839/05 (Kennedy gegen Vereinigtes Königreich) Rz. 157.

21 Siehe statt vieler *Grabenwarter/Pabel*, EMRK[5], § 18 Rz. 11.

22 EGMR, 6.6.2006, 62332/00 (Segerstedt-Wiberg gegen Schweden) Rz. 76.

chen Behörden kein Ermessen mehr zukäme,[23] dieses müsse jedoch in klar definierten Grenzen ausgeübt werden.[24] Die Anwendung gesetzlicher Bestimmungen zu physischen Dokumenten auf elektronisch gespeicherte Daten liegt noch innerhalb dieser Grenzen, weshalb das Vorliegen einer gesetzlichen Grundlage in diesen Fällen zu bejahen ist.[25] Hieraus kann abgeleitet werden, dass gesetzliche Bestimmungen ohne Bezug zum Internet die gesetzliche Grundlage staatlichen Handelns im Internet darstellen können, wenn der Sachverhalt auch sonst unter den Tatbestand der Bestimmung zu subsumieren wäre.

Während der EGMR an das Erfordernis einer gesetzlichen Grundlage normalerweise keine allzu strengen Maßstäbe anlegte,[26] ergeben sich hinsichtlich der Gewinnung von Informationen sowie der Verwendung von Daten durch staatliche Organe als Eingriffe in das Recht auf Achtung des Privatlebens ebenso Besonderheiten, wie bei der Rechtfertigung von Eingriffen in das Recht auf Achtung der Korrespondenz.[27] Bereits 1998 hielt der Gerichtshof im Fall *Kopp* fest, dass besonders intensive Eingriffe in das Recht auf Achtung des Privatlebens und der Korrespondenz auf besonders präzise gesetzliche Vorschriften gestützt werden müssen.[28]

Es soll im Folgenden in einem ersten Schritt untersucht werden, nach welchen Kriterien der EGMR beurteilt, ob ein besonders intensiver Eingriff vorliegt. In einem zweiten Schritt werden die Anforderungen an die gesetzliche Grundlage dieser besonders intensiven Eingriffe herausgearbeitet.

---

[23] EGMR, 26.4.1979, 6538/74 (Sunday Times gegen Vereinigtes Königreich (Nr. 1)) Rz. 49; EGMR, 2.9.2010, 35623/05 (Uzun gegen Deutschland) Rz. 62; EGMR, 14.3.2013, 24117/08 (Bernh Larsen Holding AS u.a. gegen Norwegen) Rz. 123.

[24] EGMR, 13.12.2012, 24029/07 (M.M. gegen Vereinigtes Königreich) Rz. 193; EGMR, 29.4.2014, 52019/07 (L.H. gegen Lettland) Rz. 59.

[25] EGMR, 16.10.2007, 74336/01 (Wieser and Bicos Beteiligungen GmbH gegen Österreich) Rz. 53 f; EGMR, 3.7.2012, 30457/06 (Robathin gegen Österreich) Rz. 40; EGMR, 14.3.2013, 24117/08 (Bernh Larsen Holding AS u.a. gegen Norwegen) Rz. 126.

[26] *Grabenwarter/Pabel*, EMRK[5], § 18 Rz. 11.

[27] *Grabenwarter/Pabel*, EMRK[5], § 22 Rz. 33 ff.

[28] EGMR, 25.3.1998, 23224/94 (Kopp gegen Schweiz) Rz. 72.

a. Bestimmung der Eingriffsintensität informationstechnischer Eingriffe

Bei der Prüfung, ob eine gesetzliche Grundlage hinreichend bestimmt ist berücksichtigt der EGMR, ihren Inhalt, den Bereich den sie regelt und die Anzahl der Leute, die erfasst sind, sowie deren Status.[29] Der betroffene Bereich ist vor allem deswegen von Bedeutung, da hiervon abhängt, welche Art von Daten betroffen ist. Der Inhalt der Bestimmung muss herangezogen werden, da beurteilt werden muss, welche Auswirkungen auf und Gefahren für das Privat- und Familienleben des Betroffenen durch die staatliche Maßnahme zu erwarten sind. Es muss daher einerseits die Eingriffsintensität der Handlung für sich genommen beurteilt werden. Andererseits muss der Kreis der Betroffenen betrachtet werden, da sich gleiche Handlungen unterschiedlich intensiv auswirken können, je nachdem wie schutzbedürftig der Betroffene ist.[30]

aa. Die Art der Daten

Die Art der ermittelten, gespeicherten und verarbeiteten Daten ist von großer Bedeutung für die Bestimmung der Eingriffsintensität. Sie kann ein Indiz für einen besonders intensiven oder für einen eher weniger intensiven Eingriff sein.

Daten die neben dem Privatleben auch andere Tatbestände des Art. 8 EMRK, wie beispielsweise die Korrespondenz, betreffen, sind besonders schützenswert.[31] Der Bezug zu anderen Tatbeständen ist daher eingriffsintensivierend. Das gleiche gilt, wenn ein besonders enger Bezug zum Privatleben vorliegt. Insbesondere die Qualifikation von Daten als sensible Daten i.S.d. Art. 6 der Datenschutzkonvention steigert daher ebenfalls die Eingriffsintensität.[32] Der EGMR legt bei dieser

---

[29] EGMR, 4.12.2008 (GK), 30562/04 und 30566/04 (S. und Marper gegen Vereinigtes Königreich) Rz. 96; EGMR, 18.4.2013, 19522/09 (M.K. gegen Frankreich) Rz. 27.

[30] Vgl. *Verhey/Raijmakers* in FS van Dijk, 463 ff.

[31] EGMR, 25.3.1998, 23224/94 (Kopp gegen Schweiz) Rz. 72, siehe zu den Auswirkungen einer Kumulation mehrerer betroffener Schutzgüter auf die Eingriffsintensität Dritter Teil, A. I. 2. a. bb.

[32] EGMR, 25.2.1997, 22009/93 (Z. gegen Finnland) Rz. 96; EGMR, 10.10.2006, 7508/02 (L.L. gegen Frankreich) Rz. 32; EGMR, 4.12.2008 (GK), 30562/04 und 30566/04 (S. und Marper gegen Vereinigtes Königreich), Rz. 66; EGMR, 13.12.2012, 24029/07 (M.M. gegen Vereinigtes Königreich) Rz. 188.

Beurteilung einen objektiven Maßstab an und stellt auf die potentiell aus einem Datensatz gewinnbaren Informationen ab.[33]

Die Art der Daten kann jedoch auch die Auswirkungen staatlichen Handelns auf das Privat- und Familienleben des Betroffenen abschwächen und somit insgesamt auf eine geringere Eingriffsintensität hindeuten. Der EGMR stellte im Fall *Uzun* fest, dass die Überwachung der Bewegungen im öffentlichen Raum weniger in das Privatleben eingreift, als das Abhören von Telefonaten.[34] Dort, wo öffentliche Informationen ohne besondere Aussagekraft über das Verhalten und die Persönlichkeit des Datensubjekts betroffen sind, ist der Eingriff folglich weniger intensiv.

Die Verbindungsdaten im Bereich der Internetnutzung und insbesondere die Standortdaten von mobilen Endgeräten sind daher als weniger sensible Daten einzustufen, weshalb eine Ermittlung, Speicherung und Verarbeitung grundsätzlich leichter zu rechtfertigen ist. Allerdings kann entsprechend weitreichendes staatliches Handeln die Hürde der Rechtfertigung wieder erhöhen. Insbesondere die Anzahl der gesammelten und gespeicherten Daten kann hier ausschlaggebend sein. Immerhin ermöglicht die Bildung von Profilen aus solchen reinen Metadaten weitreichende Rückschlüsse auf das Verhalten und die Persönlichkeit des Datensubjekts.[35] Neben der Art der Daten muss daher auch die Intensität des staatlichen Handelns für sich genommen berücksichtigt werden.

bb. Intensität des staatlichen Handelns

Der Bezug von Daten zum Privatleben einer Person und folglich die Intensität des Eingriffs kann auch durch die Umstände ihrer Erhebung

---

[33] EGMR, 4.12.2008 (GK), 30562/04 und 30566/04 (S. und Marper gegen Vereinigtes Königreich) Rz. 69.

[34] EGMR, 2.9.2010, 35623/05 (Uzun gegen Deutschland) Rz. 66: „[...] cases such as the present one, concerning surveillance via GPS of movements in public places and thus a measure which must be considered to interfere less with the private life of the person concerned than the interception of his or her telephone conversations"; siehe auch EGMR, 30194/09, 21.6.2011 (Shimovolos gegen Russland) Rz. 68.

[35] Siehe hierzu z.B. http://webpolicy.org/2014/03/12/metaphone-the-sensi tivity-of-telephone-metadata/ (31.5.2015).

und Speicherung gesteigert werden.[36] Einerseits ist ausschlaggebend, wie lange die Daten gespeichert werden. Andererseits ist zu berücksichtigen, inwieweit das Datensubjekt durch die Erlangung und Speicherung einen Kontrollverlust hinsichtlich seiner eigenen Daten erleidet. Dies zeigt sich im Fall *S. u. Marper*, in dem der EGMR seine Rechtsprechung zu geheimen Überwachungsmaßnahmen, für die er erhöhte Anforderungen an die Bestimmtheit des Gesetzes stellt,[37] auch auf die Speicherung von Daten in einer Datenbank anwendet.[38] Sowohl in geheimen Überwachungsmaßnahmen als auch durch die Speicherung in einer Datenbank erlangt der Staat Verfügungsgewalt über die Daten. Das Element der Kontrolle über die eigenen Daten ist auch entscheidender Grund dafür, dass sich die Nicht-Einhaltung der in Art. 8 der Datenschutzkonvention normierten Rechte des Betroffenen und insbesondere die Verweigerung des Zugangs zu gespeicherten Daten eingriffsintensivierend auswirken.[39]

Ein Kontrollverlust bedeutet insbesondere auch, dass eine erhöhte Gefahr weiterer Grundrechtseingriffe besteht. Mögliche Weiterverarbeitungen können vom Datensubjekt nicht mehr kontrolliert werden, da es keine Kenntnis von der Verarbeitung seiner Daten erlangt. Es besteht ein erhöhtes Risiko des Missbrauchs.[40] Der EGMR berücksichtigt in der Folge bei der Prüfung der gesetzlichen Grundlage auch die potentiellen, zukünftigen Verwendungen.[41] Hier können insbesondere auch die technischen Möglichkeiten sowie ihre zu erwartende Entwicklung relevant sein.[42] Im Fall *Köpke* deutete der EGMR an, dass sich selbst

---

[36] Vgl. *Siemen*, Datenschutz, 110 ff.

[37] Siehe hierzu EGMR, 2.9.2010, 35623/05 (Uzun gegen Deutschland) Rz. 61.

[38] EGMR, 4.12.2008 (GK), 30562/04 und 30566/04 (S. und Marper gegen Vereinigtes Königreich) Rz. 99.

[39] Vgl. oben Zweiter Teil, A. III.

[40] Vgl. EGMR, 2.9.2010, 35623/05 (Uzun gegen Deutschland) Rz. 61.

[41] EGMR, 4.12.2008 (GK), 30562/04 und 30566/04 (S. und Marper gegen Vereinigtes Königreich) Rz. 69.

[42] EGMR, 25.3.1998, 23224/94 (Kopp gegen Schweiz) Rz. 72 EGMR, 29.6.2006, 54934/00 (Weber u. Saravia gegen Deutschland) Rz. 93; EGMR, 28.6.2007, 62540/00 (Association for European Integration and Human Rights and Ekimdzhiev gegen Bulgarien) Rz. 75; EGMR, 1.7.2008, 58243/00 (Liberty et al. gegen Vereinigtes Königreich) Rz. 62; EGMR, 10.2.2009, 25198/02

eine bereits vorgenommene Bewertung der Intensität staatlichen Handelns durch technische Entwicklungen in der Zukunft ändern kann.[43]

Insbesondere im Bereich der Datenverarbeitung und des Internets sind diese Entwicklungen kaum zu unterschätzen. Die Verarbeitung elektronischer Daten bietet nicht überblickbare Möglichkeiten. Auch der Gerichtshof betont, dass bei einer automatischen Verarbeitung der Bedarf für nationale Schutzmaßnahmen, die konventionswidrige Datenverarbeitungen verhindern sollen, besonders hoch sei.[44] Im Fall *S. u. Marper* hebt der EGMR hervor, dass der durch Art. 8 EMRK gewährte Schutz in unakzeptablem Ausmaß geschwächt würde, wenn die Verwendung moderner Technik im Justizsystem ohne Einschränkungen und ohne eine sorgfältige Abwägung der potentiellen Vorteile mit wichtigen Fragen des Privatlebens, erlaubt würde.[45] Es kann folglich davon ausgegangen werden, dass im Bereich des Persönlichkeitsschutzes im Internet eine Tendenz hin zu einer höheren Eingriffsintensität besteht, wobei jedoch zu beachten ist, dass die Gefahr des Missbrauchs in der Form zukünftiger Datenverarbeitungen nur einer der zu berücksichtigenden Faktoren ist.

Die Umstände der Speicherung sind aufgrund potentieller, zukünftiger Verarbeitungen der Daten bei der Bestimmung der Eingriffsintensität zu berücksichtigen. Darüber hinaus ist selbstverständlich auch die Art ihrer Verwendung, also akute oder bereits abgeschlossene Verarbeitungen, relevant. Insbesondere ist von Bedeutung, ob neben die ursprüngliche Speicherung weitere Datenverwendungen treten. Der EGMR prüft in diesem Fall nicht jeden Eingriff getrennt, sondern beide in Verbindung miteinander. So stellt er im Fall *M.M.* fest, dass die Speicherung und Weitergabe von personenbezogenen Daten *einen* Eingriff darstellt („retention and disclosure of the data amount to an interference"),[46] obwohl er in anderen Fällen die Weitergabe als eigenständigen

---

(Iordachi u.a. gegen Moldawien) Rz. 39; EGMR, 2.9.2010, 35623/05 (Uzun gegen Deutschland) Rz. 61.

[43] EGMR, 5.10.2010, 420/07 (Köpke gegen Deutschland); siehe auch *Verhey/Raijmakers* in FS van Dijk, 464.

[44] EGMR, 4.12.2008 (GK), 30562/04 und 30566/04 (S. und Marper gegen Vereinigtes Königreich) Rz. 103.

[45] EGMR, 4.12.2008 (GK), 30562/04 und 30566/04 (S. und Marper gegen Vereinigtes Königreich) Rz. 112.

[46] EGMR, 13.12.2012, 24029/07 (M.M. gegen Vereinigtes Königreich).

Eingriff gesehen hatte.[47] Die Kumulation mehrerer informationstechnischer Eingriffe, die unterschiedliche Schutzgüter betreffen, ist daher auch als eingriffsintensivierend zu sehen.

cc. Anzahl der betroffenen Leute sowie deren Status

Neben der Art der Daten sowie der Intensität des staatlichen Handelns, die durch die Art der Erlangung und Speicherung der Daten und in ihrer Verwendung durch staatliche Stellen jeweils im konkreten Fall bestimmt wird, muss auch die Anzahl der Leute, die erfasst sind, sowie deren Status berücksichtigt werden. Im Fall *S. u. Marper* stellte der EGMR maßgeblich darauf ab, dass die Befugnisse zur Speicherung unterschiedslos auch für die Daten verdächtigter, aber nicht verurteilter, Personen eingeräumt worden waren.[48] Er betonte in diesem Fall auch, dass die Daten von Minderjährigen besonders schützenswert sind.[49] Informationstechnische Eingriffe, die die Daten von entweder besonders schutzbedürftigen Personen, wie beispielsweise Minderjährigen, oder einen nicht hinreichend konkretisierten und sachlich abgrenzbaren Personenkreis betreffen, sind daher intensiver.

Umgekehrt gibt es auch bestimmte Personengruppen, denen eine reduzierte Schutzwürdigkeit zukommt. Informationstechnische Eingriffe in die Rechte juristischer Personen sind beispielsweise weniger intrusiv als informationstechnische Eingriffe in die Rechte natürlicher Personen.[50] Außerdem stellte der EGMR im Fall *Wypych* fest, dass einem Politiker, der am öffentlichen Entscheidungsprozess teilnimmt, geringerer Schutz hinsichtlich der Veröffentlichung bestimmter Daten zukommt.[51] Dies zeigt sich besonders deutlich in der ausführlichen Rechtsprechung des

---

[47] Vgl. hierzu oben Erster Teil, D. IV. 2. b. cc.

[48] EGMR, 4.12.2008 (GK), 30562/04 und 30566/04 (S. und Marper gegen Vereinigtes Königreich) Rz. 125; siehe auch EGMR, 19.7.2011, 30089/04 u.a. (Goggings gegen Vereinigtes Königreich) Rz. 72.

[49] EGMR, 4.12.2008 (GK), 30562/04 und 30566/04 (S. und Marper gegen Vereinigtes Königreich) Rz. 124; siehe auch EGMR, 18.4.2013, 19522/09 (M.K. gegen Frankreich) Rz. 33.

[50] Vgl. EGMR, 14.3.2013, 24117/08 (Bernh Larsen Holding AS u.a. gegen Norwegen) Rz. 159.

[51] EGMR, 25.10.2005, 2428/05 (Wypych gegen Polen); *Verhey/Raijmakers* in FS van Dijk, 466.

EGMR zur Abwägung zwischen Art. 10 und Art. 8 EMRK. Es besteht ein enger Zusammenhang zur Schutzbereichsebene und insbesondere zum *„reasonable expectation of privacy“*-Test.[52] Im Sinne eines Stufenmodells kann die Erwartung der Privatsphäre und damit zusammenhängend der Geheimhaltungsansprüche entweder ganz ausgeschlossen sein oder nur reduziert. Ersteres schlägt sich auf Ebene des Schutzbereichs nieder, letzteres verringert die Eingriffsintensität und wird daher auf Ebene der Rechtfertigung ausschlaggebend.

dd. Das Verhältnis der Kriterien zur Bestimmung der Eingriffsintensität zueinander

Die drei Kriterien zur Beurteilung sind jedoch nicht getrennt zu prüfen. Sie beeinflussen einander und sind folglich gemeinsam zu betrachten. Sie können einander verstärken oder ausgleichen. Entscheidend ist eine Gesamtbetrachtung. Das Spektrum der Eingriffsintensität ist sehr breit, da der Begriff des Privatlebens seit dem Fall *Niemietz* vom EGMR sehr weit ausgelegt ist und, wie bereits gezeigt wurde, jede Verarbeitung von personenbezogenen Daten erfasst.[53] Eine Abstufung ist daher zur sachgerechten Beurteilung, ob ein fairer Ausgleich aller Interessen vorgenommen wurde, zwingend. Hierbei sind alle Umstände des Einzelfalls zu berücksichtigen.

Dass der EGMR die Eingriffsintensität im Rahmen einer Gesamtbetrachtung beurteilt, wird in der Unzulässigkeitsentscheidung im Fall *F.J. und E.B.* besonders deutlich. Gegenstand dieses Falls war die fortdauernde Aufbewahrung von physischen Akten über Verfahren gegen die Beschwerdeführer wegen „gleichgeschlechtlicher Unzucht mit Personen unter achtzehn Jahren“. Hierbei handelt es sich im doppelten Sinn um sensible Daten i.S.d. Art. 6 der Datenschutzkonvention. Es handelt sich um personenbezogene Daten sowohl über das Sexualleben als auch über Strafurteile. Dennoch kam der Gerichtshof zu dem Schluss, dass ein fairer Interessensausgleich vorgenommen wurde, ohne die vom Gesetz vorgesehenen Sicherungsmaßnahmen im Detail zu untersuchen, wobei er neben der Sensibilität der Daten auch die Art der

---

[52] *Verhey/Raijmakers* in FS van Dijk, 465.

[53] Siehe vorne Erster Teil, D. IV. 2. b.

Verwahrung berücksichtigte und betonte, dass die Daten in unstrukturierten Papierakten verwahrt würden.[54]

Eine Verarbeitungsform mit auffällig geringem Gefährdungspotential kann demnach die Sensibilität von Daten bei der Bewertung der Eingriffsintensität ausgleichen. Im Umkehrschluss kann ein geringer Bezug der Art der Daten zum Privatleben auch staatliches Handeln, das als besonders intensiv einzustufen ist, abschwächen. Im Fall *Uzun* kam der EGMR beispielsweise zu dem Schluss, dass kein besonders intensiver Eingriff vorlag, obwohl es sich um geheime Überwachungsmaßnahmen handelte, da – wie bereits erwähnt – lediglich die Bewegungen des Beschwerdeführers im öffentlichen Raum überwacht wurden.[55]

Am Beispiel der Vorratsdatenspeicherung lässt sich eine Gesamtbetrachtung der Kriterien zur Bewertung der Eingriffsintensität zeigen. Einerseits ist die flächendeckende elektronische Speicherung als sehr intensive staatliche Handlung einzuordnen.[56] Andererseits handelt es sich bei den zu speichernden Verkehrsdaten[57], ähnlich wie bei den im Fall *Uzun* gesammelten Bewegungsdaten, um weniger sensible Daten als es die Daten über den Inhalt wären.[58] Allerdings ist hervorzuheben, dass Kommunikationsverkehrsdaten vom EGMR als essentieller Bestandteil der Kommunikation eingestuft werden und nicht nur vom Recht auf Privatleben, sondern auch vom Recht auf Korrespondenz geschützt sind.[59] Sobald nicht nur die bloßen Internetzugangsdaten, sondern auch Kommunikationsverkehrsdaten gespeichert werden, wirkt sich die Kumulation der betroffenen Schutzgüter also eingriffsintensivierend aus. Hinzu kommt, dass die Speicherung nicht auf einen bestimmten Personenkreis beschränkt ist, weshalb nicht nur besonders viele, son-

---

[54] EGMR, 25.3.2014, 2362/08 u. 26271/08 (F.J. u. E.B. gegen Österreich) Rz. 77 ff.

[55] EGMR, 2.9.2010, 35623/05 (Uzun gegen Deutschland) Rz. 66.

[56] EuGH, 8.4.2014, C-293/12 und C-594/1 (Digital Rights Ireland und Seitlinger u.a.) Rz. 56.

[57] Siehe die ausführliche Aufzählung dieser Daten unter Erster Teil, C. III.

[58] Vgl. EGMR, 2.9.2010, 35623/05 (Uzun gegen Deutschland) Rz. 66.

[59] EGMR, 2.8.1984, 8691/79 (Malone gegen Vereinigtes Königreich) Rz. 84; EGMR, 3.4.2007, 62617/00 (Copland gegen Vereinigtes Königreich) Rz. 44; *Uerpmann-Wittzack/Jankowska-Gilberg*, MMR 2008, 87; siehe hierzu auch oben Erster Teil, C. III.

dern auch besonders schützenswerte Personen betroffen sind.[60] Auch dies wirkt sich eingriffsintensivierend aus. Bei Betrachtung aller Kriterien kommt man also – wenig überraschend – zu dem Schluss, dass die Vorratsdatenspeicherung einen besonders intensiven Eingriff in die Rechte des Art. 8 EMRK darstellt.[61]

Die Bestimmung der Eingriffsintensität folgt dem Modell eines „beweglichen Systems", wie es *Wilburg* entwickelt hat. Die einzelnen Kriterien – die Art der Daten, die Intensität des staatlichen Handelns sowie die Anzahl der betroffenen Leute und deren Status – stellen keine starren Voraussetzungen dar, sondern ergeben erst in ihrem Zusammen- und Gegeneinanderspiel die Eingriffsintensität.[62]

b. Anforderungen an die Qualität der gesetzlichen Grundlage besonders schwerwiegender informationstechnischer Eingriffe

Je nachdem, wie intensiv der Eingriff ist, variieren die Anforderungen an die Qualität der gesetzlichen Grundlage. Im Fall *Wieser u. Bicos Beteiligungen GmbH*, der die Durchsuchung und Beschlagnahme elektronischer Daten einer juristischen Person betraf, überprüfte der EGMR die Qualität der gesetzlichen Schutzmaßnahmen erst auf Ebene der Verhältnismäßigkeitsprüfung und stellte lediglich fest, dass es detaillierte Regelungen über die Beschlagnahme von Dokumenten gäbe, die auf die Durchsuchung und Beschlagnahme elektronischer Daten anwendbar seien.[63] Im Fall *Uzun* wendete der EGMR, nachdem er festgestellt hatte, dass kein besonders intensiver Eingriff vorlag, den generellen Prüfmaßstab für die Bewertung des Schutzes vor willkürlichen Eingriffen an, bei dem er die Art, Breite und Dauer der möglichen Maßnahmen, die Gründe, aus denen sie angeordnet werden können, die

---

[60] EuGH, 8.4.2014, C-293/12 und C-594/1 (Digital Rights Ireland und Seitlinger u.a.) Rz. 58.

[61] EuGH, 8.4.2014, C-293/12 und C-594/1 (Digital Rights Ireland und Seitlinger u.a.) Rz. 39.

[62] Siehe ausführlich zum „beweglichen System" nach *Bydlinski*, Methodenlehre[2], 529 ff.

[63] EGMR, 16.10.2007, 74336/01 (Wieser and Bicos Beteiligungen GmbH gegen Österreich) Rz. 54.

zuständige Behörde und den vom nationalen Recht gewährten Rechtsschutz berücksichtigt.[64]

Kann aber nach Berücksichtigung der Art der Information, der Umstände ihrer Erlangung und Speicherung sowie ihrer Verwendung davon ausgegangen werden, dass es sich um einen besonders intensiven Eingriff in das Grundrecht handelt oder sind besonders viele Menschen betroffen, so sind die Anforderungen an den Inhalt der gesetzlichen Grundlage erhöht. Es gilt daher zu untersuchen, welche inhaltlichen Anforderungen der EGMR in diesen Fällen an die gesetzliche Grundlage stellt.

aa. Erhöhter Schutz vor staatlicher Willkür bei intensiven Eingriffen

Die Kriterien an die Anforderungen der Bestimmtheit der gesetzlichen Ermächtigung geheimer Abhörmaßnahmen formulierte der EGMR ausdrücklich im Fall *Weber u. Saravia.*[65] In späteren Fällen überprüft er die Rechtslage mit Bezug auf jedes dieser Kriterien.[66] Bei diesen Kriterien handelt es sich um die Art der Straftaten, zu deren Verfolgung eine Überwachung veranlasst werden darf, die Kategorie von Personen, die überwacht werden, die Dauer der Maßnahme, das Verfahren, das bei der Untersuchung, Verwendung und Speicherung der erlangten Daten eingehalten werden muss, die Vorsichtsmaßnahmen, die bei der Kommunikation der Daten an Dritte eingehalten werden müssen, und die Umstände, unter denen die Daten gelöscht oder Aufnahmen zerstört werden müssen.[67]

Im Fall *S. u. Marper*, der keine geheimen Abhörmaßnahmen, sondern eine dem Datensubjekt bekannte Aufnahme von Informationen in eine Datenbank betraf, wiederholt der EGMR diese Kriterien, allerdings in verallgemeinerter Form. In Fällen wie dem zu beurteilenden sowie im Bereich des Abhörens von Telefonaten, geheimer Überwachungen, ver-

---

[64] EGMR, 2.9.2010, 35623/05 (Uzun gegen Deutschland) Rz. 63, 66.

[65] EGMR, 29.6.2006, 54934/00 (Weber u. Saravia gegen Deutschland) Rz. 95; siehe aber auch schon EGMR, 4.5.2000, 28341/95 (Rotaru gegen Rumänien) Rz. 55 ff.

[66] EGMR, 18.5.2010, 26839/05 (Kennedy gegen Vereinigtes Königreich) Rz. 158.

[67] EGMR, 29.6.2006, 54934/00 (Weber u. Saravia gegen Deutschland) Rz. 95; Vgl. hierzu auch *Verhey/Raijmakers* in FS van Dijk, 462.

deckter Ermittlungstätigkeiten sei es essentiell, detaillierte Regeln über das Ausmaß und die Anwendung der Maßnahmen zu haben. Darüber hinaus müsse es bestimmte Mindestvorkehrungen zum Schutz vor Missbrauch und Willkür geben. Insbesondere müsse die Dauer, die Speicherung, die Verwendung, der Zugang durch Dritte, das Verfahren zum Schutz der Integrität und Vertraulichkeit der Daten und das Verfahren zu ihrer Löschung geregelt sein.[68] Neben die Anforderungen zum Schutz vor willkürlichem Handeln tritt daher bei besonders intensiven informationstechnischen Eingriffen der Schutz vor Datenmissbrauch.

Auf seine Ausführungen im Fall *S. u. Marper* zu den Anforderungen an die gesetzliche Grundlage informationstechnischer Eingriffe bezieht sich der EGMR seither regelmäßig.[69] Hierbei unterscheidet er nicht zwischen Fällen mit Bezug zum Polizeibereich[70] und Fällen bezüglich medizinischer Daten.[71] Offen bleibt, inwiefern auch nicht-sensible Daten bei entsprechend intensivem staatlichen Handeln oder besonderer Schutzbedürftigkeit der Datensubjekte diesem präventiven Schutz vor Datenmissbrauch durch erhöhte Anforderungen an das Kriterium der gesetzlichen Grundlage unterliegen. Es liegt jedoch nahe, dass dies bei Vorliegen eines trotz fehlender Sensibilität der Daten als besonders intensiv einzustufenden Eingriffs zu bejahen ist.

bb. Die Bedeutung der Datenschutzkonvention für die Bestimmung der inhaltlichen Anforderungen an die Qualität der gesetzlichen Grundlage

Die vom EGMR aufgezählten Anforderungen an die gesetzliche Grundlage erinnern stark an die in der Datenschutzkonvention normierten Grundsätze und insbesondere an Art. 5 der Datenschutzkon-

---

[68] EGMR, 4.12.2008 (GK), 30562/04 und 30566/04 (S. u. Marper gegen Vereinigtes Königreich) Rz. 99.

[69] EGMR, 13.12.2012, 24029/07 (M.M. gegen Vereinigtes Königreich) Rz. 181 ff.; EGMR, 18.4.2013, 19522/09 (M.K. gegen Frankreich) Rz. 27 f.; EGMR, 6.6.2013, 1585/09 (Avilkina u.a. gegen Russland) Rz. 35; EGMR, 29.4.2014, 52019/07 (L.H. gegen Lettland) Rz. 47 ff.

[70] EGMR, 13.12.2012, 24029/07 (M.M. gegen Vereinigtes Königreich) Rz. 181 ff.; EGMR, 18.4.2013, 19522/09 (M.K. gegen Frankreich) Rz. 27 f.

[71] EGMR, 6.6.2013, 1585/09 (Avilkina u.a. gegen Russland) Rz. 35; EGMR, 29.4.2014, 52019/07 (L.H. gegen Lettland) Rz. 47 ff.

vention. Im Fall *M.M.* stützt sich der EGMR auch bereits bei der Prüfung der gesetzlichen Grundlage auf die Datenschutzkonvention.[72] Allerdings führt er hier nur in einem Satz kurz aus, dass die Datenschutzkonvention, die Empfehlung Nr. R (87) 15 des Ministerkomitees des Europarats vom 17. September 1987 zur Regelung der Benutzung personenbezogener Daten durch die Polizei sowie der *Data Protection Act 1998* von gewisser Bedeutung seien.[73]

Was es heißt, dass diese Bestimmungen eine „gewisse Bedeutung" haben, lässt der Gerichtshof offen. Insbesondere die gleichrangige Nennung völkerrechtlicher Texte sowie eines nationalen Datenschutzgesetzes geben Rätsel auf. Schließlich kann das nationale Recht nicht als Maßstab für die grundrechtliche Überprüfung des staatlichen Handelns herangezogen werden. Es kann höchstens Aufschluss über den zu beurteilenden Datenschutzstandard geben. Die Datenschutzkonvention kann hingegen als völkerrechtlicher Vertrag, den bis auf die Türkei und San Marino alle Konventionsstaaten ratifiziert haben, durchaus für die Auslegung des Art. 8 EMRK Bedeutung haben.[74] Angesichts der Tatsache, dass der EGMR zur Bewertung der gesetzlichen Grundlage sonst in keinem Fall die Datenschutzkonvention anführt, kann davon ausgegangen werden, dass ihre Bedeutung hier nicht über eine inhaltliche Ähnlichkeit hinausgeht. Die Datenschutzkonvention ist in der Rechtsprechung des EGMR nicht Maßstab für die Beurteilung der Qualität der gesetzlichen Grundlage von informationstechnischen Eingriffen in Art. 8 EMRK. Anders stellt sich dies bei der Prüfung der Notwendigkeit in einer demokratischen Gesellschaft dar.[75]

---

[72] Zur Rolle der Datenschutzkonvention in der Verhältnismäßigkeitsprüfung siehe unten Dritter Teil, A. III. 2. c. aa. i.

[73] EGMR, 13.12.2012, 24029/07 (M.M. gegen Vereinigtes Königreich) Rz. 196: („*are of some importance*").

[74] Zur besonderen Bedeutung völkerrechtlicher Verträge, denen fast alle Konventionsstaaten angehören, siehe *Richter* in Dörr/Grote/Marauhn, EMRK/GG[2], Rz. 76, die zu dem Schluss kommt, dass solche Verträge die Präzisierung des Art. 8 EMRK erlauben und in ihrer praktischen Bedeutung neuen Garantien gleichkommen können.

[75] Siehe hierzu Dritter Teil, A. III. 2. c. aa. i.

cc. Die gesetzliche Grundlage als Prüfgegenstand des EGMR

Die genaue Bestimmung der inhaltlichen Anforderungen an die gesetzliche Grundlage lässt sich stets nur im Einzelfall beurteilen. Der EGMR stellte im Fall *M.M.* fest, dass bei steigender Menge und Sensibilität der gespeicherten Daten der Inhalt der Bestimmungen zum Schutz vor Missbrauch und Willkür an Bedeutung zunähmen.[76] Mit steigender Eingriffsintensität und -breite bedarf es immer präziserer Schutzmaßnahmen. Hier kommt es also zu einer Abwägungsentscheidung zwischen den Interessen der Datensubjekte als Grundrechtsberechtigte, denen durch präzisere Ausgestaltung der gesetzlichen Lage und andere Schutzmaßnahmen vor Willkür und Missbrauch entsprochen werden soll, und den öffentlichen Interessen. Als Konsequenz sind die Kriterien der gesetzlichen Grundlage und der Notwendigkeit in einer demokratischen Gesellschaft kaum mehr voneinander trennbar. Dies zeigt sich auch in der Rechtsprechung des EGMR.

Bei der Betrachtung der gesetzlichen Grundlage als Prüfgegenstand des EGMR müssen zwei Gruppen von Maßnahmen unterschieden werden: geheime und nicht geheime. Während der EGMR die Interessenabwägung hinsichtlich geheimer staatlicher Maßnahmen, bei denen der Eingriff schon in der Existenz der gesetzlichen Grundlage liegt, auf Ebene der gesetzlichen Grundlage prüft, verweist er bei sonstigen informationstechnischen Eingriffen darauf, dass die Beurteilung der Qualität des Gesetzes der Verhältnismäßigkeitsprüfung zuzuordnen sei.

Im Jahr 2008 ließ der Gerichtshof Fall *S. u. Marper* die Frage nach dem Vorliegen einer hinreichend bestimmten gesetzlichen Grundlage offen und begann die Verhältnismäßigkeitsprüfung.[77] Im Jahr 2013 führte er im Fall *M.K.* unter Hinweis auf *S. u. Marper* aus, dass die Untersuchung der Qualität des Gesetzes der Verhältnismäßigkeitsprüfung zusammenhänge („such an examination of the "quality" of the law in the instant case relates to the analysis set out below of the proportionality of the interference at issue").[78] Beide Fälle betrafen die Speicherung von Fingerabdrücken durch die Polizei. Wird das Vorliegen der gesetzlichen

---

[76] EGMR, 13.12.2012, 24029/07 (M.M. gegen Vereinigtes Königreich) Rz. 200.

[77] EGMR, 4.12.2008 (GK), 30562/04 und 30566/04 (S. und Marper gegen Vereinigtes Königreich) Rz. 99.

[78] EGMR, 18.4.2013, 19522/09 (M.K. gegen Frankreich) Rz. 28.

Grundlage nicht bestritten, so geht der EGMR direkt zur Verhältnismäßigkeitsprüfung über.[79]

Bezüglich der nicht-geheimen informationstechnischen Eingriffe bezieht sich der EGMR somit zwar auf die besonderen Anforderungen an die Qualität der gesetzlichen Grundlage, er prüft diese jedoch auf Ebene der Verhältnismäßigkeit.[80]

In jenen Fällen, in denen die bloße Existenz einer gesetzlichen Grundlage bereits den Eingriff darstellt, prüft der EGMR die Qualität der gesetzlichen Grundlage hingegen bereits unter dem Kriterium der Vorhersehbarkeit derselben. Im Fall *Kennedy* weist der Gerichtshof ebenfalls auf den engen Zusammenhang zwischen der Qualität der gesetzlichen Grundlage und der Verhältnismäßigkeitsprüfung hin. Es sei daher angemessen, die Anforderungen der gesetzliche Grundlage und der Notwendigkeit gemeinsam zu prüfen. In der Folge geht er Punkt für Punkt die *Weber u. Saravia*-Kriterien durch und prüft unter Berücksichtigung aller Interessen, ob die Qualität der gesetzlichen Grundlage ausreichend war.[81]

Im Ergebnis kann also festgehalten werden, dass der EGMR in beiden Gruppen von Fällen die gesetzliche Grundlage mit der Prüfung der Verhältnismäßigkeit vereint.[82] Das Vorliegen einer gesetzlichen Grundlage verneint er nur in Ausnahmefällen ohne Verweis auf eine Interessenabwägung, nämlich dann wenn der Umfang des staatlichen Handelns nicht mit hinreichender Genauigkeit bestimmt werden kann, weshalb eine Abwägung mit dem öffentlichen Interesse nicht vorgenommen werden kann. So stellte er im Fall *L.H.* fest, dass ein Gesetz, das eine Datensammlung, die ohne vorangehende Evaluierung, ob die Daten potentiell relevant, relevant oder von Bedeutung sind, ermöglicht, nicht hinreichend präzise formuliert und die Frage der Verpflich-

---

[79] EGMR, 17.12.2009, 16428/05 (Gardel gegen Frankreich) Rz. 59, 62 (Speicherung); EGMR, 17.12.2009, 5335/06 (B.B. gegen Frankreich) Rz. 58, 61 (Speicherung); EGMR, 17.12.2009, 22115/06 (M.B. gegen Frankreich) Rz. 50, 53 (Speicherung); EGMR, 18.11.2011, 4479/03 (Mikolajova gegen Russland) Rz. 59 (Weitergabe).

[80] Siehe hierzu unten Dritter Teil, B. III. 1.

[81] EGMR, 18.5.2010, 26839/05 (Kennedy gegen Vereinigtes Königreich) Rz. 155.

[82] Zur Verhältnismäßigkeitsprüfung siehe unten Dritter Teil, A. III.

tung zur vertraulichen Behandlung der so gesammelten Daten daher weniger wichtig sei.[83]

II. Legitimes Ziel

Beruht ein Eingriff auf einer gesetzlichen Grundlage, die den formellen und den inhaltlichen Anforderungen des EGMR entspricht oder lässt der Gerichtshof vorerst offen, ob die Qualität der gesetzlichen Grundlage ausreichend ist, so ist in einem nächsten Schritt zu prüfen, ob eines der in Art. 8 Abs. 2 EMRK aufgezählten Ziele verfolgt wird. Hierbei handelt es sich um die nationale oder öffentliche Sicherheit, das wirtschaftliche Wohl des Landes, die Aufrechterhaltung der Ordnung, die Verhütung von Straftaten, der Schutz der Gesundheit oder der Moral und den Schutz der Rechte und Freiheiten anderer. Diese Liste ist abschließend.[84]

Besonderheiten in der Prüffolge des EGMR ergeben sich in jenen Fällen, in denen er die gesetzliche Grundlage und die Verhältnismäßigkeitsprüfung zusammenzieht[85] oder wegen der inhaltlichen Nähe zur Verhältnismäßigkeitsprüfung überhaupt offen lässt, ob der Eingriff auf einer gesetzlichen Grundlage beruhte.[86] Hier prüft er vorweg, ob die gegenständlichen Maßnahmen ein legitimes Ziel verfolgen.

Der EGMR legt die in Art. 8 Abs. 2 EMRK aufgezählten Ziele sehr weit aus,[87] weshalb ihnen keine wesentliche beschränkende Funktion für die eingreifenden Staatsgewalten zukommt.[88] Fast alle Eingriffe in die Persönlichkeitsrechte des Art. 8 EMRK, die über das Internet erfolgen, können ohne weiteres einem der Ziele zugeordnet werden. Der

---

83 EGMR, 29.4.2014, 52019/07 (L.H. gegen Lettland) Rz. 58 ff.

84 *van Dijk/van Hoof/van Rijn/Zwaak*, ECHR[4], 335, 340; *Wildhaber/Breitenmoser* in Pabel/Schmahl, IK, Art. 8 Rz. 594.

85 EGMR, 18.5.2010, 26839/05 (Kennedy gegen Vereinigtes Königreich) Rz. 155.

86 EGMR, 4.12.2008 (GK), 30562/04 und 30566/04 (S. und Marper gegen Vereinigtes Königreich) Rz. 99.

87 *Grabenwarter/Pabel*, EMRK[5], § 18 Rz. 13; *Siemen*, Datenschutz, 151.

88 *Grabenwarter/Pabel*, EMRK[5], § 18 Rz. 13; *Uerpmann-Wittzack/Jankowska-Gilberg*, MMR 2008, 87; *Verhey/Raijmakers* in FS van Dijk, 463.

EGMR erkennt an, dass Überwachungsmaßnahmen die legitimen Ziele der nationalen Sicherheit, der Verhütung von Straftaten sowie des wirtschaftlichen Wohls des Landes verfolgen.[89] Die Erhebung von Daten zur Ermittlung der Steuerlast dient dem wirtschaftlichen Wohl des Landes.[90] Zudem wird der Staat regelmäßig in Erfüllung seiner Schutzpflichten, sei es aus Art. 8 EMRK oder aus anderen Artikeln der Konvention, und somit zum Schutze der Rechte und Freiheiten anderer, in die Persönlichkeitsrechte von Internetnutzern eingreifen müssen.[91]

Das Vorliegen eines legitimen Ziels kann daher in der Regel bejaht werden. Es stellt keine nennenswerte Hürde der Rechtfertigung informationstechnischer Eingriffe in die Rechte des Art. 8 EMRK dar. Die Eingrenzung dieser Ziele findet erst im Rahmen der Verhältnismäßigkeitsprüfung statt.[92]

III. Notwendig in einer demokratischen Gesellschaft

Das letzte Kriterium der Rechtfertigungsprüfung nach Art. 8 Abs. 2 EMRK ist die Notwendigkeit in einer demokratischen Gesellschaft. Dem Eingriff muss ein dringendes gesellschaftliches Bedürfnis („pressing social need“) zugrunde liegen und die ergriffene Maßnahme muss verhältnismäßig zum verfolgten legitimen Ziel sein („proportionate to the legitimate aim pursued“). Von zentraler Bedeutung ist die Prüfung der Verhältnismäßigkeit, in deren Rahmen die öffentlichen Interessen gegen die Interessen des Betroffenen abgewogen werden.[93]

Die nachfolgende Untersuchung wird in zwei Teilen durchgeführt. Zunächst wird ein Blick auf die Interessenabwägung geworfen. Im Anschluss soll versucht werden, die Kontrolldichte, die der EGMR hin-

---

[89] EGMR, 18.5.2010, 26839/05 (Kennedy gegen Vereinigtes Königreich) Rz. 155.

[90] EGMR, 14.3.2013, 24117/08 (Bernh Larsen Holding AS u.a. gegen Norwegen) Rz. 135 f.

[91] Vgl. EGMR, 2.12.2008, 2872/02 (K.U. gegen Finnland) Rz. 49.

[92] *Siemen*, Datenschutz, 151; *Wildhaber/Breitenmoser* in Pabel/Schmahl, IK, Art. 8 Rz. 596; siehe ausführlich Dritter Teil, A. III. 1. c.

[93] *Grabenwarter/Pabel*, EMRK[5], § 18 Rz. 14 ff.; *Siemen*, Datenschutz, 153; *Marauhn/Merhof* in Dörr/Grote/Marauhn, EMRK/GG[2], Rz. 43 ff.

sichtlich informationstechnischer Eingriffe anwendet, zu ermitteln. Dies geschieht durch eine Analyse der Rechtsprechung zum *„margin of appreciation“* in diesem Bereich.[94] Sowohl hinsichtlich der Kontrolldichte als auch bezüglich der konkreten Verhältnismäßigkeitsprüfung kann nur ein kurzer Überblick über die allgemein zu berücksichtigenden Punkte gegeben werden. Der Schwerpunkt der Untersuchung soll darauf liegen, die Bedeutung der Besonderheiten der technischen Möglichkeiten der Datenverarbeitung im Generellen sowie des Internets im Besonderen in der Abwägungsentscheidung des EGMR herauszuarbeiten. Angesichts der hohen Einzelfallabhängigkeit dieser Instrumente können jedoch auch hier nur bedingt eindeutige, verallgemeinerungsfähige Ergebnisse erlangt werden.[95] Dennoch soll der Versuch unternommen werden, Anhaltspunkte zu finden, wie informationstechnische Eingriffe im Bereich des Internets im Hinblick auf das Erfordernis der Verhältnismäßigkeit i.S.d. Art. 8 Abs. 2 EMRK zu bewerten sind

1. Der Gegenstand der Verhältnismäßigkeitsprüfung

Als Erstes müssen die gegeneinander abzuwiegenden Interessen konkretisiert werden. Bei informationstechnischen Eingriffen, in deren Rahmen personenbezogene Daten unter anderem gespeichert werden, geschieht dies in der Rechtsprechung des EGMR in vier Schritten, die allerdings nicht ausdrücklich voneinander getrennt werden. Auf der einen Seite wird die Eingriffsintensität bestimmt. Anschließend werden die vom Staat ergriffenen Maßnahmen gegen Willkür und Missbrauch bewertet. Diese können die Beschränkung der Interessen des Betroffenen abschwächen. Auf der anderen Seite muss das legitime Ziel konkretisiert und gewichtet werden. So kann das öffentliche Interesse, das im Einzelfall in der Abwägungsentscheidung zu berücksichtigen ist, festgestellt werden. Schließlich können die konkurrierenden Interessen gegeneinander abgewogen werden. Der Gerichtshof trennt, wie erwähnt, die Konkretisierung der Interessen nicht vom eigentlichen Abwägungsprozess. Dennoch soll die Differenzierung der verschiedenen Prüfschritte hier vorgenommen werden, um so möglichst eindeutige Krite-

---

[94] Zum Zusammenhang zwischen *margin of appreciation* und Kontrolldichte siehe *Grabenwarter/Pabel*, EMRK[5], § 18 Rz. 20.

[95] Vgl. *Grabenwarter* in Schiemann/Grabenwarter/Breitenmoser, Zusammenspiel der Grundrechtsordnungen, 56; *Siemen*, Datenschutz, 156.

rien herausarbeiten zu können. Der letzte Schritt der Prüfung, die eigentliche Abwägung der einander gegenüberstehenden Interessen, kann nur für den konkreten Fall vorgenommen werden.

a. Bestimmung der Eingriffsintensität

Auf die Vorgehensweise des EGMR bei der Bestimmung der Eingriffsintensität wurde bereits im Rahmen der Ausführungen zum Kriterium der gesetzlichen Grundlage detailliert eingegangen.[96] Hier wird daher nur zusammenfassend festgehalten, dass die Art der Daten, die Intensität des staatlichen Handelns und die Anzahl der Leute, die erfasst sind sowie deren Status in einem beweglichen System zu berücksichtigen sind.

b. Schutzmaßnahmen im nationalen Recht

Der EGMR stellte beginnend mit dem Fall *Z. gegen Finnland* regelmäßig fest, dass das nationale Recht angemessene Schutzmaßnahmen vorsehen muss, um eine Verwendung personenbezogener Daten, die nicht mit Art. 8 EMRK vereinbar ist, zu vermeiden.[97] Diese Schutzmaßnahmen seien von besonderer Bedeutung, wenn die personenbezogenen Daten automatisch verarbeitet werden.[98] In diesem Zusammenhang be-

---

[96] Siehe oben Dritter Teil, A. I. 2. a.

[97] EGMR, 25.2.1997, 22009/93 (Z. gegen Finnland) Rz. 95; siehe auch EGMR, 28.1.2003, 44647/98 (Peck gegen Vereinigtes Königreich) Rz. 78; EGMR, 17.1.2012, 20376/05 (Varapnickaitė-Mažylienė gegen Litauen) Rz. 44; EGMR, 4.12.2008 (GK), 30562/04 und 30566/04 (S. und Marper gegen Vereinigtes Königreich) Rz. 103; EGMR, 17.12.2009, 16428/05 (Gardel gegen Frankreich) Rz. 62; EGMR, 18.11.2011, 16188/07 (Khellili gegen Schweiz) Rz. 62; EGMR, 18.4.2013, 19522/09 (M.K. gegen Frankreich) Rz. 32; EGMR, 25.3.2014, 2362/08 u. 26271/08 (FJ. u. EB. gegen Österreich) Rz. 73; EGMR, 29.4.2014, 52019/07 (L.H. gegen Lettland) Rz. 56.

[98] EGMR, 4.12.2008 (GK), 30562/04 und 30566/04 (S. und Marper gegen Vereinigtes Königreich) Rz. 103; EGMR, 17.12.2009, 16428/05 (Gardel gegen Frankreich) Rz. 62; EGMR, 18.4.2013, 19522/09 (M.K. gegen Frankreich) Rz. 32.

zog sich der Gerichtshof auf die Art. 3 § 2 lit. c, 5, 6, 7 und 9 der Datenschutzkonvention.[99]

aa. Datenschutzrechtliche Grundsätze nach der Datenschutzkonvention

Gemäß Art. 3 § 2 lit. c der Datenschutzkonvention kann jeder Staat bei der Unterzeichnung oder bei der Hinterlegung seiner Ratifikations-, Annahme-, Genehmigungs- oder Beitrittsurkunde oder jederzeit danach durch Erklärung an den Generalsekretär des Europarats bekanntgeben, dass er dieses Übereinkommen auch auf Dateien/Datensammlungen mit personenbezogenen Daten anwendet, die nicht automatisch verarbeitet werden.

In Art. 5 finden sich datenschutzrechtliche Grundsätze. Personenbezogene Daten müssen demnach nach Treu und Glauben und auf rechtmäßige Weise beschafft sein und verarbeitet werden; sie müssen für festgelegte und rechtmäßige Zwecke gespeichert sein und dürfen nicht so verwendet werden, dass es mit diesen Zwecken unvereinbar ist; sie müssen den Zwecken, für die sie gespeichert sind, entsprechen, dafür erheblich sein und dürfen nicht darüber hinausgehen; sie müssen sachlich richtig und wenn nötig auf den neuesten Stand gebracht sein und sie müssen so aufbewahrt werden, dass der Betroffene nicht länger identifiziert werden kann, als es die Zwecke, für die sie gespeichert sind, erfordern.

In Art. 7 der Datenschutzkonvention wird die Datensicherung geregelt. Für den Schutz personenbezogener Daten, die in automatisierten Dateien/Datensammlungen gespeichert sind, müssen geeignete Sicherungsmaßnahmen gegen die zufällige oder unbefugte Zerstörung, gegen zufälligen Verlust sowie unbefugten Zugang, unbefugte Veränderung oder unbefugtes Bekanntgeben getroffen werden.

---

[99] EGMR, 25.2.1997, 22009/93 (Z. gegen Finnland) Rz. 95; EGMR, 28.1.2003, 44647/98 (Peck gegen Vereinigtes Königreich) Rz. 78; EGMR, 4.12.2008 (GK), 30562/04 und 30566/04 (S. und Marper gegen Vereinigtes Königreich) Rz. 103.

bb. Die datenschutzrechtlichen Grundsätze in der Rechtsprechung des EGMR

Neben jenen Fällen, in denen der EGMR sich ausdrücklich auf die soeben dargelegten datenschutzrechtlichen Grundsätze bezieht, findet sich eine inhaltliche Anlehnung auch in einer Reihe weiterer Fälle.[100]

Der erste in Art. 5 der Datenschutzkonvention genannte Grundsatz, ist der Grundsatz der Bearbeitung nach Treu und Glauben. Daten dürfen nur nach Treu und Glauben und auf rechtmäßige Weise beschafft sein und verarbeitet werden. Die Bedeutung dieses Grundsatzes und insbesondere des Ausdrucks „Treu und Glauben" bereitet Schwierigkeiten.[101] Ein Blick auf die englische und französische Fassung der Datenschutzkonvention bringt jedoch wichtige Hinweise. So ist im Englischen von „obtained and processed fairly and lawfully" und im Französischen von „obtenues et traitées loyalement et licitement" die Rede. Die Begriffe *fairly* und *loyalement*, die in der deutschen Fassung mit „Treu und Glauben" übersetzt wurden, deuten jedoch auf einen Interessensausgleich hin. Eine wörtliche Übersetzung wäre *angemessen* oder *gerecht*. Die Elemente der Rechtmäßigkeit und der Angemessenheit sind jedoch in der Rechtfertigungsprüfung nach Art. 8 Abs. 2 EMRK inhärent. Dieser verlangt schließlich, dass der Eingriff, also beispielsweise die Gewinnung von Informationen oder die Verarbeitung von Daten, auf einer gesetzlichen Grundlage beruht sowie „notwendig in einer demokratischen Gesellschaft" sein muss.

Während der Grundsatz der Datenverarbeitung nach Treu und Glauben allgemein in der Rechtfertigungsprüfung aufgeht, kommt dem ebenfalls in Art. 5 der Datenschutzkonvention zu findenden Prinzip der Zweckbindung eine Bedeutung zu, die über jene des „legitimen Ziels" hinausgeht. In seiner Rechtsprechung zur Sammlung und Verarbeitung medizinischer Daten betont der EGMR ausdrücklich, dass Daten nur gesammelt und verarbeitet werden dürfen, wenn vorher festgestellt wur-

---

[100] Siehe hierzu *Schweizer*, DuD 2009, 468; *Povolná* in Benedek/Benoît-Rohmer/Karl/Nowak, EYHR 2012, 298.

[101] Siehe hierzu *Duschanek/Eberhard* in Holoubek/Potacs, Wirtschaftsrecht, 290 Fn. 108.

de, dass sie zumindest potentiell entscheidend, relevant oder von Bedeutung für das verfolgte Ziel sind.[102]

Beginnend mit dem Fall *S. u. Marper* führt der EGMR im Rahmen der generellen Prinzipien für die Rechtfertigung informationstechnischer Eingriffe im Bereich der Polizeiarbeit aus, das nationale Recht müsse insbesondere sicherstellen, dass nur für die verfolgten Zwecke relevante personenbezogene Daten in verhältnismäßigem Ausmaß gespeichert werden und dass sie in einer Form, die die Identifikation des Datensubjekts ermöglicht nur solange gespeichert werden, wie es für die verfolgten Zwecke notwendig ist. Zudem müsse das nationale Recht hinreichende Gewährleistungen zum Schutz der Daten vor Zweckentfremdung und Missbrauch vorsehen.[103] Der Gerichtshof beruft sich im Fall *S. u. Marper* hierbei auf Art 5, 6 und 7 der Datenschutzkonvention.[104] Zudem bezieht er sich auf Prinzip 7 der Empfehlung R(87)15 des Ministerkomitees des Europarates. Dieses regelt die Dauer der Speicherung von personenbezogenen Daten sowie ihre Aktualisierung und sieht im Wesentlichen genau wie Art. 5 der Datenschutzkonvention eine Zweckbindung der Speicherung vor. In späteren Fällen bezieht er sich auf *S. u. Marper*, wobei der teils erneut ausdrücklich auf die Datenschutzkonvention verweist,[105] teils nur noch die Ausführungen in *S. u. Marper* wiederholt.[106]

Im Bereich polizeilicher Ermittlungen kann also davon ausgegangen werden, dass die datenschutzrechtlichen Grundsätze des Art. 5 der Datenschutzkonvention sowie die in Art. 7 derselben vorgesehenen Sicherungsmaßnahmen gegen die zufällige oder unbefugte Zerstörung, gegen zufälligen Verlust sowie unbefugten Zugang, unbefugte Veränderung

---

[102] EGMR, 27.8.1997, 20837/92 (M.S. gegen Schweden) Rz. 38, 42 u. 43; EGMR, 10.10.2006, 7508/02 (L.L. gegen Frankreich) Rz. 46; EGMR, 29.4.2014, 52019/07 (L.H. gegen Lettland) Rz. 58.

[103] EGMR, 4.12.2008 (GK), 30562/04 und 30566/04 (S. und Marper gegen Vereinigtes Königreich) Rz. 103; EGMR, 17.12.2009, 16428/05 (Gardel gegen Frankreich) Rz. 62; EGMR, 25.3.2014, 2362/08 u. 26271/08 (FJ. u. EB. gegen Österreich) Rz. 73.

[104] EGMR, 4.12.2008 (GK), 30562/04 und 30566/04 (S. und Marper gegen Vereinigtes Königreich) Rz. 103.

[105] EGMR, 17.12.2009, 16428/05 (Gardel gegen Frankreich), Rz. 62; EGMR, 18.11.2011, 16188/07 (Khellili gegen Schweiz) Rz. 62.

[106] EGMR, 18.4.2013, 19522/09 (M.K. gegen Frankreich) Rz. 30 ff.

oder unbefugtes Bekanntgeben vom EGMR als Gegenstand der Verhältnismäßigkeitsprüfung neben der Eingriffsintensität herangezogen werden. Zu klären bleibt, ob die Datenschutzkonvention nur im Bereich der polizeilichen Tätigkeit in der Abwägungsentscheidung zu berücksichtigen ist oder ob dies auch auf andere datenschutzrechtliche Fälle übertragbar ist.

Für eine allgemeine Gültigkeit in datenschutzrechtlichen Fällen spricht, dass der EGMR im Fall *Z. gegen Finnland*, in dem er die besondere Bedeutung des Schutzes personenbezogener Daten erstmals erwähnte und auf den er sich in den entsprechenden Ausführungen im Fall *S. u. Marper* beruft, ganz allgemein die Wichtigkeit der Vertraulichkeit des Gesundheitssystems betont.[107] Andersherum wendet der EGMR diese Grundsätze im Fall *Uzun*, der die Überwachungstätigkeit der Polizei zum Gegenstand hatte, in abgeschwächter Form an.[108] Ausschlaggebend scheint also nicht zu sein, ob es sich um einen Fall im Bereich der Polizeiarbeit handelt. Vielmehr steigen mit der Eingriffsintensität die Anforderungen an die nationalen Sicherungsmaßnahmen.

Während die Grundsätze der Datenschutzkonvention selbst ausdrücklich Erwähnung in der Rechtsprechung des EGMR finden, erwähnt dieser das Zusatzprotokoll zum Übereinkommen zum Schutz des Menschen bei der automatischen Verarbeitung personenbezogener Daten bezüglich Kontrollstellen und grenzüberschreitendem Datenverkehr nicht explizit. Es stellt sich also die Frage, ob aus Art. 8 EMRK die Verpflichtung zur Einrichtung unabhängiger Kontrollstellen abzuleiten ist, deren Einhaltung bei der Rechtfertigung eines Eingriffs zu berücksichtigen wäre. Diese Frage ist schon deswegen von besonderem Interesse, weil Art. 8 Abs. 3 GRC gerade diese Verpflichtung normiert.

Bereits im Fall *S. u. Marper* zeigt sich, dass der EGMR das Vorhandensein oder Fehlen einer unabhängigen Kontrollinstanz bei der Rechtfertigung von informationstechnischen staatlichen Eingriffen berücksichtigt. Hier hebt er hervor, dass es keine Gewährleistung der unabhängigen Kontrolle der Rechtfertigung der Speicherung nach definierten Kriterien, wie die Schwere der Straftaten, vorangegangene Verhaftungen, die Intensität des Verdachts gegen den Betroffenen und andere beson-

107 EGMR, 25.2.1997, 22009/93 (Z. gegen Finnland) Rz. 95.

108 EGMR, 2.9.2010, 35623/05 (Uzun gegen Deutschland) Rz. 66.

dere Umstände, im nationalen Recht gab.[109] Im Fall *Gardel* stellt der Gerichtshof fest, dass das Verfahren eine unabhängige Kontrolle der Speicherung im Sinne der im Fall *S. u. Marper* aufgestellten Kriterien garantiere und effektive und angemessene Sicherungsmaßnahmen vorsehe.[110] Die unabhängige Kontrolle der datenschutzrechtlichen Grundsätze gehört somit neben den Grundsätzen selbst zu den nationalen Sicherungsmaßnahmen, die der EGMR bei der Prüfung der Rechtfertigung eines informationstechnischen Eingriffs berücksichtigt.

Zusammenfassend kann an dieser Stelle festgehalten werden, dass der EGMR, neben der Eingriffsintensität und dem verfolgten legitimen Ziel, auch die vom Staat ergriffenen Sicherungsmaßnahmen in der Abwägungsentscheidung berücksichtigt. Inhaltlich überprüft er hierbei die Einhaltung der Grundsätze der Datenschutzkonvention[111] sowie ihre unabhängige Kontrolle. Die konkreten Anforderungen hängen jedoch stets vom Einzelfall ab. Je nachdem wie intensiv der Eingriff ist, steigen oder sinken sie. Die Auswirkungen auf den Betroffenen, die sich aus der kombinierten Betrachtung der Eingriffsintensität und der vorhandenen nationalen Sicherungsmaßnahmen ergibt, muss gegen das verfolgte öffentliche Interesse abgewogen werden.

c. Konkretisierung und Gewichtung des öffentlichen Interesses

Während der Frage, ob überhaupt ein legitimes Ziel verfolgt wird, keine wesentliche beschränkende Funktion für die eingreifenden Staatsgewalten zukommt,[112] muss das dahinter stehende öffentliche Interesse für die Abwägungsentscheidung konkretisiert und gewichtet werden. Der EGMR grenzt die Eingriffsziele nicht bereits bei der Frage ein, ob ein legitimes Ziel verfolgt wird, sondern erst im Rahmen der Verhältnismä-

---

[109] EGMR, 4.12.2008 (GK), 30562/04 und 30566/04 (S. und Marper gegen Vereinigtes Königreich) Rz. 119.

[110] EGMR, 17.12.2009, 16428/05 (Gardel gegen Frankreich), Rz. 69.

[111] Vgl. auch *Povolná* in Benedek/Benoît-Rohmer/Karl/Nowak, EYHR 2012, 298, die ausführt, dass der EGMR Art. 8 EMRK nicht nur im Lichte der Datenschutzkonvention interpretiert, sondern diese *de facto* umsetzt.

[112] *Grabenwarter/Pabel*, EMRK[5], § 18 Rz. 13; *Uerpmann-Wittzack/Jankowska-Gilberg*, MMR 2008, 87; *Verhey/Raijmakers* in FS van Dijk, 463.

ßigkeitsprüfung.[113] Hierbei ist einerseits relevant, welches der in Art. 8 EMRK genannten Ziele verfolgt wird. Andererseits stellt der EGMR auch auf die Umstände und Erfordernisse des konkreten Einzelfalls ab.

Welches der in Art. 8 Abs. 2 EMRK genannten legitimen Ziele betroffen ist, hat Auswirkungen auf die Gewichtung des öffentlichen Interesses. Insbesondere der Schutz der nationalen Sicherheit vermag auch schwerwiegendste Grundrechtseinschränkungen zu rechtfertigen, wenn fundamentale staatliche Einrichtungen gefährdet sind.[114] Der EGMR hielt im Fall *Kennedy* fest, dass das Ausmaß der kriminellen Aktivitäten im Bereich der nationalen Sicherheit und schwerer Straftaten eine längere Planungsphase erfordere. Daher sei es vor dem Hintergrund der Komplexität solcher Fälle sowie der Anzahl der involvierten Personen auch gerechtfertigt, wenn die Ermittlungen einige Zeit dauern.[115] Es ist zu beachten, dass der EGMR in den letzten Jahren davon abgegangen ist, Datensammlungen zur Verhütung von Straftaten und zum Schutz der nationalen Sicherheit unter dem schlagkräftigen Rechtfertigungsgrund des Schutzes der nationalen Sicherheit grundsätzlich als gerechtfertigt anzusehen.[116] Mit Blick auf die mittlerweile standardmäßig durchgeführte automatische Verarbeitung der personenbezogenen Daten und die damit einhergehende Steigerung der Eingriffsintensität steht diesem Rechtfertigungsgrund heutzutage ein besonders intensiver Eingriff gegenüber.[117]

Neben der Zuordnung zu einem bestimmten legitimen Ziel, sind jedoch vor allem die konkreten Umstände des Einzelfalls zu berücksichtigen.

---

[113] *Siemen*, Datenschutz 151; *Wildhaber/Breitenmoser* in Pabel/Schmahl, IK, Art. 8 Rz. 593, 596.

[114] *Wildhaber/Breitenmoser* in Pabel/Schmahl, IK, Art. 8 Rz. 593, 598.

[115] EGMR, 18.5.2010, 26839/05 (Kennedy gegen Vereinigtes Königreich) Rz. 161; vgl. auch VfGH, 27.6.2014, G 47/2012-49 u.a. (Vorratsdatenspeicherung) Rz. 168.

[116] Siehe hierzu *Siemen*, Datenschutz, 159 m.H.a. EKMR, 18.3.1981, 8022/77 (McVeigh gegen Vereinigtes Königreich); EKMR (Report), 19.5.1994, 15225/89 (Friedl gegen Österreich).

[117] EGMR, 4.12.2008 (GK), 30562/04 und 30566/04 (S. und Marper gegen Vereinigtes Königreich) Rz. 103; EGMR, 17.12.2009, 16428/05 (Gardel gegen Frankreich) Rz. 62; EGMR, 25.3.2014, 2362/08 u. 26271/08 (FJ. u. EB. gegen Österreich) Rz. 77; siehe auch *Siemen*, Datenschutz 159, die diese Entwicklung bereits vorhersagte.

Im Fall *Kennedy* erklärte der EGMR, dass die Gesamtdauer von Überwachungsmaßnahmen von der Komplexität und Dauer der fraglichen Ermittlungen abhinge und unter der Voraussetzung, dass ausreichende Schutzmaßnahmen gewährt würden, dem Ermessen der zuständigen Behörde überlassen werden kann.[118] Im Fall *S. u. Marper* betonte er, dass er den Umfang seiner Prüfung auf den konkreten Einzelfall begrenzen müsse.[119] Der Gerichtshof identifiziert das konkrete öffentliche Interesse, das der Erreichung des legitimen Ziels dient, gewichtet dieses und wiegt es gegen die Rechte des Grundrechtsberechtigten ab. Im Fall *Bernh Larson Holding AS u.a.* stellte er beispielweise fest, dass das Recht auf Achtung der Wohnung und Korrespondenz der beschwerdeführenden Gesellschaften und ihr Interesse, die Privatsphäre ihrer Mitarbeiter zu schützen, mit dem öffentlichen Interesse an der Sicherstellung der Effizienz der Inspektion der Informationen, die die beschwerdeführenden Unternehmen zur Feststellung der steuerlichen Bemessungsgrundlage zur Verfügung gestellt hatten, abgewogen werden müsse. Legitimes Ziel der staatlichen Maßnahmen war das wirtschaftliche Wohl des Landes.[120]

Besonders hervorzuheben ist der Rechtfertigungsgrund „Schutz der Rechte und Freiheiten anderer“. Hier sind all jene Fälle einzuordnen, in denen der Staat in Erfüllung einer Schutzpflicht im Internet tätig wird, was stets mit einer Erhebung, Verwendung oder Veröffentlichung von personenbezogenen Daten durch den Staat einhergeht. Im Fall *K.U.* stellte sich das Problem zwar aus der Perspektive der positiven Verpflichtung und nicht als abwehrrechtliche Fragestellung. Dennoch zeigt sich hier, dass der EGMR die Geheimhaltungsansprüche der Internetnutzer anerkennt, sie jedoch gegen die Rechte und Interessen anderer abwägt und letzteren im Fall von unmittelbar drohender Gefahr Vorrang gewährt.[121] Ein weiteres Beispiel für eine solche Interessenabwägung mit Bezug zum Internet ist der Fall *Delfi AS*. Die Kammer nahm in ihrem Urteil eine umfangreiche Abwägung aller Interessen vor und

---

[118] EGMR, 18.5.2010, 26839/05 (Kennedy gegen Vereinigtes Königreich) Rz. 161.

[119] EGMR, 4.12.2008 (GK), 30562/04 und 30566/04 (S. und Marper gegen Vereinigtes Königreich) Rz. 106.

[120] EGMR, 14.3.2013, 24117/08 (Bernh Larsen Holding AS u.a. gegen Norwegen) Rz. 135, 174.

[121] EGMR, 2.12.2008, 2872/02 (K.U. gegen Finnland) Rz. 49.

berücksichtigte insbesondere auch das Interesse der Internetnutzer, anonym zu bleiben.[122] Es handelt sich hierbei um einen aus der Perspektive des Art. 10 EMRK zu behandelnden Fall, der sich in die umfangreiche Rechtsprechung des EGMR zur Abwägung zwischen Persönlichkeitsrechten und Meinungsfreiheit reiht.

Eine ähnlich einzelfallgeprägte und unvorhersehbare Vorgehensweise, einschließlich der damit einhergehenden Rechtsunsicherheit für die Grundrechtsberechtigten zeichnet sich auch für mehrpolige Grundrechtsverhältnisse im Bereich des Persönlichkeitsschutzes im Internet ab.[123] Hier soll nur festgehalten werden, dass den Abwehransprüchen, die dem Einzelnen aus Art. 8 EMRK im Internet gegen staatliches Handeln zukommen, häufig Rechte anderer entgegenstehen, was je nach Eingriffsintensität und Intensität der Einschränkungen der Dritten einen Eingriff rechtfertigen kann. Im Rahmen der Abwägung verschiedener Rechte miteinander berücksichtigt der EGMR insbesondere, ob auch weniger intensive Mittel zur Verfügung standen, die jene Rechte, die den Eingriff rechtfertigen, in gleichem Ausmaß schützen, also ob das gelindeste Mittel gewählt wurde.[124]

2. *Die Kontrolldichte des EGMR im Bereich des Datenschutzes*

Nachdem der Gegenstand der Verhältnismäßigkeitsprüfung untersucht wurde, ist noch zu klären, welche Kontrolldichte der EGMR bei der Überprüfung der Verhältnismäßigkeit informationstechnischer Eingriffe anwendet. Hierbei handelt es sich um eine stark einzelfallbezogene Fragestellung. Zur Bestimmung der Kontrolldichte werden von der Literatur verschiedenste Kriterien genannt.[125] *Gerards* identifizierte 2011

---

[122] EGMR, 10.10.2013, 64569/09 (Delfi AS gegen Estland) 84 ff. (anhängig vor der GK); siehe aber zur fehlenden rechtlichen Einordnung dieser „Interessen" Erster Teil, D. II. 4.

[123] Siehe hierzu *Schapiro*, ZUM 2014, 201 ff., siehe z. B. auch EGMR, 10.5.2011, 48009/08 (Mosley gegen Vereinigtes Königreich).

[124] EGMR, 5.10.2010, 420/07 (Köpke gegen Deutschland); *Verhey/Raijmakers* in FS van Dijk, 464.

[125] Siehe z.B. *Brems*, ZaöRV 1996, 256 ff., die neun Kriterien formuliert (das legitime Ziel, die Bedeutung des betroffenen Rechts, das Politikfeld, der Konsens zwischen den Mitgliedstaaten, der Bezug auf andere Konventionen, die Existenz eines internen Disputs oder einer Uneinigkeit über die maßgebliche Bestimmung oder Übung, das „Substanz"-Kriterium, das Vorliegen einer spezi-

drei Kriterien, die bei der Bestimmung des Ermessensspielraums des EGMR ausschlaggebend sind: Das Subsidiaritätsprinzip („*The better placed argument*"), die Bedeutung des betroffenen Rechts sowie das Vorhandensein oder Fehlen eines gemeinsamen europäischen Standards.[126] Sie beruft sich hierbei auf das bereits mehrfach erwähnte Urteil der Großen Kammer im Fall *S. u. Marper*. Hier führte der EGMR Folgendes aus:

> „Die zuständigen staatlichen Behörden und Gerichte haben bei ihrer Entscheidung einen Ermessensspielraum, dessen Umfang unterschiedlich ist, u.a. je nach dem Recht der Konvention, um das es geht, seiner Bedeutung für den Bf., der Art des Eingriffs und dem mit dem Eingriff verfolgten Ziel. Der Ermessensspielraum ist enger, wenn das Recht, in das eingegriffen wurde, für die wirksame Ausübung intimer oder zentraler Rechte des Einzelnen wesentlich ist (...). Steht ein besonders wichtiger Aspekt der Existenz oder der Identität einer Person auf dem Spiel, ist der dem Staat zustehende Ermessensspielraum beschränkt (...). Gibt es aber unter den Mitgliedstaaten des Europarats keinen Konsens über die relative Bedeutung des Interesses, um das es geht, oder wie dieses am besten zu schützen ist, ist der Ermessensspielraum weiter (...)."[127]

Da der Fall *S. u. Marper* zu den bedeutendsten Urteilen des EGMR im Bereich des Datenschutzes gehört, werden der nachfolgenden Untersu-

---

fischen lokalen Situation sowie der außergewöhnliche Charakter einer Situation); *Grabenwarter* in Schiemann/Grabenwarter/Breitenmoser, Zusammenspiel der Grundrechtsordnungen, 55, der fünf Kriterien definiert (die Vielfalt nationaler Lösungen, die Komplexität des Rechtsgebiets, kollidierende Konventionsrechte, die Eigenschaften der nationalen Behörden und die Qualität des Verfahrens und insbesondere der Begründung der Entscheidung).

[126] *Gerards*, European Law Journal, 2011 Vol 17, No 1, 107 ff.

[127] EGMR, 4.12.2008 (GK), 30562/04 und 30566/04 (S. und Marper gegen Vereinigtes Königreich) Rz. 102; Übersetzung von *Meyer-Ladewig/Petzold*, NJOZ 2010, 696; siehe auch EGMR, 3.4.2012 (GK), 42857/05 (Van der Heijden gegen Niederlande) Rz. 59; EGMR, 12.9.2012 (GK), 10593/08 (Nada gegen Schweiz) Rz. 184; EGMR, 18.4.2013, 19522/09 (M.K. gegen Frankreich) Rz. 31; EGMR, 6.6.2013, 18071/05 (Maskhadova gegen Russland) Rz. 224; EGMR, 6.6.2013, 38450/05 (Sabanchiyeva u.a. gegen Russland) Rz. 134; EGMR, 16.1.2014, 38552/05 (Abdulayeva gegen Russland) Rz. 35; EGMR, 16.1.2014, 22089/07 (Arkhestov u.a. gegen Russland) Rz. 89; EGMR, 16.1.2014, 21885/07 (Kushtova u.a. gegen Russland) Rz. 40; EGMR, 16.1.2014, 7988/09 (Zalov u. Khakulova gegen Russland) Rz. 83.

chung die drei von *Gerards* identifizierten Kriterien zur Bestimmung der Kontrolldichte des EGMR zugrunde gelegt. Die Bewertung dieser drei Kriterien durch den EGMR im Bereich des Datenschutzes soll näher betrachtet werden, um so Aussagen über die vom Gerichtshof angewandte Kontrolldichte bei der Überprüfung der Konventionsmäßigkeit informationstechnischer Eingriffe treffen zu können.

a. Das Subsidiaritätsprinzip

Der EGMR geht davon aus, dass das System der EMRK dem Subsidiaritätsprinzip folgt und erkennt an, dass die nationalen Behörden die direkte demokratische Legitimation zum Schutz von Grund- und Menschenrechten haben. Aufgrund ihres direkten und andauernden Kontakts mit den entsprechenden Kräften in ihrem Land sind sie nach Ansicht des Gerichtshofs grundsätzlich besser in der Lage, die Bedürfnisse und Bedingungen vor Ort zu evaluieren als ein internationales Gericht. Daher sei es auch vorrangig die Rolle der nationalen Behörden, zwischen dem Bedarf für einen Eingriff im öffentlichen Interesse und den Rechten des Einzelnen nach Art. 8 EMRK einen fairen Ausgleich zu finden. Der Gerichtshof behält sich jedoch das Recht vor, den von den nationalen Behörden gefundenen Ausgleich der Interessen dahingehend zu überprüfen, ob der Eingriff im Einzelfall „notwendig" im Sinne von Art. 8 Abs. 2 EMRK ist.[128]

Es ist also davon auszugehen, dass die Abwägungsentscheidung der Verhältnismäßigkeitsprüfung zunächst den Mitgliedstaaten vorbehalten ist. Der EGMR führt demnach nur eine *ex-post* Kontrolle durch, bei der die Bedeutung des betroffenen Rechts sowie das Vorliegen eines europäischen Standards allerdings die Kontrolldichte des EGMR erhöhen und den nationalen Spielraum verengen können.

Der EGMR erhöht jedoch in letzter Zeit stetig seine Kontrolldichte und verringert somit den Ermessensspielraum der Mitgliedstaaten.[129] Hier soll nicht näher auf das Subsidiaritätsprinzip eingegangen werden, sondern versucht werden, den Ermessensspielraum, der den Konventionsstaaten im Bereich des Datenschutzes und der Persönlichkeitsrechte im Internet zukommt, näher zu bestimmen. Aufgrund der starken Vari-

---

[128] Siehe statt vieler EGMR, 3.4.2012 (GK), 42857/05 (Van der Heijden gegen Niederlande) Rz. 55 m.w.N.

[129] Hierzu *Krieger*, ZaöRV 2014, 205.

ation des „*margin of appreciation*" im Einzelfall werden hierbei jedoch, wie erwähnt, nur sehr begrenzt allgemein gültige Prinzipien aus der Rechtsprechung des EGMR abgeleitet werden können.[130]

b. Die Bedeutung des betroffenen Rechts

Der EGMR hält in ständiger Rechtsprechung fest, dass der den Mitgliedstaaten gewährte Ermessensspielraum kleiner ist, wenn das betroffene Recht für die wirksame Ausübung intimer oder zentraler Rechte wesentlich ist. Er betont darüber hinaus, dass dort wo ein besonders wichtiger Aspekt der Existenz oder Identität einer Person betroffen ist, der „*margin of appreciation*" beschränkt ist.[131] Es gilt also festzustellen, welche Bedeutung der Gerichtshof dem Datenschutz, als zentrales Schutzgut im Bereich des Persönlichkeitsschutzes im Internet, zumisst.

Im Fall *S. u. Marper* wiederholte der EGMR hierzu, dass der Schutz von personenbezogenen Daten von grundlegender Bedeutung für die wirksame Ausübung des Rechts auf Privat- und Familienleben, wie es von Art. 8 EMRK garantiert wird, ist.[132] Die besondere Bedeutung des Schutzes personenbezogener Daten für das Recht auf Privat- und Familienleben ist daher als Argument für einen engeren Ermessensspielraum und eine höhere Kontrolldichte des EGMR zu sehen. Dies zeigt sich auch in den darauffolgenden Ausführungen im Fall *S. u. Marper*, in denen der EGMR ausdrücklich spezifische Anforderungen an das nationale Recht formuliert und sich eben gerade nicht auf eine *ex-post* Kon-

---

[130] *Siemen*, Datenschutz, 156.

[131] EGMR, 4.12.2008 (GK), 30562/04 und 30566/04 (S. und Marper gegen Vereinigtes Königreich) Rz. 102; Übersetzung von *Meyer-Ladewig/Petzold*, NJOZ 2010, 696; siehe auch EGMR, 3.4.2012 (GK), 42857/05 (Van der Heijden gegen Niederlande) Rz. 59; EGMR, 12.9.2012 (GK), 10593/08 (Nada gegen Schweiz) Rz. 184; EGMR, 18.4.2013, 19522/09 (M.K. gegen Frankreich) Rz. 31; EGMR, 6.6.2013, 18071/05 (Maskhadova gegen Russland) Rz. 224; EGMR, 6.6.2013, 38450/05 (Sabanchiyeva u.a. gegen Russland) Rz. 134; EGMR, 16.1.2014, 38552/05 (Abdulayeva gegen Russland) Rz. 35; EGMR, 16.1.2014, 22089/07 (Arkhestov u.a. gegen Russland) Rz. 89; EGMR, 16.1.2014, 21885/07 (Kushtova u.a. gegen Russland) Rz. 40; EGMR, 16.1.2014, 7988/09 (Zalov u. Khakulova gegen Russland) Rz. 83.

[132] EGMR, 4.12.2008 (GK), 30562/04 und 30566/04 (S. und Marper gegen Vereinigtes Königreich) Rz. 103.

trolle der nationalen Abwägungsentscheidung beschränkt.[133] Diese besonderen Anforderungen wiederholt der EGMR seither regelmäßig in Fällen zum Schutz personenbezogener Daten.[134]

Zu beachten ist, dass der EGMR den Schutz der Daten juristischer Personen nicht am Maßstab des Privatlebens, sondern der Korrespondenz sowie, bei Beschlagnahmungen, der Wohnung misst.[135] Folgerichtig bezieht sich der EGMR in den Fällen *Wieser and Bicos Beteiligungen GmbH* und *Bernh Larsen Holding AS* nicht auf seine Ausführungen zur besonderen Bedeutung des Schutzes personenbezogener Daten für die wirksame Ausübung des Rechts auf Privat- und Familienleben.[136] Der Ermessensspielraum des Staats ist daher weiter.[137]

Die hohe Bedeutung des Datenschutzes führt folglich zu einer Verengung des Ermessensspielraums der Mitgliedstaaten, die sich insbesondere in den Anforderungen an die Qualität des Gesetzes und insbesondere den dort vorgesehenen Schutzmaßnahmen äußert. Dieser Punkt der Verhältnismäßigkeitsprüfung steht in engem Zusammenhang mit dem Erfordernis der gesetzlichen Grundlage.[138] Der EGMR weicht vom Subsidiaritätsprinzip ab. Er überlässt den Mitgliedstaaten nicht die Ausgestaltung ihres Recht und beschränkt sich auf eine *ex-post* Kontrolle, ob alle Rechte gewahrt wurden, sondern diktiert ausdrücklich

---

[133] EGMR, 4.12.2008 (GK), 30562/04 und 30566/04 (S. und Marper gegen Vereinigtes Königreich) Rz. 103. Zu den Anforderungen an das nationale Recht siehe ausführlich Dritter Teil, A. I.

[134] EGMR, 17.12.2009, 16428/05 (Gardel gegen Frankreich) Rz. 62; EGMR, 17.12.2009, 5335/06 (B.B. gegen Frankreich) Rz. 61; EGMR, 17.12.2009, 22115/06 (M.B. gegen Frankreich) Rz. 53; EGMR, 18.11.2011, 16188/07 (Khelili gegen Schweiz) Rz. 62; EGMR, 18.4.2013, 19522/09 (M.K. gegen Frankreich) Rz. 32; EGMR, 25.3.2014, 2362/08 u. 26271/08 (FJ. u. EB. gegen Österreich) Rz. 73; siehe aber noch anders EGMR, 26.3.1987, 9248/81 (Leander gegen Schweden), wo der EGMR den Interessen des Beschwerdeführers einen geringen Stellenwert zumisst; hierzu *Siemen*, Datenschutz, 162 f.

[135] Siehe hierzu Erster Teil, D. IV. 1. a. aa.

[136] EGMR, 16.10.2007, 74336/01 (Wieser and Bicos Beteiligungen GmbH gegen Österreich); EGMR, 14.3.2013, 24117/08 (Bernh Larsen Holding AS u.a. gegen Norwegen).

[137] EGMR, 14.3.2013, 24117/08 (Bernh Larsen Holding AS u.a. gegen Norwegen) Rz. 159.

[138] Siehe hierzu oben Dritter Teil, A. I. 2. b. cc.

bestimmte Punkte, die vom nationalen Gesetzgeber umgesetzt werden müssen, um eine Verletzung von Art. 8 EMRK zu vermeiden. Im Ergebnis zieht der EGMR also Kompetenzen, die nach dem Subsidiaritätsprinzip bei den Mitgliedstaaten lägen, an sich.[139]

Ein solcher Zusammenhang zwischen „Grundrechtsrelevanz" und gebotener Bestimmtheit eines Gesetzes ist auch den nationalen Rechtsordnungen nicht fremd.[140] Hier finden sich wertvolle Argumente zur Erklärung der Vorgehensweise des EGMR. *Berka* weist darauf hin, dass schon *Kelsen* ausführte, dass die Interessenabwägung „nicht den objektiven Maßstab, nach dem entgegengesetzte Interessen miteinander verglichen und demnach Interessenskonflikte entschieden werden können" liefere und betont, dass die grundrechtliche Interessenabwägung im Verwaltungsrecht immer nur als gebundene und begrenzte Interessenabwägung in Betracht käme, weil die Grundrechte im Verhältnis zwischen Staat und Bürger eben keine bloßen Interessen seien, sondern Rechtsgarantien, in die der Staat nur ausnahmsweise eingreifen darf.[141] Der EGMR, dem nach Art. 32 EMRK die Auslegung und Anwendung der Konvention zukommt, gibt den objektiven Maßstab der Interessenabwägung vor und überlässt nur die konkrete Interessenabwägung im Einzelfall, dem Subsidiaritätsprinzip folgend, den Mitgliedstaaten.

Durch diese Vorgehensweise setzt sich der EGMR jedoch erneut der Kritik aus, mit dem Ziel eines einheitlichen europäischen Grundrechtsstandards die Demokratie- und Gewaltenteilungsgrundsätze zu missachten.[142] Gerade die Gewaltenteilung ist jedoch schlagendes Argument in den Ausführungen Berkas zum „eingriffsnahen Gesetz". Immerhin betont dieser, dass es die Aufgabe des Gesetzgebers sei, die Abwägung zwischen dem Grundrecht und entgegenstehenden Interessen und Rechtsgütern unter der nachprüfenden Kontrolle eines Verfassungsge-

---

[139] Siehe hierzu *Grabenwarter/Pabel*, EMRK[5], § 18 Rz. 21 m.w.N., die ausführen, dass der Beurteilungsspielraum der Sache nach einen Hinweis auf die Kompetenz des Gerichtshofs in der völkerrechtlich bestimmten Aufgabenverteilung zwischen dem Gerichtshof und den nationalen Behörden und Gerichten bilde.

[140] Siehe hierzu *Berka* in FS Walter, 47 m.w.N.

[141] *Berka* in FS Walter, 58 m.H.a. *Kelsen* in Klecatsky/Marcic/Schambeck, Rechtstheoretische Schule II, 1367.

[142] Siehe hierzu statt vieler *Krieger*, ZaöRV 2014, 205.

richts vorzunehmen.[143] Diese Rolle kommt im Verhältnis zwischen EGMR und Mitgliedstaaten jedoch letzteren zu, da dem Gerichtshof die demokratische Legitimation fehlt.[144] Dort wo eine einheitliche Praxis und Rechtsüberzeugung der Mitgliedstaaten vorliegt hingegen, kann der EGMR im Rahmen einer dynamisch-evolutiven Auslegung auch ohne in Konflikt mit den Demokratie- und Gewaltenteilungsgrundsätzen zu kommen, den Ermessensspielraum der Mitgliedstaaten verengen.[145]

c. Der gemeinsame europäische Standard

Das Vorliegen eines gemeinsamen europäischen Standards kann den Ermessensspielraum verengen.[146] Wenn hingegen kein europäischer Konsens über die relative Bedeutung der betroffenen Interessen oder die beste Möglichkeit diese zu schützen vorliegt, so kommt den Mitgliedstaaten insbesondere in Fällen, die besonders sensible moralische oder ethische Fragen aufwerfen, ein weiterer Ermessensspielraum zu.[147] Neben dem nationalen Recht zieht der EGMR im Rahmen einer systematischen Interpretation völkerrechtliche Verträge, Völkergewohnheitsrecht und allgemeine Rechtsgrundsätze genauso zur Bestimmung des gemeinsamen europäischen Standards heran, wie die unverbindlichen Empfehlungen und Resolutionen der Organe des Europarats.[148]

Im Folgenden wird erörtert, worauf sich der Gerichtshof in seiner bisherigen Rechtsprechung im Bereich des Datenschutzes gestützt hat. Zunächst wird hierzu herausgearbeitet, auf welche völkerrechtlichen Verträge und Empfehlungen und Resolutionen der Organe des Europa-

---

143 *Berka* in FS Walter, 58.

144 *Baade*, AVR 2013, 343; *Krieger*, ZaöRV 2014, 205; auch der EGMR sieht die demokratische Legitimation bei den Mitgliedstaaten. Statt vieler EGMR, 3.4.2012 (GK), 42857/05 (Van der Heijden gegen Niederlande) Rz. 55.

145 Vgl. hierzu und zu den Grenzen der dynamisch-evolutiven Auslegung nach Art. 31 Abs. 3 lit. b WVK *Krieger*, ZaöRV 2014, 204 f.

146 EGMR, 16.12.2010 (GK), 25579/05 (A.B.C. gegen Irland) Rz. 234.

147 EGMR, 3.4.2012 (GK), 42857/05 (Van der Heijden gegen Niederlande).

148 *Krieger*, ZaöRV 2014, 187, 208; EGMR, 10.5.2011, 48009/08 (Mosley gegen Vereinigtes Königreich) Rz. 86; siehe zur Bedeutung der Rechtsvergleichung bei der Auslegung der EMRK allgemein *Grabenwarter* in Gamper/Verschraegen, Rechtsvergleichung, 5 ff.

rats er sich stützt. Nachdem anschließend der Umgang des EGMR mit den nationalen Rechtsordnungen untersucht wurde, soll abschließend in einem kurzen Exkurs auf die besondere Rolle des Unionsrechts eingegangen werden, wobei auch hier der Fokus auf die Vorgehensweise des Gerichtshofs im Bereich des Datenschutzes gelegt wird.

aa. Völkerrecht

Der EGMR bezieht sich im Bereich des Datenschutzes insbesondere auf die bereits mehrfach erwähnte Datenschutzkonvention. Zudem zieht er diverse Empfehlungen des Ministerkomitees des Europarats heran. Insbesondere die Empfehlung R(87)15 über den Schutz personenbezogener Daten im Polizeibereich erlangte Bedeutung.

i. Die Datenschutzkonvention

Das Übereinkommen zum Schutz des Menschen bei der automatischen Verarbeitung personenbezogener Daten, kurz die Datenschutzkonvention, trat am 1.10.1985 in Kraft und wurde von allen Mitgliedstaaten des Europarats ratifiziert.[149] Am 1.7.2004 trat das Zusatzprotokoll zum Übereinkommen zum Schutz des Menschen bei der automatischen Verarbeitung personenbezogener Daten bezüglich Kontrollstellen und grenzüberschreitendem Datenverkehr in Kraft. Dieses wurde allerdings nur von 35 Staaten ratifiziert. Insbesondere das Vereinigte Königreich, Griechenland, Italien und Belgien gehören zu den Staaten, die das Zusatzprotokoll nicht ratifiziert haben.[150]

Die Datenschutzkonvention wird vom EGMR nicht nur auf der Ebene des Schutzbereichs,[151] sondern auch bei der Prüfung, ob ein Eingriff notwendig in einer demokratischen Gesellschaft war, als maßgeblicher gemeinsamer europäischer Standard herangezogen.[152] Angesichts der Tatsache, dass dieser völkerrechtliche Vertrag von beinahe allen Mitgliedstaaten ratifiziert wurde, liegt das Vorliegen eines gemeinsamen europäischen Standards nahe. Gemäß Art. 31 Abs. 3 lit. c WVK ist bei der

---

[149] Siehe hierzu unter: www.conventions.coe.int.

[150] Siehe hierzu unter: www.conventions.coe.int.

[151] Siehe oben Erster Teil, D. IV. 1. a.

[152] Siehe hierzu ausführlicher unten Dritter Teil, A. III. 2. c. aa. i.; siehe auch *Grabenwarter* in Gamper/Verschraegen, Rechtsvergleichung, 14 ff.

Auslegung eines völkerrechtlichen Vertrags schließlich jeder in den Beziehungen zwischen den Vertragsparteien anwendbare einschlägige Völkerrechtssatz gültig, wozu jedenfalls völkerrechtliche Verträge gehören, die alle Mitgliedstaaten ratifiziert haben.[153]

Komplizierter stellt sich die Lage hinsichtlich des Zusatzprotokolls dar. Immerhin haben nur 35 der 47 Mitgliedstaaten dieses ratifiziert. Allerdings handelt es sich hierbei um mehr als die Hälfte aller Mitgliedstaaten. Ob eine rein numerische Mehrheit ausschlaggebend für die Interpretation sein kann, bestimmt sich nach dem Zweck der Vergleichung und dem Befund in den einzelnen Staaten.[154] In der Vergangenheit ist der EGMR vereinzelt auch dann, wenn nicht alle Mitgliedstaaten einen völkerrechtlichen Vertrag ratifiziert hatten, von einem gemeinsamen Europäischen Standard ausgegangen.[155] Dennoch ist ein ausdrücklicher Bezug auf das Zusatzprotokoll zum Übereinkommen zum Schutz des Menschen bei der automatischen Verarbeitung personenbezogener Daten bezüglich Kontrollstellen und grenzüberschreitendem Datenverkehr in der Rechtsprechung des EGMR bislang noch nicht zu finden. Gewisse inhaltliche Anlehnungen, insbesondere hinsichtlich der unabhängigen Kontrollstellen, lassen sich jedoch nicht verneinen.[156]

ii. Die Empfehlungen des Ministerkomitees des Europarats

Neben der Datenschutzkonvention und ihrem Zusatzprotokoll bezieht sich der EGMR teils auch auf Empfehlungen des Ministerkomitees des Europarats.[157] Bei diesen Empfehlungen handelt es sich um nicht verbindliche Instrumente der Rechtsharmonisierung, die der Umsetzung der Mitgliedstaaten bedürfen.[158] Im Bereich des Datenschutzes findet sich eine Vielzahl solcher Empfehlungen. So gibt es beispielsweise die Empfehlung Nr. R(83)10 zum Schutz personenbezogener Daten für Zwecke der wissenschaftlichen Forschung und Statistik, die Empfehlung R(87)15 über den Schutz personenbezogener Daten im Polizeibe-

---

153 *Grabenwarter* in Gamper/Verschraegen, Rechtsvergleichung, 23.

154 *Grabenwarter*, Verfahrensgarantien, 25.

155 Siehe z.B. EGMR, 16.12.2010 (GK), 25579/05 (A.B.C. gegen Irland) Rz. 235; Kritisch hierzu *Grabenwarter/Pabel*, EMRK[5], § 5 Rz. 11.

156 Siehe oben Dritter Teil, A. III. 1. b.

157 Kritisch hierzu *Grabenwarter/Pabel*, EMRK[5], § 5 Rz. 11.

158 *Benoît-Rohmer/Klebes*, Council of Europe law, 107.

reich, die Empfehlung Nr. R(99)5 zum Personenschutz im Hinblick auf die Erhebung und Verarbeitung von personenbezogenen Daten im Internet oder die Empfehlung Nr. R(2007)16 zum Schutz der Menschenrechte im Bereich der Suchmaschinen.[159]

Der EGMR stellte im Fall *Shtukaturov* ausdrücklich fest, dass die in den Empfehlungen zum Ausdruck gebrachten Prinzipien den gemeinsamen europäischen Standard in einem Bereich definieren können, obwohl sie keine Rechtskraft haben.[160] Im Fall *S. u. Marper* bezieht sich der EGMR bei der Ausgestaltung der Anforderungen an die vom Staat zu ergreifenden Schutzmaßnahmen neben der Datenschutzkonvention auch auf die Prinzipien der Empfehlung Nr. R(87)15 über den Schutz personenbezogener Daten im Polizeibereich sowie die Empfehlung Nr. R(92)1 über die Verwendung und Analyse von DNA im Rahmen des Justizsystems.[161] Im Fall *K.U.* erwähnt der Gerichtshof die Empfehlung Nr. R(95)13 über Probleme des Strafverfahrensrechts im Bereich der Informationstechnologie.[162]

Es kann folglich davon ausgegangen werden, dass der EGMR die Empfehlungen des Ministerkomitees des Europarats zur Bestimmung des gemeinsamen europäischen Standards heranzieht. Der sich so ergebende Standard variiert stark nach Einzelfall, da einerseits schon im Bereich des Datenschutzes eine ganze Reihe sehr spezifischer Empfehlungen besteht und andererseits auch Empfehlungen aus anderen Bereichen, wie dem Gesundheitswesen, zusätzlich von Bedeutung sein können. Die der Empfehlung Nr. R(87)15 über den Schutz personenbezogener Daten im Polizeibereich wird als Folge ihrer Erwähnung im Fall *S. u. Marper* besonders häufig herangezogen.

bb. Die nationalen Rechtsordnungen

Zur Bestimmung des gemeinsamen europäischen Standards bezieht sich der EGMR jedoch nicht immer auf das Völkerrecht. Weitaus öfter zieht

---

[159] Eine vollständige Übersicht der insgesamt 19 Empfehlungen des Ministerkomitees im Bereich des Datenschutzes findet sich auf der Homepage des Europarats unter http://www.coe.int/t/cm/adoptedTexts_en.asp (31.5.2015).

[160] EGMR, 27.3.2008, 44009/05 (Shtukaturov gegen Russland) Rz. 95.

[161] EGMR, 4.12.2008 (GK), 30562/04 und 30566/04 (S. und Marper gegen Vereinigtes Königreich) Rz. 103.

[162] EGMR, 2.12.2008, 2872/02 (K.U. gegen Finnland) Rz. 22.

er direkt die nationalen Rechtsordnungen heran.[163] Dies geschieht im Bereich des Datenschutzes jedoch nicht anstelle des Bezugs auf das Völkerrecht. Vielmehr unterscheidet der EGMR zwischen verschiedenen europäischen Standards, die parallel zur Anwendung kommen können.

Einerseits stellen die datenschutzrechtlichen Grundsätze, wie sie die Datenschutzkonvention normiert, einen europäischen Standard dar. Hier geht der EGMR nicht mehr darauf ein, dass die datenschutzrechtlichen Grundsätze auch in den nationalen Rechtsordnungen verankert sind, sondern bezieht sich ausschließlich auf die Datenschutzkonvention und die einschlägige Empfehlung des Ministerkomitees des Europarats.[164] Andererseits kann im konkreten Einzelfall jedoch zusätzlich ein europäischer Standard in einem anderen Bereich relevant sein. Dies zeigt sich auch im Fall *S. u. Marper*, in dem der EGMR zunächst unter Bezug auf die Datenschutzkonvention und die Empfehlung Nr. R(87)15 über den Schutz personenbezogener Daten im Polizeibereich die allgemeinen datenschutzrechtlichen Grundsätze aufzählt und anschließend noch zusätzlich den europäischen Standard hinsichtlich DNA-Datenbanken erörtert. Er führt aus, dass der starke Konsens zwischen den Mitgliedstaaten den Beurteilungsspielraum in diesem Bereich weiter verenge. Zusätzlich betont er, dass einem Staat, der von sich behaupte eine Pionierrolle im Bereich technischer Entwicklungen einzunehmen, besondere Verantwortung zukomme, eine faire Interessenabwägung vorzunehmen.[165]

Neben den Instrumenten des Europarats können also auch das Recht und die Praktiken der anderen Mitgliedstaaten im Bereich des Persönlichkeitsschutzes im Internet den Ermessensspielraum des einzelnen Staats in diesem Bereich verringern. Das Fehlen eines solchen Konsenses führt jedoch dann nicht zu einer verringerten Kontrolldichte, wenn der Staat eine Pionierrolle einnimmt. Für den Bereich des Persönlich-

---

[163] Siehe zu den nationalen Rechtsordnungen als Gegenstand der Rechtsvergleichung durch den EGMR *Grabenwarter* in Gamper/Verschraegen, Rechtsvergleichung, 96.

[164] EGMR, 4.12.2008 (GK), 30562/04 und 30566/04 (S. und Marper gegen Vereinigtes Königreich) Rz. 103; EGMR, 17.12.2009, 16428/05 (Gardel gegen Frankreich) Rz. 62; EGMR, 25.3.2014, 2362/08 u. 26271/08 (FJ. u. EB. gegen Österreich) Rz. 73.

[165] EGMR, 4.12.2008 (GK), 30562/04 und 30566/04 (S. und Marper gegen Vereinigtes Königreich) Rz. 103, 110 ff.

keitsschutzes im Internet bedeutet dies, dass das Fehlen eines gemeinsamen europäischen Standards in bestimmten Einzelfragen nicht zu einem größeren Ermessensspielraum führt. Die technische Entwicklung im Feld der Informationsverarbeitung ging in den letzten Jahren mit einer derart hohen Geschwindigkeit vonstatten, dass es den nationalen Gesetzgebern oft nicht möglich war, zeitgerecht detaillierte Regelungen zu treffen. Die gesellschaftspolitische und rechtliche Debatte hinkt hier stets dem technischen Fortschritt hinterher. Das Fehlen eines Konsenses ist daher kein Zeichen für unterschiedliche Ansichten über die relative Bedeutung der betroffenen Interessen oder die beste Möglichkeit diese zu schützen, sondern vielmehr schlicht als noch nicht geäußerte Wertung zu sehen.[166]

d. Exkurs: Der Einfluss des Unionsrecht auf die Kontrolldichte des EGMR

Die 28 Mitgliedstaaten der EU sind alle auch Mitgliedstaaten der EMRK. Über die Hälfte der Konventionsstaaten sind also auch EU-Staaten. Der Gedanke liegt daher nahe, dass eine Harmonisierung des Rechts der EU-Mitgliedstaaten durch EU-Recht beinahe zwangsweise zum Vorliegen eines gemeinsamen europäischen Standards führt.[167] Der EGMR bezieht sich jedoch in seiner Rechtsprechung im Bereich des Datenschutzes kaum auf das Recht der Europäischen Union, das umgekehrt eine Reihe von Bezügen zu Art. 8 EMRK aufweist.[168] Abgesehen vom allgemeinen Verweis auf die EMRK, der sowohl in Art. 6 EUV als auch in Art. 52 Abs. 3 der Charta zu finden ist, erwähnen die Erläuterungen zu Art. 7[169] und Art. 8 der Charta Art. 8 EMRK

---

[166] Vgl. aber *Siemen*, Datenschutz, 156, die unter Hinweis auf die Rechtsprechung des EGMR zur Beurteilung der Geschlechtsanpassung zu dem Schluss kommt, dass den Staaten in Rechtsgebieten die sich in Veränderungen befinden ein erweiterter Beurteilungsspielraum zukommt.

[167] Siehe hierzu *Ludwigs*, EuGRZ 2014, 284; *Povolná* in Benedek/Benoît-Rohmer/Karl/Nowak, EYHR 2012, 300.

[168] *Verhey/Raijmakers* in FS van Dijk, 468 f.

[169] „Die Rechte nach Artikel 7 entsprechen den Rechten, die durch Artikel 8 EMRK garantiert sind. Um der technischen Entwicklung Rechnung zu tragen, wurde der Begriff „Korrespondenz" durch „Kommunikation" ersetzt. Nach Artikel 52 Absatz 3 haben diese Rechte die gleiche Bedeutung und Tragweite wie die Rechte aus dem entsprechenden Artikel der EMRK. Ihre möglichen le-

ausdrücklich.[170] In Erwägungsgrund 10 der DatenschutzRL wird ebenfalls auf das von Art. 8 EMRK normierte Schutzniveau verwiesen.[171] Darüber hinaus stützt sich der EuGH in seiner Rechtsprechung auf Art. 8 EMRK und die dazu ergangenen Urteile der EGMR.[172]

Die Bestimmung des Einflusses des EU-Rechts auf die Auslegung der EMRK ist ein äußerst interessantes Themenfeld, das hier jedoch nur sehr knapp behandelt werden kann. Es sollen nur überblicksartig Gründe dargelegt werden, die den fehlenden ausdrücklichen Bezug des EGMR auf das EU-Recht im Bereich des Persönlichkeitsschutzes im Internet erklären könnten. Hierzu muss eine Unterscheidung zwischen jenen Fällen, in denen die EU-Mitgliedstaaten Unionsrecht umsetzen und jenen, in denen eine rein nationale Maßnahme zu bewerten ist, getroffen werden.

---

gitimen Einschränkungen sind daher diejenigen, die der genannte Artikel 8 gestattet".

[170] „Dieser Artikel stützte sich auf Artikel 286 des Vertrags zur Gründung der Europäischen Gemeinschaft und auf die Richtlinie 95/46/EG des Europäischen Parlaments und des Rates zum Schutz natürlicher Personen bei der Verarbeitung personenbezogener Daten und zum freien Datenverkehr (ABl. L 281 vom 23.11.1995, S. 31) sowie auf Artikel 8 EMRK und das Übereinkommen des Europarates vom 28. Januar 1981 zum Schutz des Menschen bei der automatischen Verarbeitung personenbezogener Daten, das von allen Mitgliedstaaten ratifiziert wurde. (...)"

[171] „Gegenstand der einzelstaatlichen Rechtsvorschriften über die Verarbeitung personenbezogener Daten ist die Gewährleistung der Achtung der Grundrechte und -freiheiten, insbesondere des auch in Artikel 8 der Europäischen Konvention zum Schutze der Menschenrechte und Grundfreiheiten und in den allgemeinen Grundsätzen des Gemeinschaftsrechts anerkannten Rechts auf die Privatsphäre. Die Angleichung dieser Rechtsvorschriften darf deshalb nicht zu einer Verringerung des durch diese Rechtsvorschriften garantierten Schutzes führen, sondern muß im Gegenteil darauf abzielen, in der Gemeinschaft ein hohes Schutzniveau sicherzustellen."

[172] Siehe z.B. EuGH, 8.4.2014, C-293/12 und C-594/1 (Digital Rights Ireland und Seitlinger u.a.) Rz. 47, 54 f.

aa. Das Unionsrecht als gemeinsamer europäischer Standard bei der Prüfung nationaler Maßnahmen zur Umsetzung von Unionsrecht

Bei der Beurteilung der Grundrechtskonformität von nationalen Maßnahmen zur Umsetzung von Unionsrecht nimmt der Gerichtshof Rücksicht auf die besondere Lage, in der sich diese durch die doppelte völkerrechtliche Verpflichtung befinden. Er führte im Fall *Bosphorus* aus, dass Handlungen der Mitgliedstaaten, die auf Verpflichtungen des Unionsrechts beruhten, solange als gerechtfertigt gelten, wie für die betreffende Organisation davon ausgegangen werden könne, dass sie die Grund- und Menschenrechte in einer Art und Weise schützt, die der von der EMRK gewährten wenigstens gleichwertig ist.[173] Er verfolgt somit einen Ansatz, der an die Solange-Rechtsprechung des BVerfG erinnert und nimmt seine Kontrolle gegenüber dem EuGH weitestgehend zurück.[174] Der Gerichtshof lässt den Mitgliedstaaten in diesem Bereich also einen besonders weiten Spielraum. Immerhin können diese, so scheint es zumindest, nach dem *Bosphorus*-Ansatz, ganze Bereiche durch die Übertragung von Kompetenzen an die EU der Kontrolle des EGMR entziehen. Undifferenziert auf den Bereich des Persönlichkeitsschutzes im Internet angewendet hieße dies, dass informationstechnische Maßnahmen der Mitgliedstaaten, die in Umsetzung des Unionsrechts ergehen, wie es beispielsweise bei der Umsetzung der VorratsdatenspeicherungsRL der Fall war, vom EGMR nicht auf ihre Grundrechtskonformität hin überprüft werden könnten.

Der im Fall *Bosphorus* aufgestellte Grundsatz der Vermutung des gleichwertigen Grundrechtsschutzes gilt jedoch nicht uneingeschränkt. Zum einen hielt der EGMR schon in seinem Urteil im Fall *Bosphorus* selbst fest, dass diese Vermutung widerlegbar ist, wenn in einem konkreten Fall festgestellt wurde, dass der Schutz der Konventionsrechte grob mangelhaft ist („manifestly deficient").[175] Im Fall *Michaud* stellte der Gerichtshof klar, dass ein solcher Fall vorliegt, wenn die nationalen Gerichte die Sache dem EuGH nicht nach Art. 267 AEUV zur Vorabentscheidung vorgelegt haben und daher eine Entscheidung getroffen haben ohne das volle Potential des relevanten internationalen Rechtsschutzsystems, das grundsätzlich dem System der EMRK gleichwertig

---

[173] EGMR, 30.6.2005 (GK), 45036/98 (Bosphorus gegen Irland) Rz. 152 ff.

[174] *Grabenwarter* in ders./Vranes, Europäischer Verfassungsverbund, 39 m.w.N.

[175] EGMR, 30.6.2005 (GK), 45036/98 (Bosphorus gegen Irland) Rz. 156.

sei, auszuschöpfen. Die Vermutung des gleichwertigen Grundrechtsschutzes käme daher nicht zur Anwendung.[176] Darüber hinaus kann die Vermutung der Gleichwertigkeit des Grundrechtsschutzes nicht zum Tragen kommen, wenn den Mitgliedstaaten ein Umsetzungsspielraum gelassen wird, der eine grundrechtskonforme Umsetzung ermöglicht.[177]

Dort wo das Unionsrecht zwingend ist, hinterfragt der EGMR die getroffenen Wertungen nicht mehr. Aus Sicht des gemeinsamen europäischen Standards könnte man dies so verstehen, dass die in Umsetzung des Unionsrechts getroffenen Maßnahmen stets den gemeinsamen Europäischen Standard widerspiegeln und daher eine Überprüfung hinfällig wird. Immerhin wäre der Ermessensspielraum des Mitgliedstaats auf das durch den europäischen Standard vorgegebene Maß beschränkt, das vom Unionsrecht bestimmt wird. Auch hier lässt sich das Ergebnis am Beispiel der Vorratsdatenspeicherung verdeutlichen: Wäre die VorratsdatenspeicherungsRL nicht vom EuGH aufgehoben, sondern bestätigt worden, so könnten die nationalen Maßnahmen, die sie umsetzen, folglich nur mehr insoweit vor dem EGMR bekämpft werden, als sie sich in einem Umsetzungspielraum, beispielsweise bezüglich der Dauer der Speicherung, bewegen.

bb. Das Unionsrecht als gemeinsamer europäischer Standard und rein nationale Maßnahmen

Nachdem die nationalen Maßnahmen zur Umsetzung des Unionsrechts betrachtet wurden, bleibt zu klären, inwiefern das Unionsrecht den gemeinsamen Europäischen Standard für die Bewertung rein nationaler Maßnahmen vorgeben kann. In einigen Fällen, die nicht den Persönlichkeitsschutz im Internet betreffen, berief sich der EGMR auf das Unionsrecht und stellte „wachsende Tendenzen“[178] im Unionsrecht

---

[176] EGMR, 6.12.2012, 12323/11 (Michaud gegen Frankreich) Rz. 115; zur Begründungspflicht der nationalen Höchstgerichte, wenn nicht dem EuGH vorgelegt, nach Art. 6 EMRK siehe EGMR, 8.4.2014, 17120/09 (Dhabi gegen Italien) Rz. 31 ff.

[177] EGMR, 21.1.2011 (GK), 30696/09 (M.S.S. gegen Belgien und Griechenland) Rz. 338 ff.; siehe zu diesem Argument auch das Vorbringen des Rates der Anwaltschaften der Europäischen Union im Fall EGMR, 6.12.2012, 12323/11 (Michaud gegen Frankreich) Rz. 78.

[178] EGMR, 22.7.2010, 18984/02 (P.B. u. J.S. gegen Österreich) Rz. 29.

fest, oder dass dieses sich einer Philosophie verschreibe.[179] Die Grundrechtecharta zieht der EGMR gelegentlich bei der Untersuchung des internationalen Rechts heran.[180]

Dennoch bezieht sich der Gerichtshof nur selten auf die unionsrechtlichen Bestimmungen im Bereich des Datenschutzes und insbesondere selten auf die DatenschutzRL. Diese wird – dort wo sie in einem EGMR-Urteil erwähnt wird – nur unter dem Punkt „Relevante nationale und internationale Materialien" genannt und später nicht mehr weiter herangezogen.[181] Die Heranziehung der unionsrechtlichen Bestimmungen im Bereich des Datenschutzes im Rahmen der Determinierung der Kontrolldichte des EGMR wäre insofern problematisch, als diese Bestimmungen sich, wie oben dargelegt wurde, alle auf Art. 8 EMRK stützen. Die Auslegung von Art. 8 EMRK kann daher nicht von ihrem Inhalt geleitet sein, ohne dass es zu einem Zirkelschluss kommt. Eben dieser könnte natürlich auch als Ausdruck der gegenseitigen Rücksichtnahme der Gerichtshöfe und Mittel zur Herstellung der Kohärenz des europäischen Grundrechtsschutzes gesehen werden.[182]

e. Zwischenergebnis

Im Zwischenergebnis lässt sich festhalten, dass der EGMR bei der Bewertung informationstechnischer staatlicher Maßnahmen grundsätzlich eine eher hohe Kontrolldichte anlegt. Insbesondere die Grundsätze der Datenschutzkonvention und die Empfehlungen des Ministerkomitees des Europarats werden als maßgeblicher Standard bemüht. Dies stützt der EGMR insbesondere auf die besondere Bedeutung des Schutzes

---

[179] EGMR, 26.11.2013 (GK), 27853/09 (X. gegen Lettland) Rz. 13.

[180] Siehe EGMR, 12.11.2008 (GK), 34503/97 (Demir u. Baykara gegen Türkei) Rz. 80; 105 m.w.N. aus der Judikatur.

[181] EGMR, 4.12.2008 (GK), 30562/04 und 30566/04 (S. und Marper gegen Vereinigtes Königreich); EGMR, 10.5.2011, 48009/08 (Mosley gegen Vereinigtes Königreich); EGMR, 14.2.2012, 7094/06 (Romet gegen Niederlande); EGMR, 13.12.2012, 24029/07 (M.M. gegen Vereinigtes Königreich).

[182] Vgl. zum Zusammenwirken zwischen EGMR und EuGH statt vieler *Ludwigs*, EuGRZ 2014, 273 ff.; siehe jedoch zum zukünftigen Zusammenwirken der europäischen Gerichtshöfe *Grabenwarter*, Konkurrenz und Kooperation, 151, der nicht mit einer „parallelen Interpretation" beider Grundrechtskataloge rechnet.

personenbezogener Daten.[183] Darüber hinaus zieht der EGMR jedoch auch die einzelnen nationalen Rechtsordnungen heran, um festzustellen, ob es über die datenschutzrechtlichen Grundsätze hinaus einen europäischen Standard gibt, der den Ermessensspielraum der Mitgliedstaaten weiter verengen würde. Allerdings führt das Fehlen eines solchen Standards im Bereich der Informationstechnologie, wo die rechtlichen Entwicklungen den technischen stets hinterherhinken, nicht zu einem erweiterten Spielraum. Vielmehr kommt dem Staat, der eine Vorreiterrolle einnimmt, hier eine besondere Verantwortung zu.[184]

Die Kontrolldichte des EGMR variiert jedoch je nach Einzelfall stark,[185] weshalb an dieser Stelle nur eine Tendenz und kein eindeutiges Ergebnis festgehalten werden kann. Insbesondere ist sie abhängig von der Bedeutung der Interessen, die einander als Gegenstand der Verhältnismäßigkeitsprüfung gegenüber stehen.

3. Fazit

Die Verhältnismäßigkeitsprüfung ermöglicht es dem EGMR, die Wechselwirkungen zwischen Eingriffsintensität, Schutzmaßnahmen und öffentlichem Interesse stets für den Einzelfall zu beurteilen. Ein besonders intensiver Eingriff kann beispielsweise entweder durch viele verschiedene Schutzmaßnahmen oder durch eine einzige, sehr strenge Maßnahme in seiner Wirkung geschwächt und dadurch leichter gerechtfertigt werden. Andererseits kann auch ein sehr gewichtiges öffentliches Interesse einen besonders intensiven Eingriff rechtfertigen. Die Einzelfallgebundenheit der Verhältnismäßigkeit führt dazu, dass keine abschließenden Aussagen getroffen werden können, sondern lediglich Faktoren identifiziert werden können, die der EGMR im Rahmen der Verhältnismäßigkeitsprüfung berücksichtigt. Hierbei handelt es sich um die Eingriffsintensität, die nationalen Sicherungsmaßnahmen und das konkrete öffentliche Interesse.

---

[183] EGMR, 4.12.2008 (GK), 30562/04 und 30566/04 (S. und Marper gegen Vereinigtes Königreich) Rz. 103; siehe aber EGMR, 2.9.2010, 35623/05 (Uzun gegen Deutschland) Rz. 66.

[184] EGMR, 4.12.2008 (GK), 30562/04 und 30566/04 (S. und Marper gegen Vereinigtes Königreich) Rz. 103, 110 ff.

[185] Vgl. *Siemen*, Datenschutz, 155 f.

Die Eingriffsintensität hängt im Bereich informationstechnischer Eingriffe von der Art der Daten, der Intensität des staatlichen Handelns – wobei insbesondere der erlittene Kontrollverlust des Datensubjekts über die seine Person betreffenden Daten zu berücksichtigen ist – und der Anzahl und Art der betroffenen Leute ab. Die nationalen Sicherungsmaßnahmen beurteilt der EGMR vor allem am Maßstab der Grundsätze der Datenschutzkonvention und des Zusatzprotokolls zu derselben. Hierbei ist insbesondere zu berücksichtigen, inwieweit dem Datensubjekt ein Teil der verlorenen Kontrolle über die eigenen Daten durch verfahrensrechtliche und andere Vorkehrungen wiedergegeben wird. Die sich so ergebenden Auswirkungen auf den Grundrechtsberechtigten sind schließlich gegen das stets im Einzelfall zu beurteilende, konkrete öffentliche Interesse abzuwägen. Hierbei kann es sich insbesondere auch um die Rechte und Freiheiten anderer handeln, die der Staat im Rahmen seiner positiven Verpflichtung sichern muss. Eine getrennte Betrachtung der Eingriffsintensität und der Sicherungsmaßnahmen ist notwendig, da so auf Fälle eingegangen werden kann, in denen die Eingriffsintensität so hoch ist, dass der Eingriff unabhängig von den nationalen Maßnahmen zur Datensicherung und des besonderen Gewichts eines öffentlichen Interesses jedenfalls nicht notwendig in einer demokratischen Gesellschaft sein kann.

Im Bereich des Persönlichkeitsschutzes im Internet ist aufgrund der hohen Bedeutung, die der Gerichtshof dem Schutz personenbezogener Daten insbesondere dann zumisst, wenn sie automatisch verarbeitet werden, von einer eher hohen Kontrolldichte des EGMR bei der Prüfung, ob Eingriffe durch Ermittlung, Speicherung und Verwendung von personenbezogenen Daten notwendig in einer demokratischen Gesellschaft sind, auszugehen. Der Ermessensspielraum der Mitgliedstaaten ist verringert. Technischen Vorreitern kommt eine besondere Verantwortung zu, weshalb sie sich nicht auf einen fehlenden europäischen Konsens berufen können. Hierbei handelt es sich jedoch lediglich um eine Tendenz. Die genaue Kontrolldichte ist stets für den Einzelfall zu beurteilen.

B. Rechtfertigung der Weitergabe und Veröffentlichung von personenbezogenen Daten

Nachdem die Rechtfertigung von Eingriffen durch Ermittlung, Speicherung und Verwendung von personenbezogenen Daten allgemein betrachtet wurde, soll nun ein Blick auf jene Fälle geworfen werden, die ausschließlich die Weitergabe und Veröffentlichung von personenbezogenen Daten betreffen. Da bereits ausführlich auf die allgemeinen Anforderungen des Art. 8 Abs. 2 EMRK im Bereich der Ermittlung und Verwendung von personenbezogenen Daten eingegangen wurde, werden hierbei nur mehr die Besonderheiten hervorgehoben.

Abzugrenzen sind die hier gegenständlichen Fälle von den bereits behandelten Fällen, in denen die Weitergabe oder Veröffentlichung der Daten als zusätzlicher Eingriff neben die Erhebung und Speicherung tritt und sich eingriffsintensivierend auswirkt. Die folgenden Ausführungen beziehen sich nur auf Fälle, in denen die Erhebung und Speicherung grundrechtlich als unproblematisch einzustufen ist und die Weitergabe oder Veröffentlichung alleine zu beurteilen ist. Hierbei handelt es sich insbesondere um jene Fälle, in denen das Datensubjekt in die ursprüngliche Speicherung ausdrücklich eingewilligt hat.[186] Im Zentrum der grundrechtlichen Problematik steht daher, dass anderen staatlichen Stellen, einzelnen Dritten oder sogar der breiten Öffentlichkeit Verfügungsgewalt über personenbezogene Daten eingeräumt wird.

I. Gesetzliche Grundlage

Die Anforderungen an die Qualität der gesetzlichen Grundlage sind im Bereich der Weitergabe von personenbezogenen Daten insofern von besonderer Bedeutung, als ein Eingriff nicht wieder rückgängig gemacht werden kann. Anders als bei der Speicherung von Daten, die mit einer Löschung beendet werden kann, sind die Konsequenzen einer Weitergabe irreversibel, insbesondere dann, wenn die Presse oder bereits die Öffentlichkeit Kenntnis erlangt haben. So verlangt der EGMR in seiner Rechtsprechung jedenfalls dann besondere prozessuale Sicherungsmaßnahmen, wenn die Veröffentlichung oder Weitergabe sensible Daten i.S.v. Art. 6 der Datenschutzkonvention betrifft. Im Jahr 1996 hatte der EGMR im Fall *Z. gegen Finnland*, der die Weitergabe medizinischer Daten von einem staatlichen Krankenhaus an eine andere staatliche Behörde zum Gegenstand hatte, sich zwar noch darauf beschränkt, zu überprüfen, ob die staatlichen Stellen nach nationalem Recht berechtigt waren, die fraglichen Informationen weiterzugeben.[187] Im Fall *Avilkina*

---

[186] Vgl. hierzu oben Zweiter Teil, B.

[187] EGMR, 25.2.1997, 22009/93 (Z. gegen Finnland) Rz. 72 f.

u.a., dem ein gleichgelagerter Sachverhalt zugrunde lag, verwies der EGMR jedoch im Jahr 2013 auf den Fall *S. u. Marper* und die dort zu findenden Ausführungen über die erforderlichen prozessualen Sicherungsmaßnahmen auf Ebene der gesetzlichen Grundlage. Auch hier prüft er nicht im Detail, sondern weist lediglich darauf hin, dass die Qualität der gesetzlichen Lage im Rahmen der Verhältnismäßigkeitsprüfung zu prüfen sei.[188] Im Fall *Radu*, der die Weitergabe medizinischer Daten von einem staatlichen Krankenhaus an den Arbeitgeber der Beschwerdeführerin betraf, bezieht sich der EGMR auf diesen Fall und führt aus, dass sichergestellt werden müsse, dass den Betroffenen ein Mindestmaß an Schutz zukäme, auf den die Bürger einer demokratischen Gesellschaft nach dem Rechtsstaatlichkeitsprinzip ein Recht hätten. In diesem Fall war jedoch das Kriterium der gesetzlichen Grundlage schon deswegen nicht erfüllt, weil die Weitergabe der Informationen auch nach nationalem Recht unzulässig war.[189]

Allerdings verlangte der EGMR im Fall *Peck*, der die Weitergabe von Aufnahmen einer öffentlichen Überwachungskamera, die den Beschwerdeführer zeigten, an die Presse betraf,[190] sowie im Fall *Wypych*, der eine Verpflichtung zur Veröffentlichung von Informationen über die finanzielle Situation des Beschwerdeführers, der ein politisches Amt innehatte, im Internet zum Gegenstand hatte, keine besonderen prozessualen Sicherungsmaßnahmen.[191] Hieraus könnte man schließen, dass nur für die Weitergabe oder Veröffentlichung sensibler Daten besondere Sicherungsmaßnahmen bestehen.

Es ist hervorzuheben, dass beide Entscheidungen vor 2008 und somit vor der Leitentscheidung der großen Kammer im Fall *S. u. Marper* ergangen sind. Zudem ist hervorzuheben, dass die besonderen Anforderungen an die gesetzliche Grundlage im Rahmen der Erlangung und Speicherung von personenbezogenen Daten insbesondere der Abgrenzung des Eingriffs dienen und dem Datensubjekt ermöglichen sollen, abzusehen, was mit seinen Daten in staatlicher Gewalt geschieht.[192] Nach einer Weitergabe sind solche Sicherungsmaßnahmen nur zweck-

---

[188] EGMR, 6.6.2013, 1585/09 (Avilkina u.a. gegen Russland) Rz. 37.

[189] EGMR, 15.4.2014, 50073/07 (Radu gegen Moldawien) Rz. 28.

[190] EGMR, 28.1.2003, 44647/98 (Peck gegen Vereinigtes Königreich) Rz. 66.

[191] EGMR, 25.10.2005, 2428/05 (Wypych gegen Polen).

[192] Vgl. hierzu oben Dritter Teil, A. I. 2. b. cc.; EGMR, 29.4.2014, 52019/07 (L.H. gegen Lettland) Rz. 58 ff.

mäßig, wenn die Datenweitergabe zwischen verschiedenen staatlichen Stellen geschieht und die Sicherungsmaßnahmen sich auf die Befugnisse jener staatlichen Stelle beziehen, die die Daten erhält.[193] Werden Informationen an Dritte weitergegeben oder sogar veröffentlicht, stellt sich nur die Frage der Vorhersehbarkeit der Weitergabe oder Veröffentlichung als eigenständiger Eingriff. Besondere Anforderungen an die Qualität des Gesetzes, das die Speicherung erlaubt, können nötig sein, um die Weitergabe vorhersehen zu können.

Im Fall *Mikolajová*, in dem das Recht auf einen guten Ruf im Mittelpunkt stand und Fragen der Geheimhaltungsansprüche verdrängte,[194] begnügt sich der EGMR ebenfalls damit, festzustellen, dass die Weitergabe einer Polizeientscheidung eine rechtliche Grundlage im nationalen Recht hatte, ohne dessen Qualität und die Frage, ob den Betroffenen hinreichender präventiver Schutz vor ungerechtfertigter Weitergabe und Veröffentlichung gewährt wird, näher zu erörtern.[195]

Es kann festgehalten werden, dass die Anforderungen an die Qualität der gesetzlichen Grundlage informationstechnischer Eingriffe, wie sie der EGMR im Fall *S. u. Marper* für besonders intensive Eingriffe aufgestellt hat, bei Eingriffen die ausschließlich in der Weitergabe oder Veröffentlichung von personenbezogenen Daten liegen, von begrenzter Bedeutung sind. Dort wo sie erwähnt werden, dienen sie insbesondere der Klärung der Frage, ob die Weitergabe oder Veröffentlichung vorhergesehen werden konnte, und nicht der Eingrenzung der folgenden Konsequenzen, wie es bei Eingriffen durch die Speicherung personenbezogener Daten der Fall ist. Zu prüfen ist, ob die staatliche Behörde eine rechtliche Befugnis hatte, die so präzise formuliert war, dass der Betroffene die tatsächlich durchgeführte Weitergabe oder Veröffentlichung seiner personenbezogenen Daten im konkreten Fall vorhersehen konnte.

---

[193] Vgl. zur fehlenden Schutzwirkung nachträglicher prozessualer Sicherungsmaßnahmen EGMR, 6.6.2013, 1585/09 (Avilkina u.a. gegen Russland) Rz. 52.

[194] Siehe hierzu Zweiter Teil, A. II. 3.

[195] EGMR, 18.1.2011, 4479/03 (Mikolajová gegen Slowakei) Rz. 59.

II. Legitimes Ziel

Wie bei den Eingriffen durch Ermittlung, Speicherung und Verwendung von personenbezogenen Daten bereits ausgeführt, kommt den Mitgliedstaaten hinsichtlich des legitimen Ziels ein weiter Ermessensspielraum zu.[196] Besonders hervorzuheben ist an dieser Stelle dennoch der Fall *Wypych*, in dem der EGMR betonte, dass die Einrichtung einer rechtlichen Rahmenordnung, die Transparenz hinsichtlich der finanziellen Situation politischer Akteure durch Veröffentlichung von Informationen im Internet sicherstellen soll, die Bekämpfung von Korruption durch mehr Transparenz und somit die Verhütung von Straftaten zum Ziel haben kann.[197]

Auffällig ist, dass der EGMR im Bereich der Weitergabe und Veröffentlichung von personenbezogenen Daten teilweise sogar ganz offen lässt, ob eine Maßnahme ein legitimes Ziel verfolgt und diesbezüglich lediglich auf die Verhältnismäßigkeitsprüfung verweist.[198] Angesichts der Tatsache, dass dem Kriterium des legitimen Ziels keine wesentliche beschränkende Funktion für die eingreifenden Staatsgewalten zukommt,[199] und der im Rahmen der Verhältnismäßigkeitsprüfung vorzunehmenden Konkretisierung und Gewichtung des öffentlichen Interesses,[200] liegt hierin jedoch wohl nur der Formulierung nach ein Unterschied, inhaltlich hingegen nicht. Die entscheidende Hürde der Rechtfertigung ist jedenfalls das Kriterium der Notwendigkeit in einer demokratischen Gesellschaft.

III. Notwendig in einer demokratischen Gesellschaft

Das Kriterium der Notwendigkeit in einer demokratischen Gesellschaft wird im Folgenden, wie schon für die Eingriffe durch Ermittlung, Spei-

---

[196] Siehe Dritter Teil, A. II.

[197] EGMR, 25.10.2005, 2428/05 (Wypych gegen Polen); siehe auch *Uerpmann-Wittzack/Jankowska-Gilberg*, MMR 2008, 89.

[198] EGMR, 28.4.2011, 4479/03 (Mikolajová gegen Slowakei) Rz. 59; EGMR, 6.6.2013, 1585/09 (Avilkina u.a. gegen Russland) Rz. 40.

[199] *Grabenwarter/Pabel*, EMRK[5], § 18 Rz. 13; *Uerpmann-Wittzack/Jankowska-Gilberg*, MMR 2008, 87; *Verhey/Raijmakers* in FS van Dijk, 463.

[200] Siehe oben Dritter Teil, A. III. 1. c.

cherung und Verwendung von personenbezogenen Daten, getrennt in den Gegenstand der Verhältnismäßigkeitsprüfung und die Kontrolldichte untersucht.

1. Gegenstand der Verhältnismäßigkeitsprüfung

Im Gegensatz zu Eingriffen, die im Schwerpunkt in der Speicherung von Daten liegen, sind nationale Schutzmaßnahmen, die nachträglichen Rechtsschutz gewährleisten, bei der Abwägungsentscheidung in Fällen der Weitergabe oder Veröffentlichung von personenbezogenen Daten nicht mehr als potentiell ausgleichender Faktor zu berücksichtigen.[201] In diesen Fällen beschränkt sich die Verhältnismäßigkeitsprüfung auf die Abwägung der Interessen des Grundrechtsberechtigten mit den konkreten öffentlichen Interessen im Einzelfall. Schutzmaßnahmen im Vorfeld der Veröffentlichung sind unterschiedlich zu beurteilen, je nachdem, gegen wen sie gerichtet sind. Ein detailliert ausgestaltetes Verfahren im Vorfeld der Weitergabe oder Veröffentlichung, das sicherstellen soll, dass die staatlichen Organe selbst nicht unberechtigterweise Daten weitergeben oder veröffentlichen, ist auf Ebene der gesetzlichen Grundlage zu berücksichtigen.[202] Maßnahmen, die die Daten vor Zugriff und potentiell anschließender Veröffentlichung durch Dritte schützen sollen hingegen, stellen eine positive Verpflichtung des Staats dar.[203] Überraschend ist in diesem Zusammenhang lediglich, dass der EGMR in den Fällen *Căşuneanu* und *Voicu*, die auf demselben Sachverhalt beruhen, auch dann von einer positiven Verpflichtung ausgeht, wenn die Informationen der Presse von staatlichen Organen zugespielt wurden.[204] Hier wäre es angebrachter, von einem Eingriff auszugehen, der mangels gesetzlicher Grundlage eine Verletzung von Art. 8 EMRK darstellt.

---

[201] EGMR, 6.6.2013, 1585/09 (Avilkina u.a. gegen Russland) Rz. 52.

[202] EGMR, 6.6.2013, 1585/09 (Avilkina u.a. gegen Russland) Rz. 37; EGMR, 15.4.2014, 50073/07 (Radu gegen Moldawien) Rz. 28.

[203] EGMR, 17.7.2008, 20511/03 (I. gegen Finnland) Rz. 37; EGMR, 16.4.2013, 22018/10 (Căşuneanu gegen Rumänien) Rz. 80 ff.; EGMR, 10.6.2014, 22015/10 (Voicu gegen Rumänien) Rz. 86.

[204] EGMR, 16.4.2013, 22018/10 (Căşuneanu gegen Rumänien) Rz. 80 ff.; EGMR, 10.6.2014, 22015/10 (Voicu gegen Rumänien) Rz. 86.

Um die Rechte des Grundrechtsberechtigten mit den öffentlichen Interessen im konkreten Einzelfall abwägen zu können, müssen auch bei Eingriffen durch Weitergabe und Veröffentlichung personenbezogener Daten die Umstände des konkreten Einzelfalls beachtet werden. Auch hier muss daher das öffentliche Interesse abgewogen und konkretisiert werden. Bei Veröffentlichungen gilt es daher zu klären, inwiefern ein öffentliches Interesse besteht, die fragliche Information zu erhalten. Hierbei kann es sich um Fälle handeln, in denen dem Staat eine positive Verpflichtung zu informieren zukommt. Ein Beispiel hierfür ist die Informationspflicht über Umweltrisiken, die der EGMR aus Art. 8 EMRK ableitet.[205] Die Information Dritter kann aber auch andere Zwecke verfolgen. Besonders hervorzuheben ist hier die Veröffentlichung von Informationen mit dem Ziel, durch Information öffentliche Kontrolle zu ermöglichen. Die Forderung nach mehr Transparenz ist aus verschiedensten Bereichen bekannt.

Die Bedeutung der durch Transparenz erreichbaren öffentlichen Kontrolle hob der EGMR im Fall *Wypych* hervor. Hier betonte er, dass die allgemeine Öffentlichkeit ein legitimes Interesse habe, sicherzustellen, dass die regionale Politik transparent sei. In diesem Zusammenhang führte er weiter aus, dass die Wirksamkeit einer Maßnahme, die die Öffentlichkeit informieren soll, maßgeblich beeinflusst sei, wenn nicht eine effektive und einfache Möglichkeit des Zugangs zu diesen Informationen gewährt würde, wie es insbesondere die Bereitstellung im Internet gewährleiste. In der Folge sah er die Verpflichtung zur Veröffentlichung von Informationen über die finanzielle Situation gewisser Amtsträger als gerechtfertigt an.[206] Auch der EuGH kam in seinem Urteil im Fall *Schecke und Eifert* zu dem Ergebnis, dass die Veröffentlichung von Daten unter Nennung der Namen der betroffenen Empfänger und der genauen Beträge, die sie erhalten haben, im Internet geeignet ist, die Transparenz in Bezug auf die Verwendung der betreffenden Agrarbeihilfen zu erhöhen. Solche den Bürgern zur Verfügung gestellten Informationen stärken, so führte der EuGH aus, die öffentliche Kontrolle der Verwendung der betreffenden Beträge und leisten einen Beitrag zur bestmöglichen Verwendung öffentlicher Mittel.[207]

---

[205] Siehe hierzu *Grabenwarter/Pabel*, EMRK[5], § 22 Rz. 64; *Grabenwarter* in Hauer, Risikoentscheidungen, 41.

[206] EGMR, 25.10.2005, 2428/05 (Wypych gegen Polen).

[207] EuGH, 9.11.2010, C-92/09 und C-93/09 (Schecke und Eifert) Rz. 75.

Es zeigt sich, dass die Förderung von Transparenz durch Veröffentlichungen im Internet verschiedensten Zielen dienen kann. Es kann beispielsweise die Bekämpfung von Korruption und somit die nationale oder öffentliche Sicherheit und die Verhütung von Straftaten verfolgt werden. Durch den Beitrag zur bestmöglichen Verwendung öffentlicher Mittel kann dem wirtschaftlichen Wohl des Landes gedient werden. Die Information über Gesundheitsrisiken kann das Ziel der Aufrechterhaltung der öffentlichen Ordnung und des Schutzes der Gesundheit verfolgen.

Allerdings ist dies nur dann möglich, wenn die Informationen hinreichend genau und vor allem auch korrekt sind. Der EGMR hebt im Fall *Mikolajová* den großen Schaden, den der gute Ruf einer Person erleiden kann, wenn unrichtige oder ungenaue Informationen von staatlichen Stellen kommuniziert werden, hervor.[208] Zudem prüft der EGMR, ob die Information der Öffentlichkeit nicht auch anders erfolgen könnte. Insbesondere gilt es zu prüfen, ob die Anonymisierung der Daten oder die Einholung einer Einverständniserklärung des Datensubjekts einer Erreichung der Ziele entgegengestanden hätte. Er räumt jedoch ein, dass ein auf Zustimmung basierendes System bei einer großen Anzahl an Betroffenen nicht realisierbar sein könnte.[209]

Es kann festgehalten werden, dass die Auswirkungen auf den Betroffenen sich bei Eingriffen durch die Weitergabe und Veröffentlichung von Informationen lediglich durch die Eingriffsintensität bestimmen und nicht auch nationale Schutzmaßnahmen berücksichtigen. Dies wäre angesichts der Irreversibilität solcher Eingriffe auch nicht wirkungsvoll. Im Bereich des Persönlichkeitsschutzes im Internet sind Veröffentlichungen von Informationen im Internet durch staatliche Stellen eine besonders einschlägige Form dieser Eingriffe. Es handelt sich um intensives staatliches Handeln, deren Auswirkungen jedoch insbesondere durch die Art der Daten und den Status des Betroffenen relativiert werden können. Veröffentlichungen im Internet stellen ein besonders wichtiges Mittel zur Herstellung von Transparenz dar, mit deren Hilfe verschiedenste Ziele erreicht werden können. Wo diese auch mit Einverständnis des Betroffenen oder durch die Bereitstellung anonymisierter

---

[208] EGMR, 28.4.2011, 4479/03 (Mikolajová gegen Slowakei) Rz. 61.

[209] EGMR, 28.1.2003, 44647/98 (Peck gegen Vereinigtes Königreich) Rz. 80 f.; EGMR, 15.4.2014, 50073/07 (Radu gegen Moldawien) Rz. 30 f.

Daten erreichbar sind, ist ein Eingriff jedoch regelmäßig nicht verhältnismäßig.

2. *Kontrolldichte*

Auch für die Rechtfertigung von Eingriffen durch die Weitergabe und Veröffentlichung personenbezogener Daten soll die vom EGMR angewandte Kontrolldichte betrachtet werden. Bereits im Jahr 2003 stellte der EGMR im Fall *Peck* Kriterien auf, die bei der Bestimmung des Ermessensspielraums der Mitgliedstaaten bei der Weitergabe oder Veröffentlichung von personenbezogenen Daten zu berücksichtigen sind: Die Art und Bedeutung der betroffenen Interessen und die Schwere des Eingriffs. Unter Hinweis auf den Fall *Z. gegen Finnland*, in dem er erstmals die besondere Bedeutung des Datenschutzes und den daraus resultierenden Bedarf an besonderen Schutzmaßnahmen betonte, kam er zu dem Schluss, dass jede Verpflichtung zur Weitergabe medizinischer Daten ohne die Einwilligung des Patienten und alle nationalen Sicherungsmaßnahmen in diesem Bereich besonders gründlicher Betrachtung durch den Gerichtshof bedürften. In der Folge untersucht er im Detail, ob den staatlichen Behörden weniger invasive Mittel zur Verfügung gestanden hätten.[210]

In diesem Fall führte also die Art der Daten zu einer hohen Eingriffsintensität, was eine Verengung des Ermessensspielraums des Staats nach sich zog. Es können auch andere Faktoren als die Art der Daten ausschlaggebend dafür sein, dass ein Eingriff als besonders intensiv zu qualifizieren ist. Die Anzahl der betroffenen Leute sowie ihr Status und insbesondere Ausmaß des staatlichen Handelns sind auch zu berücksichtigen.[211] Veröffentlichungen im Internet haben weitreichendere Auswirkungen, da Informationen im Internet nicht nur besonders lange verfügbar bleiben, sondern durch den Einsatz von Suchmaschinen auch leicht gefunden werden können. Zudem suggeriert das Internet stets eine gewisse Aktualität der Inhalte. Die Verbreitung von Informationen

---

[210] EGMR, 28.1.2003, 44647/98 (Peck gegen Vereinigtes Königreich) Rz. 77 ff.; siehe auch EGMR, 6.6.2013, 1585/09 (Avilkina u.a. gegen Russland) Rz. 43 ff.

[211] Vgl. hierzu Dritter Teil, A. I. 2. b.

im Internet stellt somit tendenziell einen besonders intensiven Eingriff in die Persönlichkeitsrechte der betroffenen Person dar.[212]

Allerdings ist auch bei Eingriffen durch die Weitergabe oder Veröffentlichung von personenbezogenen Daten die Eingriffsintensität stets durch eine Gesamtbetrachtung aller zu berücksichtigender Faktoren zu beurteilen. Der EGMR sah im Fall *Wypych* keinen besonders intensiven Eingriff in der Veröffentlichung von Informationen im Internet über die finanzielle Situation des Beschwerdeführers, der ein politisches Amt innehatte. Er betonte in diesem Fall, dass der Beschwerdeführer das politische Amt, das die Veröffentlichungspflicht auslöste, freiwillig aufgenommen habe. Ein solches Amt käme stets mit Vor- und Nachteilen. Zudem hob der Gerichthof hervor, dass die Entscheidung bei den Wahlen für ein öffentliches Amt zu kandidieren eine Aktivität sei, bei der sich Personen wissentlich und absichtlich Aktivitäten zuwenden, die von Kameras oder anderen technischen Geräten aufgenommen werden oder über die in der Öffentlichkeit berichtet wird.[213] Der Status der betroffenen Personen und die Tatsache, dass nicht-sensible Daten veröffentlicht wurden, gleichen hier also die besondere Tatsache, dass das staatliche Handeln besonders intrusiv ist, aus.

Zusammenfassend kann festgehalten werden, dass der EGMR hinsichtlich der Eingriffe durch die Weitergabe oder Veröffentlichung von personenbezogenen Daten zu einer höheren Kontrolldichte tendiert, sobald ein als intensiv einzustufender Eingriff vorliegt. Wie schon bei den generellen Ausführungen zur Rechtfertigung von informationstechnischen Eingriffen, muss auch hier stets eine Bewertung im Einzelfall vorgenommen werden. Eine Verbreitung im Internet ist ein starkes Indiz für eine hohe Eingriffsintensität, die Art der Daten und die Anzahl der betroffenen Leute sowie ihr Status bleiben jedoch auch hier relevant.

C. Zwischenergebnis

Die Betrachtung der Rechtfertigung von informationstechnischen Eingriffen nach Art. 8 Abs. 2 EMRK zeigt, dass das Recht, das einen sehr

---

[212] *Becker*, NJW 2011, 493; *Berka* in Koziol/Warzilek, Massenmedien, 493 Rz. 24; *Peifer*, JZ 2012, 851.

[213] EGMR, 25.10.2005, 2428/05 (Wypych gegen Polen).

weiten und unbestimmten Schutzbereich hat, erst durch die Schrankennormen eingegrenzt und umschrieben wird.[214] Da alle personenbezogenen Daten grundsätzlich in den Schutzbereich fallen[215] und bei Überschreiten einer gewissen Eingriffsschwelle jede Erhebung, Speicherung, Verwendung und Weitergabe einen Eingriff in Art. 8 EMRK darstellt,[216] wird staatliches Handeln im Internet weitreichend unter Rechtfertigungszwang gestellt.

Der EGMR zieht bei der Beurteilung, ob ein Eingriff gerechtfertigt ist, eine Reihe von Kriterien heran, ohne sich dabei streng an die Unterteilung nach gesetzlicher Grundlage, legitimem Ziel und Notwendigkeit in einer demokratischen Gesellschaft zu halten. Es wurde versucht, diese Kriterien herauszuarbeiten und aufzuzeigen, in welchem Kontext der EGMR sie berücksichtigt. Hierbei zeigt sich ein nicht immer kohärentes Bild der Vorgehensweise des EGMR, der die Kriterien des Öfteren auf unterschiedlichen Ebenen und somit im Ergebnis doppelt prüft. Insbesondere die Eingriffsintensität spielt bei den Anforderungen an die gesetzliche Grundlage, bei der Bestimmung der Kontrolldichte und auch in der eigentlichen Abwägungsentscheidung eine Rolle. Diese wird in einem „beweglichen System" nach der Art der Daten, Art des staatlichen Handelns und der Anzahl der betroffenen Personen sowie ihres Status bestimmt.[217] Vereinfacht gesagt kann festgehalten werden, dass sowohl die Kontrolldichte als auch die Anforderungen an die Qualität der gesetzlichen Grundlage und das Gewicht des entgegenstehenden öffentlichen Interesses steigen, je höher die Eingriffsintensität ist.

Aufgrund der besonderen Gefahren des Internets kann eine Tendenz hin zu höherer Kontrolldichte und erhöhtem Rechtfertigungsbedarf für Eingriffe in die Persönlichkeitsrechte über das Internet festgestellt werden. Allerdings muss im Rahmen einer Gesamtschau aller Kriterien im Einzelfall eine Bewertung vorgenommen werden. Der Rechtsunsicherheit, die hieraus entsteht, kann nur durch die Bildung von Fallgruppen durch den Gerichtshof entgegengewirkt werden, aus denen weitere Schlüsse gezogen werden können. Bisher finden sich nur wenige Fälle mit Bezug zum Internet. In den letzten zwei Jahren zeigt sich jedoch

---

[214] Siehe auch *Siemen*, Datenschutz, 34; *Grabenwarter/Pabel*, EMRK[5], § 18 Rz. 6.

[215] Siehe hierzu Erster Teil, D. IV. 1.

[216] Vgl. Zweiter Teil, A.

[217] Siehe oben Dritter Teil, A. I. 2. a.

ein starker Anstieg, weshalb zu erwarten ist, dass der EGMR in näherer Zukunft ausreichend Gelegenheit haben wird, solche Fallgruppen zu bilden. Insbesondere dann, wenn der Eingriff mit Hinweis auf den Schutz der Rechte und Freiheiten anderer gerechtfertigt werden soll, müssen detailliertere Beurteilungskriterien aufgestellt werden, wie es der EGMR in der Kammerentscheidung im Fall *Delfi AS* bereits beginnt.[218]

---

[218] EGMR, 10.10.2013, 64569/09 (Delfi AS gegen Estland) (anhängig vor der GK) Rz. 83 ff.; siehe auch *Schapiro*, ZUM 2014, 201 ff.

Vierter Teil
Zusammenfassung der Ergebnisse und Schlussfolgerung

Die vorliegende Arbeit beschäftigte sich mit dem Schutz der Persönlichkeitsrechte im Internet vor staatlichen Eingriffen nach Art. 8 EMRK. In einem ersten Schritt wurden die Schutzgüter des Art. 8 EMRK auf ihre Bedeutung für den Persönlichkeitsschutz im Internet hin untersucht. Hierbei zeigte sich, dass insbesondere das Recht auf Achtung der Korrespondenz und das Recht auf Achtung des Privatlebens einschlägig sind. Es wurden die Grenzen der auf der Figur der *„reasonable expectation of privacy"* basierenden Rechtsprechung des EGMR im Bereich der Privatsphäre im Internet aufgezeigt. Diese liegen insbesondere darin, dass das Recht auf Privatsphäre keinen Schutz vor systematischer Sammlung und Weiterverwendung zulässigerweise erlangter Daten gewährt. Es konnte gezeigt werden, dass die personenbezogenen Daten als eigenständiges Schutzgut, das wie die anderen Schutzgüter des Art. 8 EMRK als Teilaspekt des Schutzguts des Privatlebens verstanden werden kann, von Art. 8 EMRK erfasst sind. Schutzgut dieses Rechts sind alle personenbezogenen Daten, also alle Daten über eine bestimmte oder bestimmbare Person. Der Gewährleistungsumfang des Rechts auf Datenschutz nach Art. 8 EMRK entspricht einem Recht auf informationelle Selbstbestimmung, wie es das deutsche Bundesverfassungsgericht aus Art. 2 Abs. 1 i.V.m. Art. 1 Abs. 1 GG abgeleitet hat. Art. 8 EMRK gibt dem Grundrechtsberechtigten ein umfangreiches Recht, über die Preisgabe und Verwendung der eigenen personenbezogenen Daten zu bestimmen. Es gibt kein allgemeines Recht auf Zugang zu den vom Staat gespeicherten Daten nach Art. 8 EMRK.

In einem nächsten Schritt wurde das staatliche Handeln im Internet, das potentiell einen Eingriff darstellen kann, näher betrachtet. Hierbei wurde gezeigt, dass die Gewinnung von im Internet frei verfügbaren personenbezogenen Daten für sich noch keinen Eingriff in Art. 8 EMRK darstellt. Sind die Daten in einem eigengenutzten informationstechnischen System gepeichert, so liegt, wenn der Zugriff auf das informationstechnische System lediglich der Instrumentalisierung desselben zur Überwachung seines Umfelds dient, ein Eingriff in das Recht auf Achtung der Wohnung vor. In den anderen Fällen kann ein Eingriff in das Recht auf Achtung der Korrespondenz vorliegen, solange die im eigengenutzten informationstechnischen System gespeicherten Daten zumindest auch Korrespondenz darstellen. Ist dies nicht der Fall, kann jedenfalls davon ausgegangen werden, dass der unautorisierte Zugriff auf Daten, die in einem eigengenutzten informationstechnischen System gespeichert sind, einen Eingriff in das Recht auf Privatsphäre darstellt. Handelt es sich um personenbezogene Daten, wird auch in das Recht auf informationelle Selbstbestimmung nach Art. 8 EMRK eingegriffen. Der Zugriff auf personenbezogene Daten, die sich bei Dritten befinden, kann einen Eingriff in das Recht auf Achtung der Korrespondenz darstellen. Handelt es sich bei dem Dritten um einen Kommunikationsdienstanbieter, wie beispielsweise einen E-Mail-Provider, so gilt dies selbst dann, wenn dieser die Daten freiwillig herausgegeben hat. Besonderheiten ergeben sich hinsichtlich geheimer Überwachungen. Hier sieht der EGMR schon in der Existenz einer gesetzlichen Ermächtigung einen Eingriff, obwohl es sich bei näherer Betrachtung um die Nicht-Einhaltung einer positiven Verpflichtung handelt.

Als Aufbewahrung und Verwendung von personenbezogenen Daten stellen sowohl Datensammlungen, bei denen systematisch Daten über eine bestimmte Person gesammelt werden, als auch jedes Verarbeiten einen Eingriff in Art. 8 EMRK dar. Unter „Verarbeiten" ist das Speichern von Daten, das Durchführen logischer und/oder rechnerischer Operationen mit diesen Daten, das Verändern, Löschen, Wiedergewinnen oder Bekanntgeben von Daten zu verstehen. Zudem ist auch die Weitergabe und Veröffentlichung personenbezogener Daten ein Eingriff in Art. 8 EMRK. Neben Geheimhaltungsansprüchen kann insbesondere auch das Recht auf einen guten Ruf durch staatliches Informationshandeln im Internet betroffen sein.

Staatliches Handeln im Internet stellt jedoch immer nur dann einen Eingriff in Art. 8 EMRK dar, wenn eine gewisse Eingriffsschwelle überschritten wurde und keine Einwilligung des Datensubjekts vorliegt. Beide Kriterien spielen insbesondere im Internet eine große Rolle und müssen stets im Einzelfall beurteilt werden.

Schließlich wurden die Schrankenregelungen des Art. 8 Abs. 2 EMRK für den Bereich der Rechtfertigung informationstechnischer Eingriffe untersucht. Hierbei wurde zwischen informationstechnischen Eingriffen, die eine Speicherung der Daten beinhalten, und informationstechnischen Eingriffen, die im Schwerpunkt in der Weitergabe und Veröffentlichung von Informationen liegen, unterschieden. Insbesondere für die erste Gruppe von Fällen zeigt sich eine recht komplexe, einzelfallbezogene Vorgehensweise des EGMR bereits auf Ebene der gesetzlichen Grundlage. Mit steigender Eingriffsintensität steigen auch die Anforderungen an die Qualität der nationalen gesetzlichen Grundlage, bis hin zu einem Punkt, an dem der EGMR ausdrückliche Vorgaben macht, welche Maßnahmen zum Schutz vor Datenmissbrauch das nationale Recht vorsehen muss.

Das Kriterium des legitimen Ziels hat zwar als eigenständiges Kriterium keine wesentliche beschränkende Funktion, ist aber im Rahmen der bei der Prüfung der Notwendigkeit in einer demokratischen Gesellschaft durchzuführenden Abwägungsentscheidung von großer Bedeutung. Bevor diese durchgeführt werden kann, muss zunächst die Kontrolldichte und der Abwägungsgegenstand definiert werden. Im Bereich der Persönlichkeitsrechte im Internet ist tendenziell von einer eher hohen Kontrolldichte des EGMR auszugehen, wobei dies jedoch stets im Einzelfall zu beurteilen ist. Gegenstand der Abwägungsentscheidung sind die Auswirkungen auf die Rechte und Interessen des Grundrechtsberechtigten und das entgegenstehende öffentliche Interesse. Beide müssen stets für den Einzelfall gewichtet werden. Im Zusammenhang mit der Speicherung von personenbezogenen Daten sind die nationalen Schutzmaßnahmen, die sich an den Grundsätzen der Datenschutzkonvention zu orientieren haben und vor weiteren Eingriffen schützen sollen, zu berücksichtigen. Bei der Weitergabe und Veröffentlichung von personenbezogenen Daten kommt dies nur in Betracht, wenn die Daten von einer staatlichen Stelle an eine andere weitergegeben werden.

Auf Ebene der Rechtfertigung wird dem Persönlichkeitsschutz im Internet erst die Kontur gegeben. Mangels Judikatur mit Internetbezug führt diese stark einzelfallbezogene Rechtsprechung noch zu einer beachtlichen Rechtsunsicherheit, die erst durch die Bildung von Fallgruppen beseitigt oder zumindest eingeschränkt werden kann.

Die vorliegende Untersuchung hat gezeigt, dass Art. 8 EMRK trotz fehlender expliziter Erwähnung personenbezogener Daten als Schutzgut, dem Einzelnen umfassenden Schutz vor staatlichen Eingriffen in seine Persönlichkeitsrechte im Internet gewährt. Er steht Art. 8 GRC in nichts nach, auch wenn der aktualisierte Wortlaut des letzteren und insbesondere die in Abs. 3 ausdrücklich erwähnten unabhängigen Kontrollstellen dies vermuten ließen.

Allerdings zeigt sich, dass die Probleme des nationalen Rechts sowie modernerer europäischer Grundrechtsgewährleistungen, wie insbesondere Art. 8 GRC, auch Art. 8 EMRK betreffen. Die Problematik, dass fehlende Transparenz und mangelnde Kontrollmöglichkeiten zu Einschränkungen der Möglichkeiten zur Selbstbestimmung führen und dadurch die Wirksamkeit eines Rechts auf informationelle Selbstbestimmung in Frage stellen, kann durch den von Art. 8 EMRK gewährten Schutz der Persönlichkeitsrechte im Internet bislang nicht beseitigt werden. Auch hier ist die Frage, unter welchen Bedingungen eine gültige Einwilligung des Datensubjekts vorliegt und insbesondere, ob und inwieweit nur eine informierte Einwilligung eine wirksame sein kann, ausschlaggebend für den Grundrechtsschutz. Darüber finden sich beinahe alle Quellen von Rechtsunsicherheit im Bereich der Persönlichkeitsrechte im Internet auch bei der Untersuchung des Art. 8 EMRK wieder. Die Frage der objektiven oder relativen Betrachtung des Kriteriums der Bestimmbarkeit und die Auswirkungen auf die Qualifikation von IP-Adressen als personenbezogene Daten ist ein Beispiel hierfür. Außerdem führt die hohe Relevanz der Abwägungsentscheidung im Einzelfall, die sich aus dem sehr weit gefassten Schutzbereich ergibt, zu Rechtsunsicherheit. Diese kann nur dadurch beseitigt werden, dass der EGMR ein System von Fallgruppen bildet.

Dem EGMR kommt eine wichtige Rolle bei der Gestaltung des Schutzes der Persönlichkeitsrechte im Internet in Europa zu, wodurch er zur Lösung der Probleme, die sich hinsichtlich eines wirksamen Schutzes der Persönlichkeitsrechte im Internet ergeben, beitragen kann. Die erhöhten Anforderungen, die der EGMR an die gesetzliche Grundlage informationstechnischer Eingriffe stellt, kann hier als Beispiel angeführt werden. Durch die gesteigerten Anforderungen an die Vorhersehbarkeit der staatlichen Maßnahme und ihrer vollen Auswirkungen, wird die Transparenz gefördert. Abzuwarten bleibt auch, welcher Maßstab vom EGMR bei der Beurteilung, ob eine wirksame Einwilligung des Datensubjekts vorliegt, angelegt wird. Die Anwendung eines Prinzips des *„informed consent“*, wie der Gerichtshof es im Bereich medizinischer Eingriffe entwickelt hat,[1] könnte hier maßgeblich dazu beitragen, dass der Einzelne sein Recht auf informationelle Selbstbestimmung wirksam ausüben kann.

---

1 EGMR, 8.11.2011, 18968/07 (V.C. gegen Slowakei) Rz. 108 ff.

Summary

Protection under Article 8 ECHR against state interferences on the internet

The paper at hand examines Article 8 ECHR and the protection offered hereby of one's private and family life in the internet against interferences by the state offered by Article 8 ECHR. It aims at answering the question whether or not Article 8 ECHR can offer adequate protection in this area. In this context, the fact that, unlike Article 8 of the Charta of Fundamental Rights of the EU, Article 8 ECHR does not explicitly mention the protection of personal data, has to be considered.

This examination follows the structure applied by the ECtHR: scope of protection, interference and justification. First, a systematic overview of what is protected by Article 8 ECHR is given and an analysis as to the relevance to the protection of one's private and family life in the internet is made for each protected aspect. The author shows that Article 8 ECHR guarantees a "right to informational self-determination", which protects all personal data. Any information relating to an identified or identifiable individual constitutes personal data. Second, actions by the state, which possibly interfere with the right to private and family life on the internet, are described in groups. These groups are formed in accordance with the phases of a data transfer. As all state actions regarding personal data on the internet constitute acts that may interfere, the threshold and the consent by the data subject are decisive as to whether or not state actions on the internet constitute an interference with Article 8 ECHR. Third, the particular requirements for the justification of interferences through the handling of personal data as provided by Article 8 paragraph 2 ECHR are examined. It becomes evident that Article 8 ECHR, which has a rather broad scope of protection, is given shape through the requirements for justification. Due to the particular dangers which arise in the context of the internet, the ECtHR tends to apply a high level of scrutiny and an increased need for justification can be seen.

This examination shows that Article 8 ECHR offers comprehensive protection against state interferences in the right to private and family life, even though it does not explicitly mention the protection of personal data. Article 8 ECHR is in no way inferior to Article 8 of the Charta of Fundamental Rights of the EU.

Literaturverzeichnis

Albers, Marion, § 22 Umgang mit personenbezogenen Daten, in Hoffmann-Riem, Wolfgang/Schmidt-Aßmann, Eberhard/Voßkuhle, Andreas (Hrsg.), Grundlagen des Verwaltungsrechts Band II (C.H. Beck 2012) [*Albers* in Hoffmann-Riem/Schmidt-Aßmann/Voßkuhle, Verwaltungsrecht II]

Dies., Informationelle Selbstbestimmung (Nomos 2005) [*Albers*, Informationelle Selbstbestimmung]

Arning, Marian Alexander/Haag, Nils, Datenschutz, in Heidrich, Jörg/Forgó, Nikolaus/Feldmann, Thorsten, Heise Online-Recht, Rz. 75 (2. Ergänzungslieferung 2011) [*Arning/Haag* in Heidrich/Forgó/Feldmann, Heise Online-Recht]

Baade, Björnstjern, Eine „Charta für Kriminelle"? Zur demokratietheoretischen Kritik am EGMR und dem aktiven Wahlrecht von Strafgefangenen, AVR 2013, 340.

Bäcker, Matthias, Das IT-Grundrecht: Funktion, Schutzgehalt, Auswirkungen auf staatliche Ermittlungen, in Uerpmann-Wittzack, Robert (Hrsg.), Das neue Computergrundrecht (LIT 2009) [*Bäcker* in Uerpmann-Wittzack, Computergrundrecht]

Bauer, Lukas/Reimer, Sebastian, Handbuch Datenschutzrecht (facultas 2009) [*Bauer/Reimer*, Datenschutzrecht]

Bäuerle, Norman/Drohla, Jeannine/Kettemann, Matthias C./Scheffel, Folke/Schumacher, Pascal, Gibt es Schutzlücken im Internet?, in Internet & Gesellschaft Co:llavoratory (Hrsg.), Menschenrechte und Internet (2012) [*Bäuerle/Drohla/Kettemann/Scheffel/Schumacher* in Internet & Gesellschaft Co:llavoratory, Menschenrechte und Internet]

Becker, Florian/Blackstein, Ylva, Der transparente Staat – Staatliche Verbraucherinformationen über das Internet, NJW 2011, 490 [*Becker/Blackstein*, NJW 2011]

Benoît-Rohmer, Florence/Klebes, Heinrich, Council of Europe law (Council of Europe Publishing 2005) [*Benoît-Rohmer/Klebes*, Council of Europe law]

Berg, Wilfried, § 71 Grundrechtskonkurrenzen, in Merten, Detlef/Papier, Hans-Jürgen (Hrsg.), Handbuch der Grundrechte Band III (C.F. Müller 2009) [*Berg* in Merten/Papier, Handbuch Grundrechte]

Berka, Walter, Das Grundrecht auf Datenschutz im Spannungsfeld zwischen Freiheit und Sicherheit. Gutachten für den 18. Österreichischen Juristentag (Manzsche Verlags- und Universitätsbuchhandlung 2012) [*Berka*, Das Grundrecht auf Datenschutz]

Ders., Persönlichkeitsschutz und Massenmedien im Lichte der Grundfreiheiten und Menschenrechte, in Koziol, Helmut/Warzilek, Alexander (Hrsg.), Persönlichkeitsschutz gegenüber Massenmedien (Springer, 2005) [*Berka* in Koziol/Warzilek, Massenmedien]

Brems, Eva, The Margin of Appreciation Doctrine in the Case-Law of the European Court of Human Rights, ZaöRV 1996, 240 [*Brems*, ZaöRV 1996]

Buermeyer, Ulf, Die „Online-Durchsuchung". Technischer Hintergrund des verdeckten hoheitlichen Zugriffs auf Computersysteme, HRRS 2007, 154 [*Buermeyer*, HRRS 2007, 155]

Bull, Hans Peter, Informationelle Selbstbestimmung – Vision oder Illusion?[2] (Mohr Siebeck 2011) [*Bull*, Informationelle Selbstbestimmung[2]]

Bydlinski, Franz, Juristische Methodenlehre und Rechtsbegriff[2] (Springer 2011) [*Bydlinksi*, Methodenlehre[2]]

Calliess, Christian/Ruffert, Matthias (Hrsg.), EUV/AEUV[4] (C.H. Beck 2011) [*Bearbeiter* in Calliess/Ruffert, EUV/AEUV[4]]

Crueger, Jens, Privatheit und Öffentlichkeit im digitalen Raum, APuZ 2013, 20 [*Crueger*, APuZ 2013]

Dörr, Oliver/Grote, Rainer/Marauhn, Thilo (Hrsg.), EMRK/GG Konkordanzkommentar[2] (Mohr Siebeck 2013) [*Bearbeiter* in Dörr/Grote/Marauhn, EMRK/GG[2]]

Dohr, Walter/Pollirer, Hans/Weiss, Ernst M./Knyrim, Rainer, DSG online – Kommentar zum Datenschutzrecht[2] (Manz, 17. Ergänzungslieferung 2014) [*Dohr/Pollirer/Weiss/Knyrim*, DSG[2]]

Ehlers, Dirk (Hrsg.), Europäische Grundrechte und Grundfreiheiten[4] (de Gruyter 2014) [*Bearbeiter* in Ehlers, Europäische Grundrechte]

Ehrke-Rabel, Tina, Datenschutzrecht und Bankgeheimnis, in Raschauer, Nicolas (Hrsg.), Datenschutzrecht 2010 (Jan Sramek Verlag 2011) [*Ehrke-Rabel* in Raschauer, N., Datenschutz]

Eifert, Martin, Informationelle Selbstbestimmung im Internet. Das BVerfG und die Online-Durchsuchungen, NVwZ 2008, 521 [*Eifert*, NVwZ 2008]

Elixmann, Robert, Datenschutz und Suchmaschinen (Duncker & Humblot 2012) [*Elixmann*, Suchmaschinen]

Ennöckl, Daniel, Die Zulässigkeit von Informationseingriffen in der Rechtsprechung des EGMR, in Wenda, Gregor (Hrsg.), Rechtsschutz gestern – heute – morgen. Festgabe zum 80. Geburtstag von Rudolf Machacek und Franz Matscher (nwv 2008) [*Ennöckl* in FS Machacek/Matscher]

Epping, Volker/Hillgruber, Christian (Hrsg.), Beck'scher Online-Kommentar GG (C.H. Beck, Edition: 24; Stand: 1.3.2015) [*Bearbeiter* in Epping/Hillgruber]

Fawzi, Nayla, Cyber-Mobbing. Ursachen und Auswirkungen von Mobbing im Internet (Nomos 2009) [*Fawzi*, Cyber-Mobbing]

Federrath, Hannes, Technische Aspekte des neuen Computergrundrechts, in Uerpmann-Wittzack, Robert (Hrsg.), Das neue Computergrundrecht (LIT 2009) 31 [*Federrath* in Uerpmann-Wittzack, Computergrundrecht]

Freund, Bernhard/Schnabel, Christoph, Bedeutet IPv6 das Ende der Anonymität im Internet? Technische Grundlagen und rechtliche Beurteilung des neuen Internet-Protokolls, MMR 2011, 495 [*Freund/Schnabel*, MMR 2011]

Frowein, Jochen/Peukert, Wolfgang, Europäische Menschenrechtskonvention³ (N.P. Engel Verlag 2009) [*Frowein/Peukert*, EMRK³]

Gerards, Janneke, Pluralism, Deference and the Margin of Appreciation Doctrine, European Law Journal, 2011 Vol. 17, No. 1, 80 ff. [*Gerards*, European Law Journal, 2011 Vol. 17, No. 1]

Gercke, Marco, Heimliche Online-Durchsuchung: Anspruch und Wirklichkeit, CR 2007, 245 [*Gercke*, CR 2007]

Grabenwarter, Christoph, Konkurrenz und Kooperation zwischen EGMR, EuGH und BVerfG, in Schumann, Eva (Hrsg.), Hierarchie, Kooperation und Integration im Europäischen Rechtsraum – 17. Symposium der Akademiekommission „Die Funktion des Gesetzes in Geschichte und Gegenwart" (de Gruyter 2014) [*Grabenwarter*, Konkurrenz und Kooperation]

Ders., European Convention on Human Rights (C.H. Beck 2014) [*Grabenwarter*, ECHR, Art. 8]

Ders., Die Europäische Union als Grundrechtsgemeinschaft, die EMRK und die Grundrechte der Mitgliedstaaten, in Schiemann, Konrad/Grabenwarter, Christoph/Breitenmoser, Stephan (Hrsg.), Das Zusammenspiel der Grundrechtsordnungen (EMRK, Grundrechte-

Charta, Allgemeine Rechtsgrundsätze) und ihre Interpreten (Zentrum für Europ. Wirtschaftsrecht 2013) [*Grabenwarter* in Schiemann/Grabenwarter/Breitenmoser, Zusammenspiel der Grundrechtsordnungen]

Ders., Die Kooperation zwischen EuGH und EGMR, in Grabenwarter, Christoph/Vranes, Erich (Hrsg.), Kooperation der Gerichte im europäischen Verfassungsverbund – Grundfragen und neueste Entwicklungen (Manz, Dike 2013) [*Grabenwarter* in ders./Vranes, Europäischer Verfassungsverbund]

Ders., Funktionalität und Bedeutung der Rechtsvergleichung in der Judikatur des EGMR, in Gamper, Anna/Verschraegen, Bea (Hrsg.), Rechtsvergleichung als juristische Auslegungsmethode (Jan Sramek Verlag 2013) [*Grabenwarter* in Gamper/Verschraegen, Rechtsvergleichung]

Ders./Pabel, Katharina, Europäische Menschenrechtskonvention[5] (Manz 2012) [*Grabenwarter/Pabel*, EMRK[5]]

Ders., Risikoentscheidungen aus der Sicht der Europäischen Menschenrechtskonvention, in Hauer, Andreas (Hrsg.), Risikoentscheidungen im Umweltrecht (Pro Libris 2009) [*Grabenwarter* in Hauer, Risikoentscheidungen]

Ders., Verfassung und Informationsgesellschaft, in Österreichische Juristenkommission (Hrsg.), Grundrechte in der Informationsgesellschaft (2001) 48 [*Grabenwarter* in ÖJK, Informationsgesellschaft]

Gräf, Lorenz/Krajewski, Markus, Soziologie des Internets. Handeln im elektronischen Web-Werk (Campus 1997) [*Gräf/Krajewksi*, Soziologie des Internets]

Grabitz, Eberhard/Hilf, Meinhard/Nettesheim, Martin (Hrsg.), Das Recht der Europäischen Union (C.H. Beck, 54. Ergänzungslieferung 2014) [*Bearbeiter* in Grabitz/Hilf/Nettesheim]

Guckelberger, Anette, Veröffentlichung der Leistungsempfänger von EU-Subventionen und unionsgrundrechtlicher Datenschutz, EuZW 2011, 126 [*Guckelberger*, EuZW 2011]

Harris, David/O'Boyle, Michael/Bates, Edward/Buckley, Carla, Harris, O'Boyle, and Warbrick Law of the European Convention on Human Rights[3] (OUP 2014) [*Harris/O'Boyle/Warbrick*, ECHR[3]]

Hawellek, Christian, EuGH: IP-Adressen sind personenbezogene Daten, ZD-Aktuell 2011, 129 [*Hawellek*, ZD-Aktuell 2011]

Heckmann, Dirk, Persönlichkeitsschutz im Internet, NJW 2012, 2631 [*Heckmann*, NJW 2012]

Heißl, Gregor, Privatleben zwischen Allgemeiner Erklärung der Menschenrechte und Europäischer Menschenrechtskonvention: Der gute Ruf als Teil des grundrechtlich geschützten Privatlebens, JRP 2013, 83 [*Heißl*, JRP 2013]

Heliosch, Alexandra, Verfassungsrechtliche Anforderungen an Sperrmaßnahmen von kinderpornographischen Inhalten im Internet (Universitätsverlag Göttingen 2012) [*Heliosch*, Sperrmaßnahmen]

Heller, Christian, Post-Privacy. Prima leben ohne Privatsphäre (C.H. Beck 2011) [*Heller*, Post-Privacy]

Hoeren, Thomas/Sieber, Ulrich/Holznagel, Bernd (Hrsg.), Handbuch Multimedia-Recht (C.H. Beck, 40. Ergänzungslieferung 2014) [*Bearbeiter* in Hoeren/Sieber/Holznagel, Multimedia-Recht]

Hoffmann-Riem, Wolfgang, Informationelle Selbstbestimmung in der Informationsgesellschaft – auf dem Wege zu einem neuen Konzept des Datenschutzes, AöR 1998, 532 f [*Hoffmann-Riem*, AöR 1998]

Ders., Der grundrechtliche Schutz der Vertraulichkeit und Integrität eigengenutzter informationstechnischer Systeme, JZ 2008, 1009 [*Hoffmann-Riem*, JZ 2008]

Ders., Freiheitsschutz in den globalen Kommunikationsinfrastrukturen, JZ 2014, 53 [*Hoffmann-Riem*, JZ 2014]

Huber, Bertold, Trojaner mit Schlapphut – Heimliche „Online-Durchsuchungen“ nach dem Nordrhein-Westfälischen Verfassungsschutzgesetz, NVwZ 2007, 880 [*Huber*, NVwZ 2007]

Jahnel, Dietmar, Handbuch Datenschutzrecht (Jan Sramek Verlag 2010) [*Jahnel*, Datenschutzrecht]

Jarass, Hans, Charta der Grundrechte der Europäischen Union^2 (C.H. Beck 2013) [*Jarass*, GRC^2]

Kalteis, Michael, Neue Technologien und netzbasierte Medien als Herausforderungen des Datenschutzrechts: Untersuchungen am Beispiel von Cloud Computing, Smart Metering und dem Einsatz mobiler Apps (Verlag Österreich, 2015) [*Kalteis*, Herausforderungen des Datenschutzes]

Karavas, Vagias, Digitale Grundrechte (Nomos 2007) [*Karavas*, Digitale Grundrechte]

Karg, Moritz, IP-Adressen sind personenbezogene Verkehrsdaten, MMR-Aktuell 2011, 315811 [*Karg*, MMR-Aktuell 2011]

Karpenstein, Ulrich/Mayer, Franz (Hrsg.), EMRK (C.H. Beck, 2012) [*Bearbeiter* in Karpenstein/Mayer, EMRK]

Kelsen, Hans, Zur Theorie der Interpretation, Internationale Zeitschrift für Theorie des Rechts 8 (1934) 9, Neuabdruck in Klecatsky, Hans/ Marcic, René/Schambeck, Herbert (Hrsg.), Die Wiener Rechtstheoretische Schule II (Europa Verlag 1968) 1363 [*Kelsen* in Klecatsky/Marcic/ Schambeck, Rechtstheoretische Schule II]

Klaushofer, Reinhard, Überlegungen zur Reichweite des Fernmeldegeheimnisses, in Feik, Rudolf/Winkler, Roland (Hrsg.), Festschrift für Walter Berka (Jan Sramek Verlag 2013) [*Klaushofer* in FS Berka]

Kloepfer, Michael/Greve, Holger, Das Informationsfreiheitsgesetz und der Schutz von Betriebs- und Geschäftsgeheimnissen, NVwZ 2011, 577 [*Kloepfer/Greve*, NVwZ 2011]

Knauff, Matthias, Das Verhältnis zwischen Bundesverfassungsgericht, Europäischem Gerichtshof und Europäischem Gerichtshof für Menschenrechte, DVBl 2010, 533 [*Knauff*, DVBl 2010]

Knyrim, Rainer, Datenschutzrechtliche Zustimmungserklärungen richtig formulieren und platzieren, in Knyrim, Rainer/Leitner, Max/Perner, Stefan/Riss, Olaf (Hrsg.), Aktuelles AGB-Recht (Manz 2008) [*Knyrim*, Datenschutzrechtliche Zustimmungserklärungen richtig formulieren und platzieren in Knyrim/Leitner/Perner/Riss, Aktuelles AGB-Recht]

Korinek Karl/Holoubek, Michael (Hrsg.), Österreichisches Bundesverfassungsrecht, Band III (5 Erg.Lfg. 2002) [*Bearbeiter* in Korinek/ Holoubek]

Kotschy, Waltraut, Das Grundrecht auf Geheimhaltung personenbezogener Daten, in Jahnel, Dietmar (Hrsg.), Datenschutz und E-Government Jahrbuch 2012 (nwv 2012) [*Kotschy* in Jahnel, Jahrbuch 2012]

Krieger, Heike, Positive Verpflichtungen unter der EMRK: Unentbehrliches Element einer gemein-europäischen Grundrechtsdogmatik, leeres Versprechen oder Grenze der Justiziabilität?, ZaöRV 2014, 187 [*Krieger*, ZaöRV 2014]

Krüger, Stefan/Maucher, Svenja-Ariane, Ist die IP-Adresse wirklich ein personenbezogenes Datum? Ein falscher Trend mit großen Auswirkungen auf die Praxis, MMR 2011, 433 [*Krüger/Maucher*, MMR 2011]

Kugelmann, Dieter, Der Schutz privater Individualkommunikation nach der EMRK, EuGRZ 2003, 16 [*Kugelmann*, EuGRZ 2003]

Kurose, James F./Ross, Keith W., Computernetzwerke: Der Top-Down-Ansatz[4] (Pearson Studium 2008) [*Kurose/Ross*, Computernetzwerke[4]]

Kutscha, Martin/Thomé, Sarah, Grundrechtsschutz im Internet? (Nomos 2013) [*Kutscha/Thomé*, Grundrechtsschutz]

Lehner, Andreas, Recht auf Datenschutz, in Heißl, Gregor (Hrsg.), Handbuch Menschenrechte (facultas.wuv 2009) [*Lehner* in Heißl, Handbuch Menschenrechte]

Lock, Tobias, Das Verhältnis zwischen dem EuGH und internationalen Gerichten (Mohr Siebeck 2010) [*Lock,* EuGH und internationale Gerichte]

Luch, Anika/Schulz, Sönke, Die digitale Dimension der Grundrechte, MMR 2013, 88 [*Luch/Schulz*, MMR 2013]

Ludwigs, Markus, Kooperativer Grundrechtsschutz zwischen EuGH, BVerfG und EGMR, EuGRZ 2014, 273 [*Ludwigs*, EuGRZ 2014]

Lundevall, Patrick/Tranvik, Tommy, Was sind personenbezogene Daten? Die Kontroverse um IP-Adressen, ZD-Aktuell 2012, 03004 [*Lundevall/Tranvik*, ZD-Aktuell 2012]

Matscher, Franz, Der Gesetzesbegriff in der EMRK, in FS Loebenstein (Manz 1991) 105 [*Matscher* in FS Loebenstein]

Maunz, Theodor/Dürig, Günter (Hrsg.), Grundgesetz Kommentar (C.H. Beck, 73. Ergänzungslieferung 2014) [*Bearbeiter* in Maunz/Dürig]

Mayer, Franz, Recht und Cyberspace, NJW 1996, 1782 [*Mayer*, NJW 1996]

Meyer, Jürgen, Charta der Grundrechte der Europäischen Union[4] (Nomos 2014) [*Bearbeiter* in Meyer, GRC[4]]

Meyerdierks, Per, Personenbeziehbarkeit statischer IP-Adressen, MMR 2013, 705 [*Meyerdierks*, MMR 2013]

Meyer-Ladewig, Jens, Europäische Menschenrechtskonvention[3], (C.H. Beck 2011) [*Meyer-Ladewig*, EMRK[3]]

Meyer-Ladewig, Jens/Petzold, Herbert, Vorratsspeicherung von Fingerabdrücken, Zellproben und DNA-Profilen trotz Freispruch oder Einstellung des Strafverfahrens, NJOZ 2010, 696

Moreham, Nicole, The right to respect for private life in the European Convention on Human Rights: a re-examination, E.H.R.L.R. 2008, 44 [*Moreham*, E.H.R.L.R. 2008]

Morscher, Siegbert/Waitz, Waltraud, Zum Schutz des Briefgeheimnisses, JBl 2008, 424 [*Morscher/Waitz*, JBl 2008]

Moser-Knierim, Antonie, Vorratsdatenspeicherung (Springer Vieweg 2014) [*Moser-Knierim*, Vorratsdatenspeicherung]

Murdoch, Steven/Zilinski, Piotr, Sampled traffic analysis by internet-exchange-level adversaries, in Borisob, Nikita/Golle, Phillipe (Hrsg.),

Privacy Enhancing Technologies, 167 (Springer 2007) [*Murdoch/Zilinski* in Borisob/Golle, Privacy Enhancing Technologies]

Nettesheim, Martin, Grundrechtsschutz der Privatheit in VVDStR 70, Der Schutzauftrag des Rechts (de Gruyter 2011) [*Nettesheim* in VVDStR 70]

Ders., § 9 Privatleben und Privatheit, in Grabenwarter, Christoph (Hrsg.), Enzyklopädie des Europarechts Band 2 (Nomos 2014) [*Nettesheim* in Grabenwarter, Enzyklopädie]

Nunner, Michael, Kooperation internationaler Gerichte (Mohr Siebeck 2009) [*Nunner*, Kooperation internationaler Gerichte]

Obwexer, Walter, Der Beitritt der EU zur EMRK: Rechtsgrundlagen, Rechtsfragen und Rechtsfolgen, EuR 2012, 115 [*Obwexer*, EuR 2012]

Pachinger, Michael M., Neue Leitlinien für die Cookie-Einwilligung, jusIT 2014/35, 68 [*Pachinger*, jusIT 2014/35, 68]

Peifer, Karl-Nikolaus, Persönlichkeitsschutz und Internet – Anforderungen und Grenzen einer Regulierung, JZ 2012, 851 [*Peifer*, JZ 2012]

Peters, Anne/Altwicker, Tilmann, Europäische Menschenrechtskonvention^{2} (C.H. Beck 2012) [*Peters/Altwicker*, EMRK^{2}]

Pieroth, Bodo/Schlink, Bernhard/Kingreen, Thorsten/Poscher, Ralf, Gundrechte. Staatsrecht II^{30} (C.F. Müller 2014) [*Pieroth/Schlink/Kingreen/Poscher*, Staatsrecht II^{30}]

Pohl, Hartmut, Zur Technik der heimlichen Durchsuchung, DuD 2007, 684 [*Pohl*, DuD 2007]

Polenz, Sven, Teil 13: Datenschutz, Verfassungsrechtliche Grundlagen des Datenschutzes, in Kilian, Wolfgang/Heussen, Benno (Hrsg.), Computerrechts-Handbuch (C.H. Beck, 32. Ergänzungslieferung 2013) [*Polenz* in Kilian/Heussen, Computerrecht]

Povolná, Michaela, Protection of Medical Data in the Scope of Article 8 ECHR: An Analyisis of the European Data Safeguards, in Benedek, Wolfgang/Benoît-Rohmer, Florence/Karl, Wolfram/Nowak, Manfred (Hrsg.), European Yearbook on Human Rights 2012, 293 [*Povolná* in Benedek/Benoît-Rohmer/Karl/Nowak, EYHR 2012]

Pürgy, Erich, Videoüberwachung und Datenschutz in Raschauer, Nicolas (Hrsg.), Datenschutzrecht 2010 (Jan Sramek Verlag 2011) [*Pürgy* in Raschauer N., Datenschutzrecht]

Reid, Karen, A Practitioner's Guide to the European Convention on Human Rights^{4} (Sweet&Maxwell 2012) [*Reid*, ECHR^{4}]

Sachs, Michael (Hrsg.), Grundgesetz Kommentar[7] (C.H. Beck 2014) [*Bearbeiter* in Sachs, GG[7]]

Schaar, Peter, Datenschutz im Internet (C.H. Beck 2002) [*Schaar*, Datenschutz]

Ders., Das Ende der Privatsphäre (Goldmann 2009) [*Schaar*, Ende der Privatsphäre]

Schapiro, Leo, Anhaltende Rechtsunsicherheit für die Betreiber von Internetmeinungsportalen?, ZUM 2014, 201 [*Schapiro*, ZUM 2014]

Schiedermair, Stephanie, Der Schutz des Privaten als internationales Grundrecht (Mohr Siebeck, 2012) [*Schiedermair*, Schutz des Privaten]

Schmahl, Stefanie, Effektiver Rechtsschutz gegen Überwachungsmaßnahmen ausländischer Geheimdienste?, JZ 2014, 220 [*Schmahl*, JZ 2014]

Schmidt, Rolf, Staatliches Informationshandeln und Grundrechtseingriff (Rolf Schmidt Verlag 2004) [*Schmidt*, Staatliches Informationshandeln]

Schoch, Friedrich, Das Recht auf informationelle Selbstbestimmung in der Informationsgesellschaft, in Festschrift Stern (Duncker & Humblot 2012) 1497 [*Schoch* in FS Stern]

Ders., Die Schwierigkeiten des BVerfG mit der Bewältigung staatlichen Informationshandelns, NVwZ 2011, 193 [*Schoch*, NVwZ 2011]

Schwabenbauer, Thomas, Heimliche Grundrechtseingriffe (Mohr Siebeck 2013) [*Schwabenbauer*, Grundrechtseingriffe]

Schweizer, Rainer J., Die Rechtsprechung des Europäischen Gerichtshofs für Menschenrechte zum Persönlichkeits- und Datenschutz, DuD 2009 [*Schweizer*, DuD 2009]

Siemen, Birte, Datenschutz als europäisches Grundrecht (Duncker & Humblot 2006) [*Siemen*, Datenschutz]

Spiekermann, Julia, Die Folgen des Beitritts der EU zur EMRK für das Verhältnis des EuGH zum EGMR und den damit einhergehenden Individualrechtsschutz (Nomos 2013) [*Spiekermann*, Die Folgen des Beitritts der EU zur EMRK]

Spindler, Gerald/Schuster, Fabian (Hrsg.), Recht der elektronischen Medien[3] (C.H. Beck 2015) [*Bearbeiter* in Spindler/Schuster TMG]

Staudinger, Martin, Wo Internet-User ihre Spuren hinterlassen, in Jaksch-Ratajczak, Wojciech (Hrsg.), Aktuelle Rechtsfragen der Internetnutzung (Facultas 2010) [*Staudinger* in Jaksch-Ratajczak, Internetnutzung]

Taeger, Jürgen (Hrsg.), IT und Internet – mit Recht gestalten (OlWIR 2012) [*Bearbeiter* in Taeger, IT und Internet]

Tanenbaum, Andrew S./Wetherall, David J., Computernetzwerke[5] (Pearson 2012) [*Tanenbaum/Wetherall*, Computernetzwerke[5]]

Tretter, Hannes, Der digital bewegte Mensch, AnwBl 2010, 165 [*Tretter*, AnwBl 2010]

Uerpmann-Wittzack, Robert, Principles of International Internet Law, German Law Journal 2010, 1245 [*Uerpmann-Wittzack*, German Law Journal 2010]

Ders./Jankowska-Gilberg, Magdalena, Die Europäische Menschenrechtskonvention als Ordnungsrahmen für das Internet, MMR 2008, 83 [*Uerpmann-Wittzack/Jankowska-Gilberg*, MMR 2008]

Ders., Der Schutz informationstechnischer Systeme auf der Ebene der Europäischen Union, in ders. (Hrsg.), Das neue Computergrundrecht (LIT 2009) [*Uerpmann-Wittzack* in Uerpmann-Wittzack, Computergrundrecht]

Van Dijk, Pieter/van Hoof, Fried/van Rijn, Arjen/Zwaak, Leo (Hrsg.), Theory and Practive of the European Convention on Human Rights[4] (intersentia 2006) [*van Dijk/van Hoof/van Rijn/Zwaak*, ECHR[4]]

Verhey, Luc/Raijmakers, Mathijs, Article 8 of the European Convention on Human Right. Proportionality and the Protection of Personal Data, in van Roosmalen, Marjolein/Vermeulen, Ben/van Hoof, Fried/Oosting, Marten (Hrsg.), Fundamental Rights and Principles. Liber amicorum Pieter van Dijk (intersentia 2013) [*Verhey/Raijmakers* in FS van Dijk]

Villiger, Mark Egon, Handbuch der Europäischen Menschenrechtskonvention (EMRK): unter besonderer Berücksichtigung der schweizerischen Rechtslage[2] (Schulthess 1999) [*Villiger*, EMRK[2]]

Wewer, Göttrik, Die Verschmelzung von privater und öffentlicher Sphäre im Internet, in Ackermann, Ulrike (Hrsg.), Im Sog des Internets. Öffentlichkeit und Privatheit im digitalen Zeitalter (Humanities Online 2013) [*Wewer* in Ackermann, Sog des Internets]

Weidner-Braun, Ruth, Der Schutz der Privatsphäre und des Rechts auf informationelle Selbstbestimmung (Duncker & Humblot 2012) [*Weidner-Braun*, Privatsphäre und informationelle Selbstbestimmung]

Rainey, Bernadette/Wicks, Elizabeth/Ovey, Clare, Jacobs, White & Ovey: The European Convention of Human Rights[6] (OUP 2014) [*Jacobs/White/Ovey*, ECHR[6]]

Wildhaber, Luzius N., in Pabel, Katharina/Schmahl, Stefanie (Hrsg.), Internationaler Kommentar zur Europäischen Menschenrechtskonvention (Carl Heymanns Verlag, Erg.Lfg. 1992) [*Bearbeiter* in Pabel/Schmahl, IK]

Zerbes, Ingeborg, Das Urteil des deutschen Bundesverfassungsgerichts zur Online-Durchsuchung und Online-Überwachung, ÖJZ 2008, 837 [*Zerbes*, ÖJZ 2008]

Zisler, Harald, Computer-Netzwerke (Galileo Press 2013) [*Zisler*, Computer-Netzwerke]

Zöchbauer, Peter, Der Schutz des „guten Rufes" und Art 8 EMRK, MR 2009, 119 [*Zöchbauer*, MR 2009]

Judikaturverzeichnis

EGMR/EKMR:

1. EGMR, 23.7.1968, 1474/62 (Belgischer Sprachenfall)
2. EKMR, 13.7.1970, 3788/68 (X. gegen Schweden)
3. EKMR, 12.10.1973, 5877/72 (X. gegen Vereinigtes Königreich)
4. EGMR, 6.9.1978, 5029/71 (Klass u.a. gegen Deutschland)
5. EGMR, 13.6.1979, 6833/74 (Marckx gegen Belgien)
6. EKMR, 15.5.1980, 8317/78 (McFeeley gegen Vereinigtes Königreich)
7. EKMR, 18.3.1981, 8022/77 (McVeigh gegen Vereinigtes Königreich)
8. EKMR, 6.3.1982, 8231/78 (X gegen Vereinigtes Königreich)
9. EKMR, 6.10.1982, 9702/82 (X gegen Vereinigtes Königreich)
10. EGMR, 2.8.1984, 8691/79 (Malone gegen Vereinigtes Königreich)
11. EGMR, 26.3.1987, 9248/81 (Leander gegen Schweden)
12. EGMR, 7.7.1989, 10454/83 (Gaskin gegen Vereinigtes Königreich)
13. EGMR, 25.3.1992, 13343/87, (B. gegen Frankreich)
14. EKMR, 26.6.1992 (Anderberg gegen Schweden)
15. EGMR, 16.12.1992, 13710/88 (Niemietz gegen Deutschland)
16. EGMR, 25.2.1993, 10828/84 (Funke gegen Frankreich)
17. EGMR, 23.11.1993, 14838/89 (A. gegen Frankreich)
18. EGMR, 22.2.1994, 16213/90, (Burghartz gegen Schweiz)
19. EKMR (Report), 19.5.1994, 15225/89 (Friedl gegen Österreich)
20. EGMR, 24.10.1996, 22500/93 (Guillot gegen Frankreich)
21. EGMR, 25.2.1997, 22009/93 (Z. gegen Finnland)
22. EGMR, 26.2.1997, 27237/95 (Govell gegen Vereinigtes Königreich)
23. EGMR, 25.6.1997, 20605/92 (Halford gegen Vereinigtes Königreich)
24. EGMR, 27.8.1997, 20837/92 (M.S. gegen Schweden)
25. EGMR, 25.3.1998, 23224/94 (Kopp gegen Schweiz)
26. EGMR, 24.8.1998, 23618/94 (Lambert gegen Frankreich)
27. EGMR, 16.2.2000 (GK), 27798/95 (Amann gegen Schweiz)
28. EGMR, 4.5.2000, 28341/95 (Rotaru gegen Rumänien)
29. EGMR, 25.9.2001, 44787/98 (P.G. und J.H. gegen Vereinigtes Königreich)
30. EGMR, 7.2.2002, 53176/99 (Mikulic gegen Kroatien)

31. EGMR, 29.4.2002, 2346/02 (Pretty gegen Vereinigtes Königreich)
32. EGMR, 28.1.2003, 44647/98 (Peck gegen Vereinigtes Königreich)
33. EGMR, 13.2.2003; 42326/98 (Odièvre gegen Frankreich)
34. EGMR, 28.4.2003, 39339/98 (M.M. gegen Niederlande)
35. EGMR, 17.7.2003, 63737/00 (Perry gegen Vereinigtes Königreich)
36. EGMR, 24.6.2004, 59320/00 (von Hannover gegen Deutschland)
37. EGMR, 13.7.2004, 25379/04 u.a. (Paeffgen GmbH gegen Deutschland)
38. EGMR, 27.7.2004, 55480/00 und 59330/00 (Sidabras u. Džiautas gegen Litauen)
39. EGMR, 16.11.2004, 4143/02 (Moreno Gómez gegen Spanien)
40. EGMR, 7.4.2005, 70665/01 u. 74345/01 (Rainys u. Gasparavičius gegen Litauen)
41. EGMR, 30.6.2005 (GK), 45036/98 (Bosphorus gegen Irland)
42. EGMR, 25.10.2005, 2428/05 (Wypych gegen Polen)
43. EGMR, 6.6.2006, 62332/00 (Segerstedt-Wiberg gegen Schweden)
44. EGMR, 29.6.2006, 54934/00 (Weber u. Saravia gegen Deutschland)
45. EGMR, 10.10.2006, 7508/02 (L.L. gegen Frankreich)
46. EGMR, 14.12.2006, 5433/02 (Shabanov u. Tren gegen Russland)
47. EGMR, 20.3.2007, 5410/03 (Tysiąc gegen Polen)
48. EGMR, 3.4.2007, 62617/00 (Copland gegen Vereinigtes Königreich)
49. EGMR, 3.7.2007, 32015/02 (Gaida gegen Deutschland)
50. EGMR, 26.7.2007, 64209/01 (Peev gegen Bulgarien)
51. EGMR, 16.10.2007, 74336/01 (Wieser und Bicos Beteiligungen GmbH gegen Österreich)
52. EGMR, 13.11.2007, 31358/03 (Muscio gegen Italien)
53. EGMR, 20.12.2007, 23890/02 (Phinikaridou gegen Zypern)
54. EGMR, 1.7.2008, 58243/00 (Liberty et al. gegen Vereinigtes Königreich)
55. EGMR, 16.10.2008, 39627/05 u. 39631/05 (Taliadouou u. Stylianou gegen Zypern)
56. EGMR, 16.10.2008, 39058/05 (Kyriakides gegen Zypern)
57. EGMR, 17.10.2008, 20511/03 (I. gegen Finland)
58. EGMR, 18.11.2008, 22427/04 (Camalettin Canli gegen Türkei)

59. EGMR, 2.12.2008, 2872/02 (K.U. gegen Finnland)
60. EGMR, 4.12.2008 (GK), 30562/04 und 30566/04 (S. u. Marper gegen Vereinigtes Königreich)
61. EGMR, 10.2.2009, 25198/02 (Iordachi u.a. gegen Moldawien)
62. EGMR, 28.4.2009, 39311/05 (Karakó gegen Ungarn)
63. EGMR, 28.5.2009, 26713/05 (Bigaeva gegen Griechenland)
64. EGMR, 27.10.2009, 21737/03, (Haralambie gegen Rumänien)
65. EGMR, 17.12.2009, 16428/05 (Gardel gegen Frankreich)
66. EGMR, 12.1.2010, 4158/05 (Gillan und Quinten gegen Vereinigtes Königreich)
67. EGMR, 27.4.2010, 27138/04 (Ciubotaru gegen Moldawien)
68. EGMR, 18.5.2010, 26839/05 (Kennedy gegen Vereinigtes Königreich)
69. EGMR, 2.9.2010, 35623/05 (Uzun gegen Deutschland)
70. EGMR, 5.10.2010, 420/07 (Köpke gegen Deutschland)
71. EGMR, 16.12.2010 (GK), 25579/05 (A. B. und C. gegen Irland)
72. EGMR, 18.1.2011, 4479/03 (Mikolajová gegen Slowakei)
73. EGMR, 17.2.2011, 12884/03 (Wasmuth gegen Deutschland)
74. EGMR, 10.5.2011, 48009/08 (Mosley gegen Vereinigtes Königreich)
75. EGMR, 21.6.2011, 30194/09 (Shimovolos gegen Russland)
76. EGMR, 18.11.2011, 16188/07 (Khellili gegen Schweiz)
77. EGMR, 17.1.2012, 20376/05 (Varapnickaitė-Mažylienė gegen Litauen)
78. EGMR, 7.2.2012, 40660/08 u. 60641/08 (von Hannover gegen Deutschland (Nr 2))
79. EGMR, 14.2.2012, 7094/06 (Romet gegen Niederlande)
80. EGMR, 3.7.2012, 30457/06 (Robathin gegen Österreich)
81. EGMR 2.10.2012, 7259/03 (Mitkus gegen Lettland)
82. EGMR, 23.10.2012, 22373/04 (Hadzhiev gegen Bulgarien)
83. EGMR, 6.12.2012, 12323/11 (Michaud gegen Frankreich)
84. EGMR, 13.12.2012, 24029/07 (M.M. gegen Vereinigtes Königreich)
85. EGMR, 14.3.2013, 24117/08 (Bernh Larsen Holding AS u.a. gegen Norwegen)
86. EGMR, 16.4.2013, 22018/10 (Căşuneanu gegen Rumänien)
87. EGMR, 18.4.2013, 19522/09 (M.K. gegen Frankreich)
88. EGMR, 18.4.2013, 7075/10 (Ageyevy gegen Russland)
89. EGMR, 16.05.2013, 20390/07 (Garnaga gegen Ukraine)
90. EGMR, 6.6.2013, 1585/09 (Avilkina u.a. gegen Russland)
91. EGMR, 25.6.2013, 18540/04 (Valentino Acatrinei gegen Rumänien)

92. EGMR, 16.7.2013, 33846/07 (Węgrzynowski und Smolczewski gegen Polen)
93. EGMR, 19.9.2013, 8772/10 (von Hannover gegen Deutschland (Nr. 3))
94. EGMR, 10.10.2013, 64569/09 (Delfi AS gegen Estland) (anhängig vor der GK)
95. EGMR, 12.12.2013, 20383/04 (Khmel gegen Russland)
96. EGMR, 14.1.2014, 22231/05 (Lavric gegen Rumänien)
97. EGMR, 8.4.2014, 17120/09 (Dhabi gegen Italien)
98. EGMR, 15.4.2014, 50073/07 (Radu gegen Moldawien)
99. EGMR, 25.3.2014, 2362/08 u. 26271/08 (FJ u. EB gegen Österreich)
100. EGMR, 29.4.2014, 52019/07 (L.H. gegen Lettland)
101. EGMR, 10.6.2014, 22015/10 (Voicu gegen Rumänien)
102. EGMR, 12.6.2014 (GK), 56030/07 (Fernández Martínez gegen Spanien)
103. EGMR, 9.10.2014, 37873/04 (Konovalova gegen Russland)
104. EGMR, 28.10.2014, 49327/11 (Gough gegen Vereinigtes Königreich)
105. EGMR, 28.10.2014, 20531/06 (Ion Cârsta gegen Rumänien)

EuGH:

1. EuGH, 6.11.2003, C-101/01 (Linqvist)
2. EuGH, 9.11.2010, C-92/09 und C-93/09 (Schecke und Eifert)
3. EuGH, 24.11.2011, C-468/10 und C-469/10 (ASNEF und FECEMD)
4. EuGH, 17.10.2013, C-291/12 (Schwarz)
5. EuGH, 8.4.2014, C-293/12 und C-594/1 (Digital Rights Ireland und Seitlinger u.a.)
6. EuGH, 13.5.2014, C-313/12 (Google Spain)

BVerfG:

1. BVerfG, 16.07.1969, 1 BvL 19/63 (Mikrozensus)
2. BVerfG, 3.6.1980, 1 BvR 185/77 (Eppler)
3. BVerfG, 15.12.1983, 1 BvR 209, 269, 362, 420, 440, 484/83 (Volkszählung)
4. BVerfG, 22. 8. 2006, 2 BvR 1345/03 (IMSI-Catcher)
5. BVerfG, 27.2.2008, 1 BvR 370/07 (Online-Durchsuchung)
6. BVerfG, 2.3.2010, 1 BvR 256/08, 263/08, 586/08 (Vorratsdatenspeicherung)
7. BVerfG, 24.11.2010, 1 BvF 2/05 (Gentechnikgesetz)

VfGH:

VfGH, 27.6.2014, G 47/2012-49 u.a. (Vorratsdatenspeicherung)

VfGH, 6.3.2014, B1035/2013 (Facebook)

Sachregister

Max-Planck-Institut für ausländisches öffentliches Recht und Völkerrecht

Beiträge zum ausländischen öffentlichen Recht und Völkerrecht

Hrsg.: A. von Bogdandy, A. Peters

Bde. 27–59 erschienen im Carl Heymanns Verlag KG Köln, Berlin (Bestellung an: Max-Planck-Institut für Völkerrecht, Im Neuenheimer Feld 535, 69120 Heidelberg); ab Band 60 im Springer Heidelberg New York Dordrecht London

---

259 Franziska *Paefgen*: **Der von Art. 8 EMRK gewährleistete Schutz vor staatlichen Eingriffen in die Persönlichkeitsrechte im Internet.** 2017. XV, 220 Seiten. Geb. € 69,99

258 Tim René *Salomon*: **Die internationale Strafverfolgungsstrategie gegenüber somalischen Piraten.** 2017. XXXII, 743 Seiten. Geb. € 129 ,99

257 Jelena *Bäumler*: **Das Schädigungsverbot im Völkerrecht.** 2017. XIX, 379 Seiten. Geb. € 89,99

256 Christopher *Peters*: **Praxis Internationaler Organisationen - Vertragswandel und völkerrechtlicher Ordnungsrahmen.** 2016. XXVIII, 498 Seiten. Geb. € 99,99

255 Nicole *Appel*: **Das internationale Kooperationsrecht der Europäischen Union.** 2016. XVIII, 608 Seiten. Geb. € 109,99

254 Christian *Wohlfahrt*: **Die Vermutung unmittelbarer Wirkung des Unionsrechts.** 2016. XIX, 300 Seiten. Geb. € 84,99

253 Katja *Göcke*: **Indigene Landrechte im internationalen Vergleich.** 2016. XVII, 818 Seiten. Geb. € 139,99

252 Julia *Heesen*: **Interne Abkommen.** 2015. XXI, 473 Seiten. Geb. € 94,99

251 Matthias *Goldmann*: **Internationale öffentliche Gewalt.** 2015. XXIX, 636 Seiten. Geb. € 109,99

250 Isabelle *Ley*: **Opposition im Völkerrecht.** 2014. XXIII, 452 Seiten. Geb. € 94,99

249 Matthias *Kottmann*: **Introvertierte Rechtsgemeinschaft.** 2014. XII, 352 Seiten. Geb. € 84,99

248 Jelena *von Achenbach*: **Demokratische Gesetzgebung in der Europäischen Union.** 2014. XVI, 522 Seiten. Geb. € 94,99

247 Jürgen *Friedrich*: **International Environmental "soft law".** 2014. XXI, 503 Seiten. Geb. € 94,99 zzgl. landesüblicher MwSt.

246 Anuscheh *Farahat*: **Progressive Inklusion.** 2014. XXIV, 429 Seiten. Geb. € 94,99

245 Christina *Binder*: **Die Grenzen der Vertragstreue im Völkerrecht.** 2013. XL, 770 Seiten. Geb. € 119,99

244 Cornelia *Hagedorn*: **Legitime Strategien der Dissensbewältigung in demokratischen Staaten.** 2013. XX, 551 Seiten. Geb. € 99,99

243 Marianne *Klumpp*: **Schiedsgerichtsbarkeit und Ständiges Revisionsgericht des Mercosur.** 2013. XX, 512 Seiten. Geb. € 94,99

242 Karen *Kaiser* (Hrsg.): **Der Vertrag von Lissabon vor dem Bundesverfassungsgericht.** 2013. XX, 1635 Seiten. Geb. € 199,99

241 Dominik *Steiger*: **Das völkerrechtliche Folterverbot und der „Krieg gegen den Terror".** 2013. XXX, 821 Seiten. Geb. € 139,99

240 Silja *Vöneky*, Britta *Beylage-Haarmann*, Anja *Höfelmeier*, Anna-Katharina *Hübler* (Hrsg.): **Ethik und Recht - Die Ethisierung des Rechts/Ethics and Law - The Ethicalization of Law.** 2013. XVIII, 456 Seiten. Geb. € 94,99

239 Rüdiger *Wolfrum*, Ina *Gätzschmann* (eds.): **International Dispute Settlement: Room for Innovations?** 2013. XIV, 445 Seiten. Geb. € 94,95 zzgl. landesüblicher MwSt.

238 Isabel *Röcker*: **Die Pflicht zur rahmenbeschlusskonformen Auslegung nationalen Rechts.** 2013. XXIII, 410 Seiten. Geb. € 89,95

237 Maike *Kuhn*: **Die Europäische Sicherheits- und Verteidigungspolitik im Mehrebenensystem.** 2012. XIII, 325 Seiten. Geb. € 79,95

236 Armin *von Bogdandy*, Ingo *Venzke* (eds.): **International Judicial Lawmaking.** 2012. XVII, 509 Seiten. Geb. € 94,95 zzgl. landesüblicher MwSt.

235 Susanne *Wasum-Rainer*, Ingo *Winkelmann*, Katrin *Tiroch* (eds.): **Arctic Science, International Law and Climate Change.** 2012. XIX, 374 Seiten. Geb. € 84,95 zzgl. landesüblicher MwSt.

234 Mirja A. *Trilsch*: **Die Justiziabilität wirtschaftlicher, sozialer und kultureller Rechte im innerstaatlichen Recht.** 2012. XIX, 559 Seiten. Geb. € 99,95

233 Anja *Seibert-Fohr* (ed.): **Judicial Independence in Transition.** 2012. XIII, 1378 Seiten. Geb. € 169,95 zzgl. landesüblicher MwSt.

232 Sandra *Stahl*: **Schutzpflichten im Völkerrecht - Ansatz einer Dogmatik.** 2012. XXX, 505 Seiten. Geb. € 94,95

231 Thomas *Kleinlein*: **Konstitutionalisierung im Völkerrecht.** 2012. XLII, 940 Seiten. Geb. € 149,95

230 Roland *Otto*: **Targeted Killings and International Law.** 2012. XVIII, 661 Seiten. Geb. € 109,95 zzgl. landesüblicher MwSt.

229 Nele *Matz-Lück*, Mathias *Hong* (Hrsg.): **Grundrechte und Grundfreiheiten im Mehrebenensystem - Konkurrenzen und Interferenzen.** 2012. VIII, 394 Seiten. Geb. € 89,95

228 Matthias *Ruffert*, Sebastian *Steinecke*: **The Global Administrative Law of Science,** 2011. IX, 140 Seiten. Geb. € 59,95 zzgl. landesüblicher MwSt.

227 Sebastian *Pritzkow*: **Das völkerrechtliche Verhältnis zwischen der EU und Russland im Energiesektor.** 2011. XXIV, 304 Seiten. Geb. € 79,95

226 Sarah *Wolf*: **Unterseeische Rohrleitungen und Meeresumweltschutz.** 2011. XXIII, 442 Seiten. Geb. € 94,95

225 Clemens *Feinäugle*: **Hoheitsgewalt im Völkerrecht.** 2011. XXVI, 418 Seiten. Geb. € 89,95

224 David *Barthel*: **Die neue Sicherheits- und Verteidigungsarchitektur der Afrikanischen Union.** 2011. XXV, 443 Seiten. Geb. € 94,95

223 Tilmann *Altwicker*: **Menschenrechtlicher Gleichheitsschutz.** 2011. XXX, 549 Seiten. Geb. € 99,95

222 Stephan *Bitter*: **Die Sanktion im Recht der Europäischen Union.** 2011. XV, 351 Seiten. Geb. € 84,95

221 Holger *Hestermeyer*, Nele *Matz-Lück*, Anja *Seibert-Fohr*, Silja *Vöneky* (eds.): **Law of the Sea in Dialogue.** 2011. XII, 189 Seiten. Geb. € 69,95 zzgl. landesüblicher MwSt.

220 Jan *Scheffler*: **Die Europäische Union als rechtlich-institutioneller Akteur im System der Vereinten Nationen.** 2011. XXXV, 918 Seiten. Geb. € 149,95

219 Mehrdad *Payandeh*: **Internationales Gemeinschaftsrecht.** 2010. XXXV, 629 Seiten. Geb. € 99,95

218 Jakob *Pichon*: **Internationaler Strafgerichtshof und Sicherheitsrat der Vereinten Nationen.** 2011. XXVI, 399 Seiten. Geb. € 89,95

217 Michael *Duchstein*: **Das internationale Benchmarkingverfahren und seine Bedeutung für den gewerblichen Rechtsschutz.** 2010. XXVI, 528 Seiten. Geb. € 99,95

216 Tobias *Darge*: **Kriegsverbrechen im nationalen und internationalen Recht.** 2010. XXXV, 499 Seiten. Geb. € 94,95

215 Markus *Benzing*: **Das Beweisrecht vor internationalen Gerichten und Schiedsgerichten in zwischenstaatlichen Streitigkeiten.** 2010. L, 846 Seiten. Geb. € 139,95

214 Urs *Saxer*: **Die internationale Steuerung der Selbstbestimmung und der Staatsentstehung.** 2010. XLII, 1140 Seiten. Geb. € 169,95

213 Rüdiger *Wolfrum*, Chie *Kojima* (eds.): **Solidarity: A Structural Principle of International Law.** 2010. XIII, 238 Seiten. Geb. € 69,95 zzgl. landesüblicher MwSt.

212 Ramin S. *Moschtaghi*: **Die menschenrechtliche Situation sunnitischer Kurden in der Islamischen Republik Iran.** 2010. XXIII, 451 Seiten. Geb. € 94,95

211 Georg *Nolte* (ed.): **Peace through International Law. The Role of the International Law Commission.** 2009. IX, 195 Seiten. Geb. € 64,95 zzgl. landesüblicher MwSt.

210 Armin *von Bogdandy*, Rüdiger *Wolfrum*, Jochen *von Bernstorff*, Philipp *Dann*, Matthias *Goldmann* (eds.): **The Exercise of Public Authority by International Institutions.** 2010. XIII, 1005 Seiten. Geb. € 149,95 zzgl. landesüblicher MwSt.

209 Norman *Weiß*: **Kompetenzlehre internationaler Organisationen.** 2009. XVIII, 540 Seiten. Geb. € 99,95

GPSR Compliance
The European Union's (EU) General Product Safety Regulation (GPSR) is a set of rules that requires consumer products to be safe and our obligations to ensure this.

If you have any concerns about our products, you can contact us on

ProductSafety@springernature.com

In case Publisher is established outside the EU, the EU authorized representative is:

Springer Nature Customer Service Center GmbH
Europaplatz 3
69115 Heidelberg, Germany

www.ingramcontent.com/pod-product-compliance
Ingram Content Group UK Ltd.
Pitfield, Milton Keynes, MK11 3LW, UK
UKHW022054051026
15623UKWH00001B/475

* 9 7 8 3 6 6 2 5 3 3 6 8 0 *